U0937768

# 浙商研究 2015

项国鹏 主　编
吴　波 副主编

浙江工商大学出版社
ZHEJIANG GONGSHANG UNIVERSITY PRESS

**图书在版编目(CIP)数据**

浙商研究. 2015 / 项国鹏主编. — 杭州 : 浙江工商大学出版社, 2016.7

ISBN 978-7-5178-1418-4

Ⅰ. ①浙… Ⅱ. ①项… Ⅲ. ①商业经营—研究—浙江省 Ⅳ. ①F715

中国版本图书馆 CIP 数据核字(2015)第 290146 号

**浙商研究 2015**

项国鹏 主 编 吴 波 副主编

**责任编辑** 胡亚娟 谭娟娟
**封面设计** 包建辉
**责任印制** 包建辉
**出版发行** 浙江工商大学出版社
(杭州市教工路 198 号 邮政编码 310012)
(E-mail:zjgsupress@163.com)
(网址:http://www.zjgsupress.com)
电话:0571－88904980,88831806(传真)
**排 版** 杭州朝曦图文设计有限公司
**印 刷** 虎彩印艺股份有限公司
**开 本** 710mm×1000mm 1/16
**印 张** 15.5
**字 数** 295 千
**版 印 次** 2016 年 7 月第 1 版 2016 年 7 月第 1 次印刷
**书 号** ISBN 978-7-5178-1418-4
**定 价** 45.00 元



浙江工商大学出版社营销部邮购电话 0571-88804270

本书受到浙江省哲学社会科学重点研究基地——浙商研究中心、浙江省高校人文社会科学重点研究基地(浙江工商大学工商管理学科)资助。

# 目　　录

## 创　业　篇



## 组　织　篇

## 营 销 篇

# 创业篇 CHUANG YE PIAN

# 利益相关者视角的完善型制度创业机制探讨

## ——以吉利汽车为例

项国鹏　王　俊

（浙江工商大学工商管理学院，浙江杭州　310018）

**摘　要：**中国转型经济所导致的制度变迁激发了民营企业制度创业行为。制度创业机制的实质就是制度创业者根据利益相关者的不同，实施相应的制度创业策略，突破各种制度创业约束，为新的创业主张获取合法性的过程。因此，利益相关者视角的研究有利于揭示制度创业机制。本文基于前人的理论成果，选取完善型制度创业企业吉利汽车为样本，用扎根理论的研究方法，从利益相关者视角探讨完善型企业制度创业机制。在划分制度创业阶段的基础上，探索性地研究吉利汽车在不同的制度创业阶段当中所面临的不同利益相关者的制度约束，以及针对不同的利益相关者如何运用不同的策略，从而获取相应的合法性，最终构建出完善型企业制度创业机制模型。

**关键词：**完善型制度创业　制度创业约束　制度创业策略　合法性　利益相关者

## 一、引言

制度创业是指组织或者个人由于认识到改变现有制度或创造新制度所蕴含的潜在利益，通过建立并推广获得认同所需要的规则、价值观、信念和行为模式，从中创造、开发和利用盈利机会。[1]综观国内外的制度创业研究，大多数学者的研究主要集中在制度创业主体、诱发制度创业的原因、制度的过程上。[2]制度创业实质上是处于一定的制度环境当中，深受场域中现有规制性、规范性与认知性的影响，行动主体发挥其能动性与在制度环境的影响下进行策略互动的过程，而制度创业者就是发挥能动性进行制度变迁的行为主体。[3][4][5]制度理论指出，组织或企业需要得到影响其实现组织目标的人或群体的认可，也就是说，符合其关键利益相关者的期望,这是组织从事制度创业的前提。以往研究已经对制度创业策略的类型及采用进行了深入的分析,但却未从利益相关者的视角加以探讨,因此,本文尝试从利益相关者的视角进行研究,以期揭示制度创业机制。

转型经济所导致的制度变迁不仅改变成熟场域内利益相关者的作用关系,更会加剧新兴场域的生成及演化,集中表现为制度空白与制度不完善。笔者根据Fligstein et al. 所指出的场域特征[1][6],并结合民营企业制度创业的作用对象——制度空白与制度不完善,把我国民营企业划分为开拓型与完善型两种。其中,开拓型制度创业作用于制度空白,完善型制度创业作用于制度不完善。完善型制度创业是指打破或改变原有的制度从而建立新制度的过程,其中主要是以突破行业的政府管制的案例居多,如吉利汽车、绿源电动车、春秋航空等。

因为两种类型的制度创业具有不同的特性,两种类型同一阶段所面临的利益相关者压力、制度约束均不同,采取的制度创业策略也就不相同,所用到的方法也不完全相同,因此,最终构建的理论模型也不相同。为了进行更加深入细致的观察,对案例进行深度发掘,保证研究的质量,本文仅研究完善型制度创业机制,构建利益相关者视角下完善型制度创业机制模型。

## 二、文献回顾

### (一)制度创业的利益相关者

利益相关者理论与制度创业从不同视角阐明组织在面对不同作用对象或利益相关者时,有不同策略或与之相符合的反应。Hillman & Wan 认为,企业为生存需要遵循组织运营所在地利益相关者规则与信念体系。[7] Gifford & Kestler 认为,当地雇佣者与当地政府作为利益相关者,更多是与企业在创业过程中突破合法性约束相关。[8]虽然针对制度创业与利益相关者的研究有一定进展,但就结合制度创业与利益相关者的研究并不多,以致并未形成系统性的分析框架。企业在创业追求合法化的过程中利益相关者是设定标准,而这些标准确定哪些组织或公司具有合法性,而哪些组织或公司不具有合法性。制度创业的实质是要求组织或企业要达到或符合关键利益相关者的期望。Greenwood &Suddaby 在分析新组织构建时所遇到的变革反对者和变革支持者,通过运用网络位置观和辩证理论揭示了制度创业的机制。[9]尹珏林等认为,组织场域的演进离不开场域的中心行动者,即关键企业之间及其与政府之间在不同发展阶段的多种紧密互动关系。制度创业者采取的策略应根据场域发展不同阶段面临的制度环境和竞争环境压力适时地调整:在出现合法性危机之前,如果行动者能够有意识地参与合法性建设,更可能赢得先发优势,获取政府、行业和顾客等利益相关者的支持。[10]项国鹏等在对吉利集团和横店集团的案例分析中，揭示了制度创业的实质就是促使利益相关者接受新制度的认识。[11]Lee 通过对中国山寨手机的制度创业案例分析，得出传统的手机制造商及政府机构作为制度创业的反对者，通过实施相应的策略来获取山寨手机的合法性；将底层百姓、手机零件供应商以及行业内的代表作为制度创业的支持者，通过一系列举措从而获取相应的资源和支持。[12]

综上所述，组织在追求利益相关者支持或认可就是制度创业的目的所在，两者之间有一个结合过程，并不是彼此孤立存在的。

(二)制度创业相关文献回顾

张铭、胡祖光[13]认为，对制度创业的研究大体上遵循"分析制度创业动因，刻画制度创业主体，揭示制度创业过程"这样一个逻辑。本文通过对 1988—2015 年国外制度创业文献的研究，并且引进中国作为新兴组织场域的制度创业文献研究，得出以往制度创业的研究内容主要有制度创业动因、制度创业主体、制度创业过程。

**1. 制度创业动因**

多数学者从场域类型出发展开研究，但观点并未达成一致，不少学者认为制度化程度较低的新兴场域可为制度创业者提供较大的创业空间及较少的创业限制，[1]其更可能发生制度创业；也有部分学者认为制度化程度较高的成熟场域内部利益偏差更大，行动者可以清楚预测其他利益相关者的反应，更易发生制度创业行为。[14]Seo & Creed 基于场域矛盾视角展开研究，认为使行动者意识中积极变革的能动力增强的是场域矛盾，为了克服制度条款与逻辑的约束，从而进行制度变革活动。[4]

**2. 制度创业主体**

针对制度创业主体的研究聚焦于回答"谁更有可能成为制度创业者"这一问题。学者基本是从组织与个人两个视角阐述了自己的观点，基于组织视角进行研究的学者们从组织的场域位置展开研究，认为处于场域边缘或处于不同场域交会处的组织更易成为制度创业者。基于个人视角进行研究的学者从个人的场域位置来寻找答案，认为在场域中占有重要位置的个人更易成为制度创业者。[1][15]国内学者袁庆宏、王利敏和丁刚基于个人视角，从个体所处的网络位置出发，研究谁更容易成为制度创业者。[16]田志龙等从分散性的视角探索了众多行动者分散的能动性如何实现及影响了中国新能源汽车产业发展的集体性制度创业。[17]

**3. 制度创业过程**

制度创业过程是制度创业研究中的最主要内容，而制度创业活动是其中的研究重点。另外，根据 Perkmann & Spicer[18]的观点，制度创业者在不同时期所致力的制度创业活动不相同。[18]因此，对制度创业过程进行划分就显得十分必要。在成熟场域中，Greenwood & Suddaby [9]对制度创业过程的划分最具代表性，它包括：震荡、去制度化、前制度化、理论化、扩散和加强制化六个阶段，[9]可概括为建立变革基础、理论化新制度及推广新制度三个阶段。[19]新兴场域的制度创业过程的划分与成熟场域的并无本质区别，也包括上述三个阶段。Battilana，Leca & Boxenbaum 认为，制度创业主要包括两种活动：创造新制度与建立联盟。创造新制度是开展制度创业的前提，具体包括了诊断、预知及激发三个建构维度。[20]由于在制度创业中包含了诸多的不确定性，制度创业者通常无法独立实施，因此他们必须建立联盟来实现目标。[21]

## 三、研究设计

### (一)研究方法

扎根理论是芝加哥大学的 Barney Glaser 和哥伦比亚大学的 Anselm Strauss 共同研讨出来的一种研究方法，是运用系统化的步骤，针对某一现象来拓展并且归纳、引出的一种理论。主要依照六个步骤：界定问题、案例选取、文献研究、数据收集与整理、数据分析和构建理论。界定问题，是解决问题的前提。由于研究主题过于概念化及能力水平的限制，在具体进行研究时，选择一个具体的案例进行探讨是有益的尝试。研究国内外相关研究的进展，了解以往的方法和结论，便于指导以后的研究。数据是扎根理论研究得以开展的重要基础支撑，因此，研究过程中需要收集丰富的数据。再对数据进行分析，通过概念及范畴的发掘、整理、比较，形成研究的科学分析过程，其过程主要包括开放性编码、主轴编码、选择性编码。通过分析数据，发现规律，进而升华成主题结论，再通过文献的比较分析，初步构建研究理论。

### (二)案例选择

前面说到完善型制度创业是指打破或改变原有的制度从而建立新制度的过程，主要是突破行业的政府管制作用与制度不完善。吉利汽车在国内首个突破了“民营企业无法进入轿车制造业”的规制束缚，成为中国第一家民营轿车企业，可被认为是完善型民营企业制度创业的典范。因此，将吉利汽车作为本文的案例是合乎研究标准的，并有很好的推广意义。

结合 Greenwood(2002)经典制度创业的阶段划分，本文将吉利汽车的制度创业分为三个阶段：创建变革基础阶段(1986 年—1994 年)、理论化新制度阶段(1994 年—1998 年 8 月)、新制度扩散阶段(1998 年 8 月—2001 年 12 月，延续至今)。划分阶段如图 1 所示：

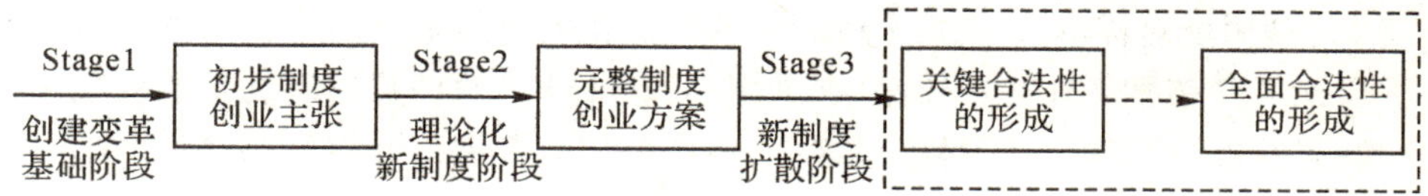


**图 1 划分阶段**

(三)数据收集

本文的数据包括一手数据和二手数据。

一手数据包括:(1)问卷调查:通过对吉利汽车的员工发放问卷,探讨利益相关者的界定与分类问题。(2)访谈:通过设计开放式访谈提纲,对吉利汽车高管进行深度访谈,在访谈前先告知访谈对象相关注意事项和访谈主题,在访谈对象允许的情况下,对访谈过程进行全程录音,并采用质性分析软件 Nvivo10 将录音文件整理为文本信息,为接下来的编码分析做准备。二手数据包括:(1)文献检索:搜索先前学者与本文有关的研究文献的案例信息。(2)吉利官方网站:网站详细记载了该企业的新闻信息、企业概况、历史事件等。(3)门户网站:新浪、百度、腾讯、搜狐和中国企业家网。(4)相关书籍:有些学术型研究者对吉利汽车进行了深入研究,并出版了不少的书籍以分析其发展历程,记录其发展大事件,并进行了总结与评论,为本文提供了宝贵的研究资料。

## 四、数据分析与模型构建

(一)吉利汽车利益相关者分类与维度划分

通过对收集的吉利汽车资料的分析与文献研究,笔者了解到吉利汽车制度创业的利益相关者有:股东、管理者、员工、中央政府、地方政府、行业协会、媒体、供应商、竞争者、学术机构、消费者和社会公众。

然后参照陈宏辉对利益相关者维度的划分方法,[22]从重要性(组织的制度创业主张可能对各利益相关者产生的影响程度)、意愿性(各利益相关者对组织的制度创业主张的意愿程度)、合法性(利益相关者的行为符合相关法律、规章制度)和合理性(利益相关者的行为符合社会道德观、价值观的认可)4 个维度对上述 12 类利益相关者进行分类。笔者设计了问卷调查表,发放对象为吉利汽车的员工。共计发放问卷 100 份,实际收回 76 份,回收率为 76%,其中有效问卷共 71 份,回收问卷有效率达 71%。问卷分别从重要性、意愿性、合法性、合理性 4 个维度对给出的 12 类利益相关者进行评分排序。排序的最大值为 12,包括 1—4 分、4—9 分、9—12 分三段,把这 12 类利益相关者在各个维度上得分的均值填入相应的单元格中,形成表 1。利用配对样本 T 检验来检验两两利益相关者间某一维度变量的均值之差是否与 0 值存在显著性的差异，分别采用 95%和 99%两种置信度的检验。然后对回收的问卷进行数据统计分析，对这 12 类利益相关者进行分类，分类结果如下：

核心利益相关者要求至少 3 个维度的得分在 4 分以下，在笔者的统计结果中包括中央政府、地方政府和消费者；蛰伏利益相关者要求至少 3 个维度得分在 4 分以上、9 分以下，包括行业协会、股东、管理者、员工、供应商、竞争者；边缘利益相关者要求至少 2 个维度得分在 9 分以上，统计结果中这类利益相关者包括媒体、社会公众与学术机构。从配对样本 T 检验的结果来看，中央政府、地方政府与消费者，管理者与股东，员工与管理者，员工与股东，竞争者与供应商，媒体与社会公众，学术机构与媒体，学术机构与社会公众等之间均值之差不存在显著性差异。

**表 1　12 类利益相关者四维分类结果**

| 维度＼评分 | [1,4) | [4,9) | [9,12] |
|---|---|---|---|
| 重要性 | 地方政府、消费者、中央政府、行业协会 | 股东、竞争者、管理者、员工、供应商 | 媒体、社会公众、学术机构 |
| 意愿性 | 中央政府、地方政府、股东、竞争者 | 行业协会、管理者、消费者、供应商、员工 | 社会公众、媒体、学术机构 |
| 合法性 | 中央政府、地方政府、行业协会、消费者 | 管理者、股东、员工、供应商、媒体 | 学术机构、社会公众、竞争者 |
| 合理性 | 员工、管理者、消费者 | 股东、行业协会、中央政府、地方政府、社会公众、供应商、学术机构 | 媒体、竞争者 |

为了进一步验证上述分类结果，笔者计算出每一个利益相关者在重要性、意愿性、合法性和合理性维度上的综合得分，由此生成 12 个新的变量。同样对这 12 个新变量进行配对样本 T 检验，以检验上述排序是否具有显著性统计意义。统计结果与上述分类结果完全一致，印证了我们将这 12 类利益相关者分为核心利益相关者、蛰伏利益相关者、边缘利益相关者的结论。

（二）吉利汽车制度创业机制编码

**1. 开放性编码**

开放性编码是指将原始材料逐步进行概念化和范畴化的过程，即定义现象（概念化）—挖掘范畴—为范畴命名。笔者通过对吉利汽车制度创业资料文本进行编码，并且尽量以原始资料中的关键词为基础编码，初步产生了 112 个初始概念；然后对这些初始概念进行合并，剔除与本文主题无关的概念及出现频率少于 2 次的概念，最后获得了 41 个概念；然后将这些概念进一步分类组合，将具有相同特征或内涵接近的概念归入各自的范畴中，最终获得 26 个范畴，如表 2 所示：

**表 2 开放性编码信息表**

| 编号 | 原始代表性语句 | 概念化 | 范畴化 |
|---|---|---|---|
| 1 | 针对国有企业而制定的一大批法律、法规大多已不能适应企业发展的要求 | 法律 | 政府部门 |
| 2 | 在中国当时的体制转轨背景下，国家的政策和制度都有一定的滞后性 | 政府部门政策 | |
| 3 | 民营企业要想造车必须获得国家经贸委的许可 | 国家经贸委 | 认证机构 |
| 4 | 民营企业要想造车必须获得机械工业局的许可 | 机械工业局 | |
| 5 | 转型经济的关键是经济体制从计划经济向市场经济转型，实质是一种制度变迁 | 转型经济 | 行业环境 |
| 6 | 李书福说，他以前说过家用小汽车就是三五万块钱，当时同行攻击说，三五万块钱的汽车是不能开的，是要送命的 | 竞争对手打压 | |
| 7 | 1988 年，国务院发出通知，对轿车生产实施了严格的控制，除“三大三小”外，不再安排新的轿车生产点 | 民营企业不准造车 | 行业规则 |
| 8 | 每一次进入面临着规模经济壁垒的问题 | 规模经济壁垒 | 市场性进入壁垒 |
| 9 | 要面对原有在位企业在消费者偏好、产品知名度等方面构建的差异壁垒 | 产品差异壁垒 | |
| 10 | 在转型经济中，民营企业受到体制歧视，难以获取政府、银行等机构的金融支持，只能通过民间融资缓解压力 | 绝对成本壁垒 | |
| 11 | 内在的价值理想或者外在的行为规范，反映公众对其行为的一种道德评价 | 社会伦理道德层面规则 | 道德规范 |
| 12 | 吉利汽车给大家的印象是国产的，品牌属于比较低端的形象，传统观念认为“便宜没好货”，因此不易被大家接受 | 传统观念 | 共同价值观 |
| 13 | 投放市场后，消费者并不买账，据专家分析，其主要原因是吉利汽车品牌在消费者心中就是低档货 | 对吉利品牌的质疑 | 品牌知名度低 |
| 14 | 安全性能可能不高，即使开发出高档产品，这种印象在脑中也无法抹去 | 对产品安全的质疑 | |
| 15 | 在李书福的不懈努力下，吉利汽车和李书福终于赢得了消费者、媒体和部分官员的同情和支持 | 官员认可 | 法律认可 |
| 16 | 2001 年 12 月，吉利汽车登上国家经贸委发布的中国汽车生产企业产品公告 | 政策允许 | |

续 表

| 编号 | 原始代表性语句 | 概念化 | 范畴化 |
| --- | --- | --- | --- |
| 17 | 在民营企业的眼中,唯有"汽车工商联"是自己的娘家,是能为自己说话的一个社团组织 | 汽车工业协会 | 行业协会支持 |
| 18 | 积极进行技术鉴定使吉利汽车在业内获得了良好的口碑,吉利汽车对其研发的发动机、车型、自动变速装置等均进行了技术鉴定 | 安全性能提高 | 产品安全 |
| 19 | 对旧生产线进行了技术升级,引进了许多国际先进的生产设备 | 引进核心技术 | |
| 20 | 2004 年的汽车出口量就达到了 5000 辆,占到了全国轿车整车出口量的 63.7% | 市场认可 | 社会认可 |
| 21 | 再次提出进行战略转型,企业理念也从"造老百姓买得起的好车"转变为"造最安全、最节能、最环保的好车" | 战略转型 | |
| 22 | 2005 年 5 月,在香港成功上市,等等 | 吉利汽车上市 | 国际化发展 |
| 23 | 对于这份提案,大家都觉得风险太大,而且对国家产业政策吃不透,遭到董事会的一致反对。不过后来在李书福的劝说下,董事会还是同意了李书福的想法 | 说服股东 | 私下游说 |
| 24 | 李书福频频往返于浙江与北京之间,对国家有关部委从事游说活动 | 游说官员 | |
| 25 | 觉得波音公司很了不起,其创始人也不懂飞机(别人说李书福不懂汽车),于是就起了这么个名字 | 事件陈述 | 讲故事 |
| 26 | 经常鼓励员工并对员工进行培训,帮助他们制订规划等 | 鼓励员工 | 激励 |
| 27 | 吉利汽车以"造老百姓买得起的好车·让吉利轿车走遍全世界"为己任,为让更多的老百姓早一日拥有汽车、早一日享受快乐人生而不懈努力 | "造老百姓买得起的好车" | 构建竞争话语 |
| 28 | 现实中的中国汽车工业,有行政保护,有寡头结构,有垄断利润,老百姓也就永远买不起轿车 | 现有制度不合理 | 辨识问题 |
| 29 | 李书福不止一次对新闻记者说:"汽车工业要引入竞争,这就像马拉松赛跑,一两个人跑,比不出成绩来。要有很多人参与这项运动,这样就可以淘汰落后者,才有可能产生冠亚军,如果政府同意让吉利、华晨都参与竞争,过不了两年,'厂本'的价格就会降下来。" | 阐述新制度的优越性 | |
| 30 | 李书福认为民营企业应该在市场经济的舞台中与国有企业、外资企业进行公平的竞争,国家应放开汽车产业政策,打破垄断,放手竞争 | 详述合理的新制度准则 | 构建标准 |

续 表

| 编号 | 原始代表性语句 | 概念化 | 范畴化 |
| --- | --- | --- | --- |
| 31 | 1994年,吉利决定进入政府实行管制的摩托车行业,不同于1989年的做法,李书福通过与嘉陵摩托车厂合作,借助对方的生产许可证,在台州生产嘉吉牌摩托车 | 借道 | 先行实践 |
| 32 | 吉利的经济型、家庭型汽车由于投资汽车已形成批量生产,政府对其越界的行为采取了放任态度。用这种“既成事实”以快节奏赢得竞争时机的优先权 | “先上车,后买票” | |
| 33 | 李书福在网商大会上的演讲 | 演讲 | 演讲 |
| 34 | 吉利汽车通过与德阳监狱下属的一家汽车厂合作,利用该厂的汽车“准生证”资源,进行汽车制造 | 合资合作 | 战略联盟 |
| 35 | 2002年5月,原浙江省财政厅党组成员、地税局总会计师徐刚出任集团首席执行官 | 邀请官员加入 | |
| 36 | 李书福洞察到汽车产业的丰厚利润,通过考察、观摩、咨询及实验性开发等手段来为进入汽车领域打好基础 | 自身资源 | 配置有形资源 |
| 37 | 1998年吉利汽车第一辆汽车下线,浙江省原副省长叶荣宝现场为吉利喝彩 | 地方政府支持 | |
| 38 | 为了拿到许可证,李书福频频以豪言壮语面对媒体,不停地呼吁公平竞争、重建市场机制,引起了媒体和公众的广泛关注 | 媒体广告 | 舆论造势 |
| 39 | 浙江吉利控股集团在浙江杭州、临海建设吉利汽车技术中心和吉利汽车研究院,已经达到了较高的变速器、整车、发动机和汽车电子电器的研发创新水平 | 创办浙江经济管理学院及北京吉利大学 | 教育 |
| 40 | 储备了大量技术性人才,这也保障了新制度的形成与被认可 | 内部培训,培养专业人才 | |
| 41 | 李书福通过演讲、参加博览会、公益活动、汽车锦标赛等令“造老百姓买得起的好车”的理念深入人心 | 融合新制度与共同价值观 | 嵌入 |

**2. 主轴编码**

由于开放性编码得到的范畴几乎都是独立的,因此需要发现开放性编码中得到的各项范畴之间的潜在逻辑联系,将意义相近或相似的部分进行合并,并对范畴之间的内在联系进行澄清与梳理。通过运用“因果条件—现象—脉络—中介条件—行动或互动策略—结果”这一典范模型,系统地思考经过开放性编码阶段后的概念类属,并将它们联系起来,即主轴编码。[23]本文通过对开放性编码中不同范畴之间相互关系的分析和整理,归纳出10个主范畴,如表3所示:

**表 3　主轴编码信息表**

| 副范畴 | 主范畴 | 解释 |
|---|---|---|
| 政府部门 | 规制性制度约束 | 规制性制度约束指吉利汽车在制度创业时遇到的来自法律、制度层面的约束。吉利汽车创建初期，遭遇制度坚冰，国家政策并不允许民营企业制造轿车，要想造轿车，须获得国家机械工业局及国家经贸委的许可。因此，缺乏法律、制度层面的支持，吉利生产汽车的行为很难被利益相关者认可 |
| 认证机构 | | |
| 行业环境 | 规范性制度约束 | 规范性制度约束主要来源于社会规范和价值观或者社会环境某一层次，如吉利汽车制度创业时要受到专业规范运营的压力，行业环境和规则都不利于企业的进一步发展，面临市场性进入壁垒，相比在位企业难以具有竞争优势 |
| 行业规则 | | |
| 市场性进入壁垒 | | |
| 道德规范 | | |
| 共同价值观 | | |
| 品牌知名度低 | 认知性制度约束 | 认知性制度约束指社会大众对吉利汽车进入汽车制造业的行为的认知度与接受度，制度创业初期很难将其行为看作理所当然的。而传统观点“便宜没好货”又进一步降低了民众的认可度 |
| 法律认可 | 规制合法性 | 吉利汽车突破规制性制度约束的目的就在于获取规制合法性，获取法律、制度的认可，只有身份合法，公司才有可能持续发展，是吉利香港上市，走向国际化的重要条件 |
| 行业协会支持 | 规范合法性 | 将新制度嵌入社会规范中，符合公众对吉利汽车行为的道德评价，从而让公众接受新制度。一方面吉利汽车获得行业协会的支持，另一方面规范了技术流程、组织结构和企业的行为，以符合公众的共同价值观和道德规范 |
| 产品安全 | | |
| 国际化发展 | 认知合法性 | 突破认知性制度约束的目的在于获得认知合法性，推广吉利汽车品牌，如 2005 年在香港成功上市，2010 年成功收购沃尔沃，获取市场广泛认可 |
| 社会认可 | | |
| 私下游说 | 话语策略 | 话语策略是指吉利汽车在制度创业阶段时所采取的一种说服性语言，如李书福频频往返于浙江与北京之间，对国家有关部委从事游说活动以及说服股东、激励员工等 |
| 讲故事 | | |
| 激励 | | |
| 构建竞争话语 | | |

续 表

| 副范畴 | 主范畴 | 解释 |
| --- | --- | --- |
| 辨识问题 | 理论化策略 | 理论化策略指吉利汽车对其创业主张详细阐述，并加以系统化、理论化与简明化而形成理论框架[4] |
| 构建标准 | | |
| 先行实践 | | |
| 演讲 | | |
| 战略联盟 | 社会网络策略 | 社会网络策略指吉利汽车在制度创业时为获取资源从而与利益相关者缔结战略联盟的方式，以诱导合作、集聚资源的社会网络策略去构建关系网络[1][9] |
| 配置有形资源 | | |
| 舆论造势 | 文化策略 | 文化策略是吉利汽车旨在对新制度进行大范围的推广，获取认知合法性而被广泛接受，并将制度创业主张嵌入社会规范中，让公众接受。吉利汽车在文化策略的使用上主要通过舆论造势、教育及嵌入等方式。创办浙江经济管理学院及北京吉利大学，培训、培养专业人才，将新制度与共同价值观融合起来 |
| 教育 | | |
| 嵌入 | | |

### 3. 选择性编码

选择性编码是编码工作的第三阶段，是根据研究目的和已得到的主范畴间关系选择核心范畴，将核心范畴系统地和其他范畴予以联系，验证其间的关系，并将概念化尚未发展完备的范畴补充完整的过程，从而建立概念密实、充分发展的扎根理论。[24]根据开放性编码和主轴编码的分析，结合对初始材料的再一次分析，我们发现主轴编码所得到的规制性制度约束、规范性制度约束及认知性制度约束可以看成吉利汽车在其制度创业过程中所面临的制度创业约束；规制合法性、规范合法性和认知合法性是吉利汽车在其制度创业过程中所追求的制度创业合法性；话语策略、理论化策略、社会网络策略及文化策略分别代表了吉利汽车在其制度创业过程中为突破三种制度性约束，针对不同利益相关者所采用的策略。制度创业约束、制度创业策略和制度创业合法性，再结合吉利汽车利益相关者的维度与划分，可以组成吉利汽车制度创业的整个过程：创业初期，面临制度创业约束，这是推广自身品牌、获取市场认可所必须克服的障碍，因此为了突破这些制度创业约束，必须要有针对性的策略，即在制度创业各个阶段针对不同类型的利益相关者采取不同的制度创业策略，以达到获取制度创业合法性的目的。因此，在参考相关资料的基础上，结合笔者对吉利汽车利益相关者的分类，可以用制度创业约束、利益相关者、制度创业策略、制度创业合法性作为核心范畴来重新组织案例中的其他范畴。

图 2 展示了吉利汽车选择性编码阶段所得到的核心范畴所表达的逻辑关系及主范畴和副范畴所表达的逻辑关系。

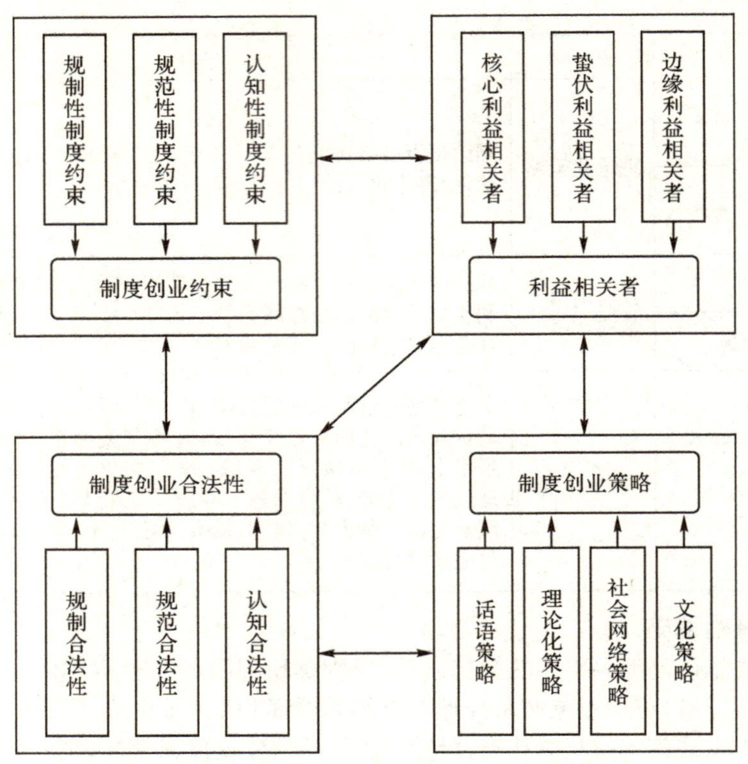


**图 2　吉利汽车制度创业选择性编码结果**

经过开放性编码、主轴编码、选择性编码后，笔者再次运用 Nvivo10 分析软件，结合对吉利汽车利益相关者的分类结果，统计上述编码结果中的十大主范畴在吉利汽车制度创业各个阶段的分布情况，得出吉利汽车在其制度创业各个阶段所面临的三种制度约束的编码条数及来自每一类利益相关者的制度约束的编码条数，进而得出各个阶段制度约束来源占比；并以同样的方法统计出制度创业策略及其指向占比、各个阶段从不同类型的利益相关者那里获取的制度创业合法性编码条数。从而得到各个阶段吉利汽车制度创业约束与利益相关者的关系、制度创业策略与利益相关者的关系、制度创业合法性与利益相关者的关系，进而构建吉利汽车制度创业机制模型。具体为：(1)创建变革基础阶段，制度约束编码条数只有 19，其中规制性制度约束约占总量的 33.7%，规范性制度约束约占制度约束总量的 51.4%，认知性制度约束约占 14.9%；指向占比上主要是来自蛰伏利益相关者的规范性制度约束，不过程度很低；策略的使用上主要是针对蛰伏利益相关者采取了话语策略；在该阶段，吉利汽车制度创业合法性并没有获取。(2)理论化新制度阶段，规制性制度约束约占 42.9%，规范性制度约束约占 38.8%，认知性制度约束约占 18.3%；指向占比上主要面临来自核心利益相关者的规制性制度约束和规范性制度约束；策略的使用上主要是针对核心利益相关者采用了话语策略和理论化策略及社会网络策略，针对蛰伏利益相关者与边缘利益相关者主要采用了理论化策略；在合法性获取方面，规制合法性主要是从核心利益相关者中获取，规范合法性从核心利益相关者、蛰伏利益相关者及边缘利益相关者中获取。(3)新制度扩散阶段，制度约束编码条数 124，规制性制度约束约占总量的 39.8%，规范性制度约束约占 16.5%，认知性制度约束约占 43.7%；指向占比上主要表现为来自核心利益相关者的规制性制度约束、来自蛰伏利益相关者的规范性制度约束及来自边缘利益相关者的认知性制度约束；针对核心利益相关者采取了话语策略和社会网络策略，针对蛰伏利益相关者和边缘利益相关者主要采取了社会网络策略和文化策略；在合法性获取方面，从核心利益相关者中获取了规制合法性及认知合法性，从蛰伏利益相关者中获取了规范合法性和认知合法性，从边缘利益相关者中获取了认知合法性。最终构建完善型制度创业机制模型如图 3 所示：

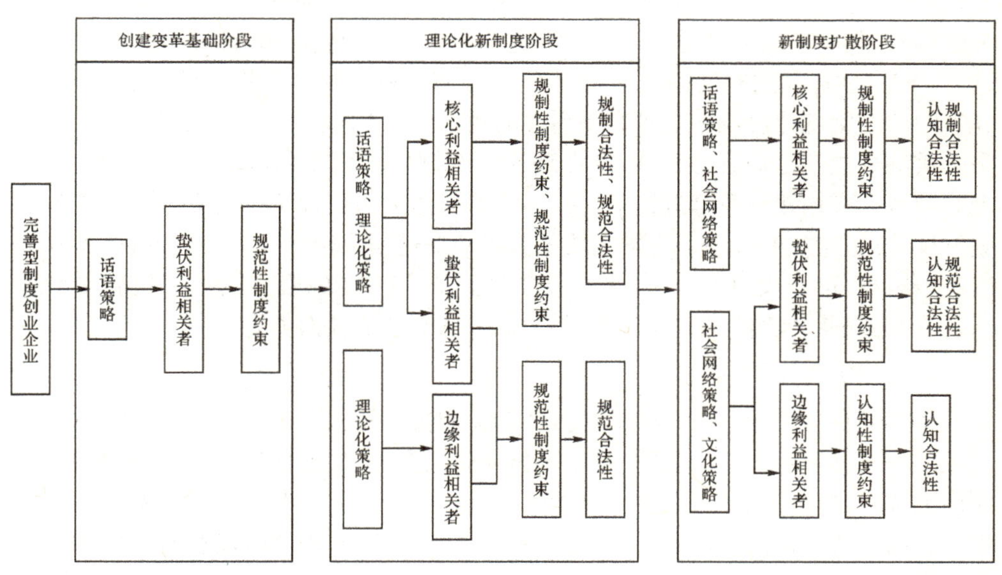


图 3　完善型制度创业机制模型

## 五、研究结论与展望

### (一)研究结论

本文以吉利汽车为例,通过问卷调查对吉利汽车制度创业过程中的利益相关者进行了界定与划分,以扎根理论为基础,揭示了制度创业者在不同的制度创业阶段中是如何使用不同类型的制度创业策略来克服利益相关者的制度约束,以及这些策略如何为制度创业者从利益相关者处获取了相应的合法性。研究结果表明,企业中利益相关者都在企业获取合法性过程中起到了重要作用,企业制度创业成功的关键就在于能有效地运用各种制度创业策略,而制度创业策略是制度创业者根据不同利益相关者的特点所开展的一系列互动活动,从而使新制度得以确立与扩散;不同阶段所面临的制度约束不同,完善型制度创业企业在创建变革基础阶段主要面临的是来自企业内部的规范性制度约束,在理论化新制度阶段及新制度扩散阶段,规制性制度约束是转型经济中完善型企业制度创业所面对的最主要的制度约束。因为完善型制度创业是在已有的政策规定下开展的,作用对象是制度不完善,因此其目的就是提出一种新的制度,替代原有制度,并证明新制度的优越性。[25]制度创业者的制度创业策略是有着明确的利益相关者指向的,这种指向性在不同的制度创业阶段中是具有差异性的;就完善型企业制度创业合法性而言,其最关键的合法性是规制合法性,这在理论化新制度阶段及新制度扩散阶段表现得尤为明显。在创建变革基础阶段,并没有严格意义上的合法性的获取;在理论化新制度阶段,企业的一系列行动主要是为了获取规制合法性和规范合法性;在新制度扩散阶段,可分成两个时期,前一个时期主要是获取关键合法性,对完善型企业来讲,即为规制合法性,后一时期则是为获取认知合法性而努力。

### (二)研究理论贡献

本文最重要的理论贡献是:首先,从利益相关者视角出发,以吉利汽车为样本,用扎根理论的研究方法,紧密结合制度创业阶段划分,探索性地揭示了完善型企业制度创业机制。探索了民营企业制度创业者在各个阶段为获取不同利益相关者眼中的合法性所采取的制度创业策略有何不同,不仅仅体现了对现有研究的理论补充作用,而且更加丰富了利益相关者理论的研究领域,对民营企业进行制度创业具有一定的引导意义。其次,有利于推动制度创业理论本土化,发展适合中国情境的制度创业理论。将中国式新元素融入制度创业理论当中,使制度创业理论得以“本土化”,不断深化了制度创业理论的情境化研究。再次,分析强调了制度环境与企业行为的互动性,表明民营企业家可以通过对其制度环境的改变,影响制度变迁的进程。因此本文的研究也为诱致性制度变迁理论提供了实质上的支持。

(三)研究实践价值

第一,对民营企业进行制度创业具有一定的实际指导意义。从制度创业的利益相关者视角出发,结合制度创业的具体案例,界定出制度创业的利益相关者,并且分析出针对不同类型利益相关者,制度创业者该采取何种制度创业策略,才能保证新制度的被接受和被认可,达到新制度扩散的目的。因此,本文对后续的制度创业者进行制度创业,具有一定的现实指导意义。

第二,对国家制度改革具有一定的指导意义。当前国家对体制改革越来越重视,中国经济增长和体制改革呈趋势性、周期性。而未来经济增长潜力靠企业家精神,这个潜力就是市场规模,因为市场规模带来分工,分工带来技术进步,所有的这些东西,靠企业家,不是靠政府官员,也不是靠货币政策。而且越来越多的民营企业将在更大程度上涉及原先国有企业垄断的经济领域,必然会导致中央政府、地方政府、企业、社会共同探讨当前的制度变革政策,促使越来越多的企业通过突破原先制度规制,开展制度创业工作。

(四)研究不足及展望

尽管本文研究有一定的理论创新并取得了一些有价值的研究结论,但仍然存在不足:首先,本文在吉利汽车利益相关者的分类上,是对吉利汽车的部分员工以发放问卷的形式得出的,但是吉利汽车早在 1986 年就开始了其创业的历程,填写问卷的员工对吉利汽车进入汽车制造业的历史未必非常清楚。同时,有效样本量较少,仅 71 个,因此,问卷数据的准确性方面可能会出现不足。因此,希望在未来的研究中能够增加样本的数量、提升数据质量,增强研究的信度。其次,资料收集与选取需进一步改进。在研究中,笔者以半结构化访谈、中国知网、门户网站、相关书籍、官方网站等为资料来源,以吉利汽车、李书福等为关键词搜出了 327 篇文章资料,通过筛选,最终确定了 43 篇有价值的样本文章。但由于文章长且数量大,样本的选择上可能存在一定的主观性。因此,希望在未来的研究中在资料选择方面做出改进,降低样本选取对后面研究所造成的影响。再次,本文是对吉利汽车的制度创业过程的单案例研究,结论在普适性上可能存在缺陷,未来研究需要补充多个行业的案例进行扩展。最后,在运用扎根理论等方法的基础上,从大量吉利汽车制度创业的材料样本中探索性地构建完善型制度创业机制模型,但初步构建的模型框架可能存在不足之处,有待在今后的研究中进一步完善和补充。

**参考文献**

[1] MAGUIRE S, HARDY C, LAWRENCE T B. Institutional entrepreneurship in emerging fields: HIV/AIDS treatment advocacy in Canada [J]. Academy of Management Journal,

2004,47(5):657-679.

[2] 项国鹏,迟考勋,王璐.转型经济中民营企业制度创业技能对合法性获取的作用机制:春秋航空、宝鸡专汽及台州银行的案例研究[J].科学学与科学技术管理,2011(5):71-78.

[3] 项国鹏,胡玉和,迟考勋.国外制度创业理论前沿探析与未来展望[J].外国经济与管理,2011(5):1-8,16.

[4] SEO M G ,CREED W E D. Institutional contradictions, praxis, and institutional change: a dialectical perspective[J]. The Academy of Management Review, 2002, 27(2): 222-247.

[5] 郭毅,殷家山,周裕华.制度理论如何适宜于管理学研究——制度创业者研究中的迷思及适宜性[J].管理学报,2009,6(12):1614-1621.

[6] FLIGSTEIN N. Social skill and institutional theory [J]. The American Behavioral Scientist, 1997, 40(4): 397-405.

[7] HILLMAN A J, WAN W P. The determinants of MNE subsidiaries' political strategies: evidence of institutional duality [J]. Journal of International Business Studies, 2005, 36 (3): 322-340.

[8] GIFFORD B D, KESTLER A. Toward a theory of local legitimacy by MNEs in developing nations: Newmont Mining and health sustainable development in Peru [J]. Journal of International Management, 2008, 14(4): 340-352.

[9] GREENWOOD R, SUDDABY R. Institutional entrepreneurship in mature fields: the big five accounting firms[J]. The Academy of Management Journal, 2006, 49(1): 27-48.

[10] 尹珏林,张玉利.制度创业的前沿研究与经典模型评介[J].经济理论与经济管理,2009(9):39-43.

[11] 项国鹏,喻志斌,迟考勋.转型经济下企业家制度能力对民营企业成长的作用机理:吉利集团和横店集团的案例研究[J].科技进步与对策,2012(15):77-80.

[12] LEE C K, HUNG S C. Institutional entrepreneurship in the informal economy: China's Shan—Zhai mobile phones [J]. Strategic Entrepreneurship Journal, 2014, 8(1): 16-36.

[13] 张铭,胡祖光.组织分析中的制度创业研究述评[J].外国经济与管理,2010(2):16-23.

[14] BECKERT J. Agency, entrepreneurs, and institutional change: The role of strategic choice and institutionalized practices [J]. Organization Studies, 1999, 20(5): 777-799.

[15] BATTILANA J. Agency and institutions: the enabling role of individuals social position [J]. Organization, 2006, 13(5): 653-676.

[16] 袁庆宏,王利敏,丁刚.个体的网络位置对其制度创业的影响研究[J].管理学报,2013,10(11):1634-1640.

[17] 田志龙,谢青,陈小洪,等.分散的能动性与集体性制度创业[J].科学学研究,2015,33(6):887-898.

[18] PERKMANN M, SPICER A. Healing the scars of history: projects, skills and field strategies in institutional entrepreneurship [J]. Organization Studies, 2007, 28 (7): 1101-1122.

[19] 项国鹏,李武杰,肖建忠.转型经济中的企业家制度能力:中国企业家的实证研究及其启示[J].管理世界,2009(11):103-114.

[20] BATTILANA J, LECA B, BOXENBAUM E. How actors change institutions: towards a theory of institutional entrepreneurship [J]. The Academy of Management Annals, 2009, 3(1): 65-107.

[21] FLIGSTEIN N. Social skill and institutional theory [J]. The American Behavioral Scientist, 1997, 40(4): 280-301.

[22] 陈宏辉,贾生华.企业利益相关者三维分类的实证分析[J].经济研究,2004,4(20):80-89.

[23] 杨淑娥,徐伟刚.上市公司财务预警模型——Y分数模型的实证研究[J].中国软科学杂志,2003(1):56-60.

[24] 张敬伟.扎根理论研究法在管理学研究中的应用[J].科技管理研究,2010(1):235-237.

[25] SMOTHERS J J, MURPHY P M, NOVICEVIC M E. Institutional entrepreneurship as emancipating institutional work: James Meredith and the Integrationist movement at Ole Miss[J]. Journal of Management History, 2014, 20(1): 114-134.

# 新创企业失败学习模式对企业成长的影响研究

## ——基于失败学习内容的中介作用

黎 常 章 莉

（浙江工商大学工商管理学院，浙江杭州 310018）

**摘 要：**以浙江地区287名新创企业创业者和创业团队成员为调研对象，探究企业的两类失败学习模式通过失败学习内容的中介作用对企业成长的影响机理。研究结果表明，企业的探索模式对企业成长产生正向影响，失败学习内容在探索模式与企业成长间起部分中介作用；企业的利用模式对企业成长产生正向影响，失败学习内容在利用模式与企业成长间起完全中介作用。

**关键词：**新创企业 失败学习模式 失败学习内容 企业成长

## 一、引言

在动荡的商业环境中，很多中小企业处在“生存危机”的边缘，新创企业更是如此，它们在运营过程中所遭遇的失败情形，发生如预算、人员配置、阶段性计划、质量、成本、效率、客户满意、服务等没有达到预期目标的情况远多于成功。[1]如果企业不能在过程中扭转败局，就无法使企业继续成长，也将会给企业生存带来致命的威胁。Song et al. 发现美国技术型新企业在5年后存活率仅为21.9%，[2]我国工商行政总局在2013年发布的《全国内资企业生存时间分析报告》中指出，企业成立后3—7年为退出市场高发期，有近五成企业的生存年龄在5年以下。由于存在反失败偏见，不论是在创业研究，还是在创业实践中，创业者和学者都更关注成功企业，致力于向成功企业学习，而非从失败中获取经验。2011年4月，《哈佛商业评论》围绕“从失败中学习”这个主题从“认识失败”“从失败中学习”“从失败中恢复”

---

基金项目：浙江省高等教育教学改革项目 JG2013063。

三个方面探讨了失败学习对企业经营与管理的意义。国内外对失败情境下的创业学习研究十分缺乏，笔者通过对相关研究文献的分析发现，不同的企业失败学习模式对学习内容及企业成长会有不同程度的影响，但国内外关于失败学习对相关结果变量的作用机制的实证研究还很缺乏。因此，在中国企业的创业文化背景下，本文以新创企业的创业者和团队成员为调研对象，考察企业的失败学习模式对失败学习内容、企业成长的影响，并重点考察失败学习内容在学习模式和企业成长之间的中介作用，以期为企业或创业者处理失败情境下的经营管理活动提供切实可行的理论指导。

## 二、理论基础与研究假设

### (一)企业的失败学习模式与企业成长

企业的失败学习模式是指企业从创业失败中学习的方式，其维度结构存在多种观点，本文采用 March 提出的探索模式和利用模式两个维度作为研究基础。[3]所谓探索模式，它是关于如何在经验中创造变异的方式，这意味着组织或个体通过探索新的可能性来学习，包括变异、实验、发现和创新等。利用模式则完全不同，它涉及开发那些已经知道的方法，即组织或个体通过利用旧有的确定方法从经验中实现学习的方式。

Hagedoorn & Duysters et al. 认为，在经济全球化背景下，与企业变革相关的探索性学习比与效率相关的利用性学习对企业创新绩效有更大的影响。[4] Rothaermel & Deeds 认为，企业的利用模式指对现有知识的延伸或改进，具有路径依赖性；利用模式的本质是提高企业现有能力、技术，并由此打开未来产品的创新通道，因此利用模式会影响企业产品创新和企业成长。[5] He & Wong 以 206 家企业的实证调研数据为基础发现，探索式学习与利用式学习的平衡可以促进企业销售绩效的增长，相对的不平衡则与企业绩效有负相关关系。[6] Seigyoung et al. 研究认为，无论是探索式学习还是利用式学习都有利于提高企业成长绩效。[7]蒋春燕等以江苏和广东的 676 家新兴企业为调查对象进行研究，结果表明，探索模式有利于组织新产品绩效的提高，利用模式有利于组织整体财务绩效的提高。[8] Rowley et al. 认为，利用模式需要一个深入理解的而不是领域更广泛的信息，利用模式会以较低风险的方式拓展企业运营，深度挖掘当前客户的价值，促进企业销售的增长。[9]利用模式相对于探索模式更容易获得成功。探索模式包含搜索、冒险、实验和创新，如今市场竞争激烈，企业为保持竞争优势并使自身持续与快速成长，必须进行不断的产品和服务创新。尽管探索性活动具有冒险属性，但是，这类活动能显著提高企业的成长绩效，企业通过探索模式进行学习，可以在较广泛的领域获取新颖、多样、非冗余的知识，加速新产品开发进程，延伸产品和服务的市场领域。

根据上述分析，本文提出如下假设：

H1：探索模式与企业成长正相关。

H2：利用模式与企业成长正相关。

## (二)企业的失败学习模式与失败学习内容

基于创业失败背景，Cope从现象学解释分析角度，进一步验证了创业失败的学习内容应该包含自我学习、商业学习、网络与关系学习及企业管理学习四个方面。其中，自我学习是学习并分析关于企业自身的优势、劣势、技术、文化等；商业学习是学习关于商业或企业所在市场的优势和劣势，还包括企业失败的原因；网络与关系学习是学习关于企业内外部的网络性质和关系的管理；企业管理学习是学习如何更有效地经营和控制企业。此外，Cope还定性分析了失败学习模式和失败学习内容之间的关系，指出不同的学习内容受不同的学习模式驱动。[10]

一方面，倾向于探索模式的企业在面对失败情境时会尝试不同于过去的新的方式、方法来使企业恢复。因此，企业会通过对创业过程中已发生的关键事件进行反思，思考其潜在的规律，分析自身存在的优劣势，从而积累经验，提高其成功应对未来事件的可能性；企业会更多地从社会人的角度对市场做判断和诊断，使企业和创业者能够更加清晰地辨识企业所在的市场存在的问题和威胁，并通过不断改进和实践来加强这类认知，提高对行业或市场优势与劣势的辨识率和反应速度；企业也会通过各种渠道获得相关信息，在信息收集过程中，重新构建自己的社会关系网；企业还会制定适当的企业策略与规章制度，规避可能存在的风险。

另一方面，倾向于利用模式的企业在面对失败情境时会尝试开发那些已经知道的方法，即企业通过利用旧有的确定方法从经验中实现学习的方式来使企业重新恢复。因此，企业需要尝试分析自身的优势和劣势、技术、文化等；需要为掌握有关市场需求、新企业成长、行业发展前景等知识而进行学习，包括商业的优劣势及失败的原因等；需要学习如何处理与客户、供应商、竞争对手等的关系；需要学习如何有效经营并控制企业，包括人员招募、建立薪酬与绩效体系、财务监控等重要程序和体系。

根据上述分析，本文提出如下假设：

H3：探索模式与失败学习内容正相关。

H4：利用模式与失败学习内容正相关。

## (三)企业的失败学习内容与企业成长

失败学习是快速弥补“新进入者缺陷”，促进企业成长的有效手段。[11]失败学习的过程是与创业活动相关的经验、知识积累与创造的过程，[12]也是一个利用知识更好地决策的过程。[13]企业和创业者可以从经验、经历及过去的失败中学习，进行相关运营知识的提炼和累积，以形成新的知识，使企业技术创新能力得到提升，从而为企业成长绩效的增长奠定基础。[14]另一方面，失败学习也是利用知识进行后续实践的过程。创业者可以通过失败学习不断地更新知识，进一步矫正创业和经营策略，进而提升企业绩效，同时，规范的学习可以促进企业内部管理能力的提升，[15]这也将促进创业者经营管理效率的提升。所以，失败学习可帮助新创企业存活和成长，使企业在不断变化的环境中建立动态的竞争优势，为企业带来长期效益。

有研究指出，知识的创造过程是通过塑造企业核心能力和企业实力来间接地影响企业的绩效、提升企业竞争力的。[16]由于 Cope(2011)的四类学习内容从本质上来讲，都对企业知识的积累具有显著的作用，而通过失败经历则能够在知识累积过程中得到更多的突破和缓冲的机会，也是创业者对自我、对企业、对商业环境和市场、对外部关系网络的认知得到不断的重塑和整理的过程，最终为企业从失败中恢复增加知识积累，并从不同方面提升企业的综合竞争力。

综上所述，本文提出如下假设：

H5：失败学习内容与企业成长正相关。

### (四)企业的失败学习内容的中介作用

正如前文分析，Cope(2011)已从现象学解释分析角度，定性描述了企业的失败学习模式和失败学习内容的关系，指出不同的学习内容受不同的学习模式驱动。首先，对于创业学习的过程，他承认从常规事件中进行学习的重要性，但更倾向于从关键经历(如失败)中学习的观点，强调企业在创业过程中的重要机遇和问题有利于创业者和企业取得“高水平”的学习成果。其次，对于新创企业，Oyelaran-Oyeyinka et al. 通过研究认为，失败学习可以帮助新创企业存活和成长，并且规范的学习可以促进企业内部管理能力的提升。[17]然而学习模式对新创企业成长的影响并非直接达成，其对创业成长绩效的影响是通过一个知识的解读、转化和利用的过程，而该过程的效率和效果取决于创业学习。[18]因此，本文提出如下假设：

H6：失败学习内容在探索模式与企业成长的关系中起中介作用。

H7：失败学习内容在利用模式与企业成长的关系中起中介作用。

本文具体的假设模型如图 1 所示：

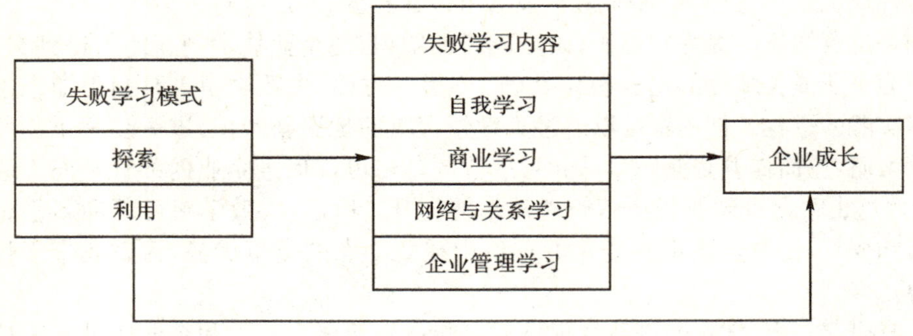


**图 1　假设模型**

## 三、研究方法

### （一）被试

本文正式调查选取以杭州、宁波、温州为主的知名创业园、企业孵化器中的创业者或创业团队成员为调查对象。共计发放问卷 590 份，回收有效样本 287 份，有效回收率为 48.6%，有效问卷全部来自以 8 年为限的新创企业，[19]问卷填答者全为创业者和创业团队成员，否则判为无效问卷。男性占 49.5%，女性占 50.5%；年龄在 40 岁以下占 94.1%；本科及以下学历占 78%；创业前有 2 年及以下工作经验的占 84%；之前没有创立过企业的占 54.7%，有创立过 1 家及以上企业的占 45.3%。

### （二）变量测量

本文为确保测量工具的信度与效度，采用国内外现有文献中已经被广泛使用的研究量表。对失败学习模式的测量采用 Yalcinkaya et al. 的量表，[20]其包括探索模式（2 个测量条目）、利用模式（2 个测量条目）2 个维度。对失败学习内容的测量采用 Cope[11]、于晓宇和汪欣悦（2013）的量表，包括自我学习、商业学习、网络与关系学习及企业管理学习 4 个维度，分别包含 4 个、4 个、4 个和 3 个测量条目。对新创企业成长的测量采用 Parker（2007）、窦红宾等[21]的量表，共包括 5 个测量条目。本文各量表测量项目均以 Likert 五点计分，1＝完全不符合，2＝不太符合，3＝不确定，4＝比较符合，5＝完全符合，1—5 表示符合程度由低到高。

## 四、研究结果

### (一)信度、效度分析

在信度检验方面,本文使用 SPSS19.0 作为数据处理工具,并用 Cronbach's α 系数检验各变量的信度。信度分析表明,失败学习模式中的探索模式的 α 值为 0.814,利用模式的 α 值为 0.775;而失败学习内容的 α 值为 0.792;新创企业成长的 α 值为 0.790。各变量的 Cronbach's α 值均大于 0.70,因而具有良好的信度水平。

在效度检验方面,本文运用 Amos17.0 统计软件采用验证性因子分析的方法检验各变量的效度,并根据指标含义及普遍性情况,选取如下 6 个指标作为效度检验的衡量标准:$\chi^2$/df,CFI,GFI,IFI,AGFI,RMSEA。各变量的验证性因子分析的各项指标值($\chi^2$/df 均在 1 到 3 之间,CFI,GFI,IFI 和 AGFI 均大于 0.90,RMSEA 均小于 0.08)都达到了可接受的水平,具有较好的区分效度,结果如表 1 所示。

**表 1　各变量验证性因子分析结果**

| | $\chi^2$/df | CFI | GFI | IFI | AGFI | RMSEA |
|---|---|---|---|---|---|---|
| 探索模式 | 1.516 | 0.980 | 0.958 | 0.985 | 0.982 | 0.034 |
| 利用模式 | 1.782 | 0.984 | 0.993 | 0.987 | 0.981 | 0.055 |
| 失败学习内容 | 2.174 | 0.904 | 0.935 | 0.913 | 0.943 | 0.078 |
| 企业成长 | 1.752 | 0.979 | 0.975 | 0.980 | 0.924 | 0.072 |

综上表明,研究量表具有良好的信度与效度,适合进行下一步的数据分析。

### (二)假设检验

#### 1. 回归分析

本文采用 SPSS19.0 统计软件对各假设进行检验,每一步对应的回归模型和结果如表 2、表 3 所示。从表 2 中模型 1 的回归结果可以看出,在显著性水平为 0.001 上,失败学习模式中的探索模式和利用模式对企业成长的影响作用都是显著的,两者的回归系数分别是 0.534,0.208,说明探索模式、利用模式与企业成长正相关。因此,H1,H2 得到验证。从表 2 中模型 2 的回归结果可以看出,失败学习内容与企业成长在显著性水平为 0.001 上正相关,所以 H5 得到验证。从表 3 中模型 3 的回归结果可以看出,在显著性水平为 0.001 上,失败学习模式中的探索模式和利用模式对失败学习内容的影响作用都是显著的,两者的回归系数分别是 0.328,0.399,说明探索模式、利用模式与失败学习内容正相关。因此,H3,H4 得到验证。

**表 2 假设检验结果汇总表一**

| | 变量 | 模型 1:失败学习模式 | | | 模型 2 |
|---|---|---|---|---|---|
| | | 探索模式 | | 利用模式 | 失败学习内容 |
| 企业成长 | *Beta* | 0.534*** | | 0.208*** | 0.682*** |
| | $R^2$ | | 0.381 | | 0.487 |
| | *F* 值 | | 34.585*** | | 66.885*** |
| | *DW* | | 2.261 | | 1.586 |

注：* 表示 $p<0.05$，** 表示 $p<0.01$，*** 表示 $p<0.001$，下同

**表 3 假设检验结果汇总表二**

| | 变量 | 模型 3:失败学习模式 | | |
|---|---|---|---|---|
| | | 探索模式 | | 利用模式 |
| 失败学习内容 | *Beta* | 0.328*** | | 0.399*** |
| | $R^2$ | | 0.342 | |
| | *F* 值 | | 29.240*** | |
| | *DW* | | 1.842 | |

**2. 失败学习内容的中介作用**

在前文的分析中，分别检验了失败学习模式、失败学习内容对新创企业成长、失败学习模式对失败学习内容的影响。为了探索这三个变量之间的作用机制，本文将失败学习内容作为中介变量，通过中介效应的检验原理，来检验本文提出的相关假设。

根据 Baron et al. 研究提出的中介效应检验方法，[22]具体步骤和条件如下：

第一步，检验总效应系数 $c$ 是否显著，即自变量与因变量之间是否存在显著关系。如果 $c$ 显著，则继续进行随后的分析；反之，则中介分析终止。第二步，检验自变量作用于中介变量的回归系数 $a$ 是否显著。如果 $a$ 显著，则继续进行随后的检验，否则终止分析，中介效应不存在。第三步，检验中介变量作用于因变量的回归系数 $b$ 是否显著。如果 $b$ 显著，则继续进行随后的检验，否则终止分析，中介效应不存在。第四步，检验直接效应 $c'$ 是否显著，即考虑中介变量后，自变量与因变量的回归系数是否存在显著关系。在 $a$ 和 $b$ 都显著的情况下，如果 $c'$ 不显著，说明存在完全中介效应，[23]否则存在部分中介效应。[22]

H6 和 H7 是解释失败学习内容在两类失败学习模式与新创企业成长关系中

的中介作用。前文表 2 和表 3 分别检验了两类失败学习模式对新创企业成长与失败学习内容的正向作用，其中探索模式、利用模式分别与企业成长呈正相关（$\beta$=0.534，$p$<0.001；$\beta$=0.208，$p$<0.001）；探索模式、利用模式分别与失败学习内容呈正相关（$\beta$=0.328，$p$<0.001；$\beta$=0.399，$p$<0.001）。此外，表 2 还检验了失败学习内容对新创企业成长的正向作用（$\beta$=0.682，$p$<0.001）。因此，满足 Baron et al.[22]中介效应检验的所有条件。现将两类失败学习模式、失败学习内容同时带入方程进行回归分析，分析结果如表 4 所示：

**表 4　失败学习内容的中介效应检验**

| 因变量 | 企业成长 | |
|---|---|---|
| | 模型 4 | 模型 5 |
| | *Beta* | *Beta* |
| 自变量 | | |
| 探索模式 | 0.351*** | |
| 利用模式 | | −0.055 |
| 中介变量 | | |
| 失败学习内容 | 0.555*** | 0.705*** |
| $R^2$ | 0.589 | 0.489 |
| *F* 值 | 80.466*** | 53.813*** |
| *DW* | 1.616 | 1.604 |

通过模型 1 和模型 4 的比较可知，将失败学习内容引入回归模型后，探索模式与企业成长仍然显著相关（$\beta$=0.351，$p$<0.001），回归系数由 0.534 下降为 0.351。可以得出，失败学习内容对探索模式与企业成长具有部分中介效应。因此，H6 得到验证。

通过模型 1 和模型 5 的比较可知，将失败学习内容引入回归模型后，利用模式与企业成长不显著相关（$\beta$=−0.055，$p$>0.05），回归系数由 0.208 下降为 −0.055。可以得出，失败学习内容对利用模式与企业成长具有完全中介效应。因此，H7 得到验证。

## 五、结论与展望

本文在中国浙江省的 287 名创业者和创业团队成员的数据收集基础上，对样本数据的特征做了统计分析，并对大样本数据的量表做了信度与效度的检验，在通过了信度、效度检验后，笔者又通过线性回归分析的方法对数据做了进一步统计分析和假设检验。研究结果表明，本文的所有理论假设均通过了实证检验，在此基础上得出本文的研究结论与相关讨论。

第一，失败学习模式对新创企业成长具有积极的影响。本文依据组织学习方式的不同会影响组织的绩效，提出企业的两类失败学习模式，即探索模式和利用模式对新创企业成长正相关的假设。实证结果表明，两种类型的失败学习模式均对新创企业成长产生了积极的影响，不仅验证了假设，也进一步证明了探索模式和利用模式在创业失败学习研究中的适用性。在企业的失败情境中，要关注探索模式所带来的异质性信息，也要关注利用模式所带来的同质性信息。由两种类型的失败学习模式回归效果的比较则可以看出，以探索模式存在的企业失败学习模式对新创企业成长具有更大的作用。所以，在失败情境下，创业者和新创企业的学习方式与管理方式要更加注重对探索模式的使用，同时加强利用模式与之平衡，使两者协同促进企业的恢复和成长。

第二，失败学习内容对新创企业成长具有积极的影响。企业的失败学习是企业和创业者的经验知识的提炼、累积与应用的过程，在该学习过程中，不仅要注重企业内部的学习，也要注重企业外部的学习。笔者发现，企业的失败学习内容对新创企业成长产生了积极的影响。由此可见，企业可以通过对自我身份的重新界定和构建得到社会的认可，然后才能更为顺利地进行创业活动的继续开展和实施；而市场和行业环境的变化，企业也可以通过对商业情境的认知和对机会的辨识来提升经营的效果，促进企业的成长；可以通过社会网络嵌入来学习并认知目前企业的社会身份，通过关系学习使企业和创业者对外部创业机会有良好的辨识，进而才会提升企业经营的效率；同时，通过将行业学习、机会利用、创业网络相关的关系等有效融入企业经营策略，也可以提升组织经营的效率，从而促进企业的成长。

第三，失败学习模式中的探索模式与利用模式通过失败学习内容产生对新创企业成长的影响。本文的研究结果显示，探索模式对新创企业成长的影响是通过企业失败学习内容的部分中介效应完成的，而利用模式对新创企业成长的影响则是通过企业失败学习内容的完全中介效应完成的。也就是说，在失败学习内容之外还存在其他因素在企业的探索模式和成长之间起中介作用。有学者如 Koka et al. 考察了网络位置在“探索”“利用”与企业绩效之间的中介作用机制；[24]刘井建研究指出，动态能力在创业学习对新创企业绩效的作用关系中起中介作用；[25]蔡莉和高祥(2013)则认为，创业能力在创业学习对新创企业绩效的作用关系中起中介作用。本文认为，倾向于探索模式的企业由于需要组织进行全面的突破与创新，因而需要比利用模式更多的信息支持，又因为探索模式相对于利用模式含有较多的异质性的信息，所以探索模式不能完全通过企业的失败学习内容达成对企业成长的影响，但利用模式则反之。

此外，本文对创业实践具有一定的启示。首先，新创企业的两类失败学习模式对企业成长都有重要影响，企业应积极分析现状，确定在失败情境中的最佳学习方式，实现对企业经营的恢复。其次，新创企业可通过平衡在探索模式和利用模式中投入的资源，进而在两类失败学习模式之间取得平衡。根据组织双元理论，利用式学习和探索式学习的平衡是新创企业生存与成长的关键。由于多数新创企业具有“小而新”的特点，若仅仅通过组织结构设计或者增加投入来实现平衡往往不切实际，甚至会给企业带来风险。最后，要做好两类学习模式和学习内容间的匹配，有效促进企业成长绩效的转化。

作为一项探索性研究，本文仍存在以下方面的不足：(1)本文采用的数据都是来自浙江省地区的新创企业，因此数据来源的区域性较强，这种取样的方法导致了在未来仍需进行更为广泛、更多数量的样本收集，从而能够对“从失败中学习”这一概念的内涵进行更深入的解释。(2)失败学习内容的 4 个维度间存在怎样的关系，如关于自我学习会不会加强创业者对商业学习的能力，网络与关系学习是否会加强企业管理的学习等。(3)本文在对新创企业失败学习模式、失败学习内容和企业成长间关系的分析过程中，未考虑两类失败学习模式的交互效应对企业成长的影响。根据 Li et al. 的研究，探索式学习与利用式学习在对企业成长绩效方面可能存在替代效应。[26]因此，两类学习模式间的关系需要在未来的研究中进一步探索。

**参考文献**


[1] MCGRATH R G. Exploratory learning, innovative capacity, and managerial oversight[J]. Academy of Management Journal, 2001, 44(1): 118-131.

[2] SONG M, PODOYNITSYNA K, HANS V D B, et al. Success factors in new ventures: a meta-analysis [J]. Journal of Product Innovation Management, 2008, 25(1): 7-27.

[3] MARCH J G. Exploration and exploitation in organization learning[J]. Organization Science, 1991, 2(1): 71-87.

[4] HAGEDOORN J, DUYSTERS G. Learning in dynamic interfirm networks—the efficacy of multiple contacts[C]. Organization Studies, 2002, 23(4) :525-548.

[5] ROTHAERMEL F T, DEEDS D L. Exploration and exploitation alliances in biotechnology: a system of new product development[J]. Strategic Management Journal, 2004, 25(3): 201-221.

[6] He Z L, Wong P K. Exploration vs Exploitation: an empirical test of the ambidexterity hypothesis[J]. Organization Science, 2004, (15): 481-494.

[7] SEIGYOUNG A , BULENT M. Balancing exploration and exploitation: the moderating role of competitive intensity[J]. Journal of Business Research, 2004, 58(58): 1652-1661.

[8] 蒋春燕,赵曙明. 组织学习、社会资本与公司创业——江苏与广东新兴企业的实证研究[J]. 管理科学学报,2006,11(6):61-76.

[9] ROWLEY C, YING Z, WARNER M. Human resource management with 'Asian' characteristics: a hybrid people—management system in East Asia[J]. International Journal of Human Resource Management,2007,18(5): 745-768.

[10] COPE J. Entrepreneurial learning from failure: an interpretative phenomenological analysis [J]. Journal of Bussiness Venturing,2011,26(6): 604-623.

[11] 倪宁,王重鸣. 创业学习研究领域的反思[J]. 科研管理,2005,26(6):94-98.

[12] RAE D. Entrepreneurial learning: a conceptual framework for technology-based enterprise [J]. Technology Analysis and Strategic Management,2006,18(1): 39-56.

[13] MINNITI M, BYGRAVE W. A dynamic model of entrepreneurial learning [J]. Entrepreneurship Theory and Practice,2001,25(3): 5-16.

[14] HURLEY R F, HULT G T. Innovation, Market orientation, and organizational learning: an integration and empirical examination [J]. Journal of Marketing,1998,62(3): 42-54.

[15] POLITIS D. The process of entrepreneurial learning: a conceptual model [J]. Entrepreneurship Theory and Practice,2005,29(4): 399-424.

[16] 王重鸣,田茂利. 技术创业企业知识创造过程及其影响因素[J]. 科研管理. 2006,27(6): 75-79.

[17] OYELARAN-OYEYINKA B, LAL K. Institutional support for collective learning: cluster development in Kenya and Ghana[J]. African Development Review,2006,18(2): 258-278.

[18] SLOTTE-KOCK S, COVIELLO N. Entrepreneurship research on network processes: a review and ways forward[J]. Entrepreneurship Theory and Practice,2010,34(1): 31-57.

[19] ZAHRA S A, NIELSEN A P, BOGNER W C. Corporate entrepreneurship, knowledge, and competence development[J]. Entrepreneurship Theory and Practice,1999,23(3): 169-189.

[20] YALCINKAYA G, CALANTONE R J, GRIFFITH D A. An examination of exploration and exploitation capabilities: implications for product innovation and market performance [J]. Journal of International Marketing,2007,15(4): 63-93.

[21] 窦红宾,王正斌. 社会资本对企业创新绩效的影响——知识资源获取的中介作用[J]. 预测, 2011,30(3):48-52.

[22] BARON R M, KENNY D A. The moderator-mediator distinction in social psychological research: conceptual, strategic, and statistical considerations[J]. Journal of Personality and Social Psychology,1986,51(6): 1173-1182.

[23] JUDD C M, KENNY D A. Process analysis estimating mediation in treatment evaluations [J]. Evaluation Review,1981,5(5): 602-619.

[24] KOKA B R, PRESCOTT J E. Designing alliance networks: the influence of network position, environmental change, and strategy on firm performance[J]. Strategic Management Journal,2008,29(6): 639-661.

[25] 刘井建. 创业学习、动态能力与创业企业绩效的关系研究[J]. 科学学研究，2011，29(5)：728-734.

[26] LI Y, VANHAVERBEKE W, SCHOENMAKERS W. Exploration and exploitation in innovation: reframing the interpretation[J]. Creativity and Innovation Management, 2008, 17(2): 107-126.

# 网络经济背景下的渠道管理述评与未来研究展望

项国鹏　殷加娜

（浙江工商大学工商管理学院，浙江杭州　310018）

**摘　要：**渠道管理在网络经济背景下呈现出了新的形式。本文对国外较有影响力的渠道管理文献进行了回顾，分析了不同渠道之间的关系、引起渠道冲突的原因及整合渠道的方法。在归纳了目前研究现状的基础上，对未来的研究进行了展望。

**关键词：**网络经济　渠道管理　述评

## 一、引言

随着信息技术的发展，人们的工作和生活方式发生了巨大的变化，网络经济就在这种环境下产生了：企业利用计算机网络信息技术接收、分析、整合和利用各种信息，并依靠企业的内外部网络开展工作。“互联网＋”则是网络经济背景下传统企业的新特点，“互联网＋零售”，为消费者带来了更多的消费者剩余；“互联网＋金融”，为广大中小企业注入了“新鲜血液”；“互联网＋物流”，在减少企业库存的同时，也提高了电子商务的流通效率。在“互联网＋”的冲击下，传统企业不得不进行转型和升级。目前，包括国美、苏宁、银泰等知名零售企业都已开通自己的网上商城，由微博、微信所衍生出的新的购买渠道也带来了新的市场机会。

“互联网＋”减少了信息不对称，因此越来越多的零售商开始利用互联网开展电子商务活动，它所带来的冲突也逐渐浮出水面[1]：一些电商网站流量稀少，线下商店门可罗雀，渠道之间大打价格战……互联网的出现让原本就难以管理的渠道冲突变得更加复杂。因此，如何整合多渠道，使它们高效运转，给管理者带来了极大的挑战。为提高渠道系统的绩效，甚至连电脑巨头 IBM，都已成立专门的小组来管理渠道冲突。

20世纪90年代，线上渠道被当作业务的一种分支、补充而兴起，在逐渐发展有了自己的特征后，零售商开始考虑将不同属性的渠道整合在一起以更好地满足消费者需求。[2]由于线上线下如何整合还处于探索阶段，因此并未形成统一的分析框架。Grewal认为，渠道管理的重点是要结合不同渠道的优点，[3] Avery et al. 则认为，渠道管理的要点之一就是在给定的区域确定实体店的个数。[4] Bolton et al. 营销学者也说“让一个组织的多渠道协同起来”是一个未被充分研究的领域，未来需要投入更多的精力。因此，本文着重对已有的研究进行梳理，从多渠道零售的兴起、冲突的产生及如何整合着手分析，试图厘清渠道管理理论发展的内在逻辑，发现目前研究的不足及未来研究的方向。

## 二、多渠道零售

渠道管理是指公司为实现分销目标而对现有渠道进行管理，以确保渠道成员间、公司和渠道成员间能够相互协调，寻求利益最大化。因此，多渠道零售的出现，推动了渠道管理这一学科的快速发展。Levy & Weitz认为，多渠道零售是把商品和服务通过不止一个渠道提供给消费者的零售活动。过去的多渠道零售包括商店、电视销售、直销、目录销售等等。笔者通过整合已有文献，发现零售渠道的研究多数都集中在三种渠道：线下实体店、目录销售和网上销售。关于三种渠道的对比如表1所示。

线下实体店，即传统商店，历史最为悠久，交易简单，看到需要的商品可以立即购买，风险较小，退换货也方便。但是由于其受到开设时间、地点的限制，无法满足一些消费者的需求，因此催生出了其他零售渠道。目录销售是零售商定期发行“购物目录”、消费者拨打订购电话、再由快递公司送货上门的销售方式，消费者无须再到实体店选购商品，并且可以货到付款，无须担心交易安全。网上销售可以全天24小时购买，没有时间、地域的限制，但是存在对交易安全、隐私问题的担忧。从最原始的线下实体店到目录销售，再到现在的网上销售，每种渠道都有各自不同的属性，分别满足不同消费者的需求。

**表1　渠道属性对比**

| 渠道属性 | 线下实体店 | 目录销售 | 网上销售 |
|---|---|---|---|
| 产品种类 | 多系列、多品种 | 较多的系列、品种 | 更多的系列、品种 |
| 购物时间、地点 | 受到时间、地点的限制 | 不受地点限制，但受时间限制，必须在电话客服工作的时间内 | 只要有网络，不受任何限制 |

续 表

| 渠道属性 | 线下实体店 | 目录销售 | 网上销售 |
| --- | --- | --- | --- |
| 交通成本 | 到实体店需要花费时间、交通费 | 需要邮费 | 需要邮费 |
| 销售支持/服务质量 | 有面对面的销售支持，可以获得销售人员的意见 | 电话客服 | 电话客服或网络客服 |
| 交易安全 | 支付方式很安全 | 支持货到付款 | 网上支付，有风险 |
| 购物享受 | 有休闲娱乐的效果 | 只有视觉享受 | 只有视觉享受 |
| 信息搜索、对比 | 不方便 | 较不方便 | 方便 |
| 等待成本 | 除了试穿、结账时可能需要等待，没有其他等待成本 | 购买后需要等待邮寄的时间 | 购买后需要等待邮寄的时间 |
| 商品感知 | 在购买之前可以触摸、试穿、感受商品 | 无 | 无 |
| 缺货风险 | 存在断码、缺货的风险 | 存在断码、缺货的风险 | 商品售完之后就会下架或者停止出售，几乎没有缺货风险 |
| 隐私泄露 | 无 | 个人信息可能会泄露 | 个人信息可能会泄露 |
| 运输费用、风险 | 无 | 存在运费，运输过程中可能产生商品损坏 | 存在运费，运输过程中可能产生商品损坏 |

表格来源：笔者根据参考文献整理

### (一)采用多渠道零售的原因

采用多渠道零售不仅是对市场竞争的回应，[5]还可以降低成本，[6]提高市场覆盖率。Webb et al. 认为，多渠道可以满足不同消费者的需求，让消费者自由选择喜欢的渠道；当一个公司有很多产品线时，多渠道的优势就更为明显了，因为单一渠道不可能适合所有产品的销售；同时，多渠道还可以让零售商面对更加精确的细分市场，提高竞争优势。[7]增加一种渠道就意味着增加一种分销方法，可以降低消费者的搜索成本从而增加购买量。[8]Neslin et al. 认为，多渠道之所以可以增加销售，是消费者较高的忠诚、自我选择和营销的结果。[9]因为拥有多渠道，零售商就可以在实体店中把线上线下不同的服务结合起来。比如 PRADA 为每位顾客创建自己的网页，顾客可以把他们试穿的服装上传上去并发送给他们的朋友来咨询意见。[10]Sharma et al. 认为，公司需要利用多渠道来增加“曝光率”，提升销售。[11] Zhang et al. 认为，多渠道零售商可以利用网上渠道读取大量消费者的购买信息，再基于这些信息制订更为有效的营销方案。

Coelho et al. 发现，采用多渠道战略的公司虽然销量很高，但是利润并不突出。[12] Sharma et al. 认为，公司在增加新渠道的初期可能会出现亏损，并且影响原有渠道的销售。[11] Webb et al. 认为，多渠道零售还会对公司内部的资源（技术、人力、资金）分配结果产生不利影响。[7] 然而，多渠道零售的一大障碍却是不同渠道在争夺消费者时引发的冲突。对大多数渠道成员来说，多渠道之间在消费者问题上是一种零和博弈：如果一个渠道获得了顾客，那么另一个渠道的顾客必定减少。事实真的是这样吗？Rosenbloom 的研究表明，成熟的多渠道零售不仅可以避免零和博弈，还可以为渠道成员带来更多潜在的回报。[13]

### （二）多渠道零售中的消费者管理研究

#### 1. 多渠道消费者

多渠道零售改变了很多消费者的行为，并催生出“多渠道消费者”一族。学者对多渠道消费者的定义是在购物过程中使用多渠道的消费者（Rangaswamy，2005；Neslin et al.，2006；Neslin et al.，2009）。Lebo & Harlan 的研究表明，超过 75%的消费者都是多渠道消费者。和传统的消费者相比，多渠道消费者会在购买过程中使用一种渠道浏览商品，但在另一种渠道上购买，也就是所谓的“搜索—购买”人群。Verhoef et al. 认为，这类现象主要由三种动机造成：基于渠道属性的决策、渠道锁定和跨渠道协同，[14] 反映了消费者想要在购买之前通过搜索对比找到“最好”的商品。

Keen et al. 根据消费者渠道选择的特征把消费者细分成四种类型：①多面手：关心所有的因素，把渠道选择当作购物的一部分。②格式化消费者：有特别的渠道偏好，如只在实体店购物。③价格敏感型：最关心价格因素，基于价格选择渠道。④经验型：偏向于之前使用过的、感觉良好的渠道。[15] Konus et al. 则把消费者分成三种类型：①多渠道爱好者：对所有渠道都保持积极的态度，把购物当成愉悦的体验。②聚焦于实体店的消费者：只在实体店消费，对渠道和品牌有极高的忠诚。③不参与的消费者：几乎对任何渠道都没有兴趣，很少购物。[16] 除了以上的分类，Thomas 和 Sullivan 把消费者分为五种，Kollmann et al. 把消费者分为八种。[17] 对于多渠道消费者的细分，学界并未达成一致，但多渠道消费者比单一渠道消费者更有价值却是已经得到证明的。实证研究表明，多渠道消费者的购买频率更高，[18] 他们会比单一渠道消费者多花费 20%—30%，[19] 在面对折扣时也会购买得更多、更频繁。

#### 2. 消费者渠道选择的影响因素

TRA 理性行为理论被广泛用于消费者渠道选择影响因素的研究中，这一理论适用于分析态度如何影响个体行为。在渠道选择的情境下就是消费者对渠道属性的观念影响渠道对他们的吸引力，进而影响渠道选择。影响因素包括消费者的购买决策阶段[20]（包括三阶段和五阶段）、渠道属性、渠道经验感知、溢出效应、风险感知等等。对于不同的商品，消费者的渠道选择有很大差别。Lal & Sarvary 提出了一个产品分类准则：是否具有数字性。数字产品的特征可以在网上直接显现出来，非数字产品在实体店体验后再购买会更好。对于非数字产品，消费者可能会愿意接受到店成本，或者支付比线上更高的价格（比如化妆品）。[21]类似的，Chiang et al. 定义了"搜寻品"和"经验品"，他们发现线上购物更适合搜寻品。[22] Thomas et al. 一些学者还强调了消费者异质性在渠道选择过程中的调节作用，关于消费者的渠道选择影响因素的总结如表 2 所示：

**表 2　消费者渠道选择影响因素**

| 影响因素 | 变量 | 参考文献 |
| --- | --- | --- |
| 渠道特征 | 易用性 | Keen et al.（2004）；Nicholson et al.（2002）；Burke（2002）；Montoya-Weiss et al.（2003）；Teerling 和 Huizingh（2005） |
| | 价格 | Keen et al.（2004）；Jiang 和 Rosenbloom（2004）；Verhoef et al.（2005）；Burke（2002）；Thomas 和 Sullivan（2005a）；Morton et al.（2001）；Ancarani et al.（2004）；Pan et al.（2002）；Tang et al.（2001）；Teerling 和 Huizingh（2005） |
| | 售后 | Jiang 和 Rosenbloom（2004）；Verhoef et al.（2005） |
| | 搜索便利性 | Verhoef et al.（2005） |
| | 信息质量 | Montoya-Weiss et al.（2003）；Teerling 和 Huizingh（2005） |
| | 审美 | Verhoef et al.（2005）；Gupta et al.（2004） |
| | 信息比较 | Verhoef et al.（2005）；Gupta et al.（2004） |
| | 服务 | Verhoef et al.（2005）；Burke（2002）；Montoya-Weiss et al.（2003）；Teerling 和 Huizingh（2005） |
| | 风险 | Verhoef et al.（2005）；Montoya-Weiss et al.（2003）；Gupta et al.（2004）；Schoenbachler 和 Gordon（2002） |
| | 购买速度 | Verhoef et al.（2005）；Burke（2002）；Gupta et al.（2004） |
| | 隐私 | Verhoef et al.（2005）；Burke（2002） |
| | 类目 | Verhoef et al.（2005）；Burke（2002）；Bendoly et al.（2005）；Teerling 和 Huizingh（2005）；Inman et al.（2004） |
| | 乐趣 | Verhoef et al.（2005）；Nicholson et al.（2002）；Teerling 和 Huizingh（2005） |
| | 安全性 | Burke（2002）；Montoya-Weiss et al.（2003） |

续 表

| 影响因素 | 变量 | 参考文献 |
| --- | --- | --- |
| 情境因素 | 物理环境 | Nicholson et al. (2002) |
| | 社会环境 | Nicholson et al. (2002) |
| | 时间 | Nicholson et al. (2002) |
| | 购物任务 | Nicholson et al. (2002);Burke(2002);Mathwick et al. (2002);Gupta et al. (2004);Inman et al. (2004);Thomas 和 Sullivan (2005a);Kushwaha 和 Shankar(2005) |
| 个体差异 | 人口统计特征 | Gupta et al. (2004);Ansari et al. (2005);Verhoef et al. (2005);Inman et al. (2004);Kushwaha 和 Shankar(2005);Pauwels (2001);Schoenbachler 和 Gordon(2002) |
| | 过去的经验 | Keen et al. (2004);Meuter et al. (2000);Inman et al. (2004);Schoenbachler 和 Gordon(2002) |
| | 生命周期阶段 | Thomas 和 Sullivan(2005a) |

表格来源:作者根据参考文献整理

总的来说,网上风险会降低消费者线上渠道的使用意图,但其便利性会让它的使用量增加。相反,线下商店的服务、交易安全会增加消费者线下渠道的使用意图,而时间、地点的限制会降低其使用量。当然,不同渠道之间也不是独立的,随着产品复杂性的提升,消费者越来越倾向于在多个渠道获取信息后再购买。由此可见,消费者的渠道选择受各种各样的因素影响,多渠道零售商应该了解不同渠道之间的异同,以消费者为中心,并在此基础上制订适合自己的渠道战略。[23]

关于消费者渠道选择影响因素的研究,Zhang et al. 认为还有很大研究空间,值得投入更多的精力。[24] Montoya-Weiss et al. 认为,未来的研究还可以关注消费者信任在渠道选择中的作用。

**3. 多渠道零售对消费者满意度、消费者忠诚的影响**

多渠道零售商有一系列渠道来满足消费者需求,因而可以克服不同渠道的缺点,并且使优点最大化。Zhan 开创性地将双因素理论运用到消费者满意度的研究中。对于线上渠道的满意度,他认为网站设计、安全性等是保健因素,交流、促销等和营销相关的是激励因素,只有激励因素才能激发消费者满意度。因此,要想提高消费者满意度,必须着重提高和营销相关的属性,不能把所有特征都同等对待。Geyskens et al. 认为,多渠道零售可以增加消费者满意度和忠诚;[25];Wallace et al. 认为,多渠道零售先提高了消费者满意度,再提高了消费者忠诚。[26] Montoya-Weiss et al. 认为,除了目前的研究成果外,未来的研究中还可以投入对渠道交叉和消费者满意度的关系研究。[27]

## 三、渠道冲突

多渠道下的消费者问题是引起冲突的一大根源，但渠道冲突却远不止这么简单。Webb & Hogan 认为，当一个渠道成员感觉到有其他渠道在阻碍自己实现目标时，冲突就发生了。传统渠道的观点认为渠道冲突产生的三个主要原因是：目标不一致、领域上的分歧及对现实的感知差异。[28]目标不一致是指零售商的不同渠道独立运作，不考虑其他渠道；领域上的分歧是指渠道之间共享的资源，包括员工、资金、消费者等，资源重叠率越高，冲突越大；对于相同的环境，渠道做出的不同反应即对现实的感知差异，由感知差异而引起的冲突通常是缺少沟通的结果。这些原因都有可能引发不同渠道之间的冲突，如图 1 所示：

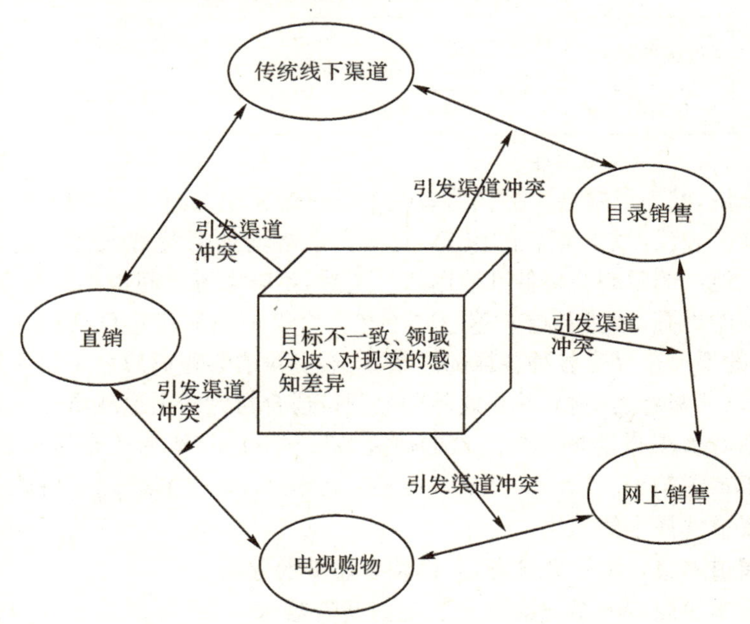


**图 1　引发渠道冲突的原因**

多渠道环境下的渠道冲突是不可避免的，但并不是所有的冲突都是有害的。比如对资源的争夺会让稀缺资源的分配更加高效。Rosenbloom 认为，随着渠道冲突的增加，渠道效率会增长到一个点，超过这个临界点，冲突才会变得有破坏性。[29]因此，管理者面临的主要挑战就是辨别出什么情况下的冲突是建设性的，什么情况下的冲突是破坏性的。Webb et al. 认为，一定程度的冲突是需要的，[30]但是过多的冲突就会分散管理者的注意力。如何有效管理渠道冲突将是未来的一项重要议题，尤其是在当下，随着 SNS 的普及，越来越多的零售商开始使用微信、微博作为自己的分销渠道，渠道数量的飞速增长对渠道冲突的影响也是未来值得研究的方向。

(一)关于渠道之间是互补还是替代的争论

当一些学者认为不同渠道之间是相互补充时(Avery et al.，2012；Wallace et al.，2004)，另一些学者认为它们之间是相互替代的(Falk et al.，2007；Montoya-Weiss et al.，2003)，还有一些学者认为互补还是替代要因商品而异。Brynjolfsson et al. 认为，线上渠道在销售大宗商品时，面临着传统渠道的激烈竞争，两者之间可以相互替代，但在销售小众商品时，线上渠道几乎不受影响。为了解释渠道之间的具体关系，学者们大都通过增加一种渠道对已有渠道产生的影响来说明。这里主要通过两种情境来描述：增加线上渠道对线下的影响及增加线下渠道对线上的影响。

在网络购物刚刚兴起时，研究者就试图弄清网上渠道对现有渠道的影响。Deleersnyder et al. 通过研究 67 家报纸后发现，网上版本的增加并没有对线下销售产生影响，若线上线下内容不一样，还可以增加线下销售额。[31] Biyalogorsky et al. 的研究表明，增加网上渠道不会影响同期的线下销售，网上活动还可以帮助企业建立长期的线上品牌价值。[32] Lee & Grewal 在分析了 106 家公司后发现，当因特网作为一种交流媒介使用时，其股票市场绩效增速明显，当它作为一种销售渠道使用时，几乎没有任何影响。[33] Weltevreden 发现，线上商城的出现对购物中心没有短期影响，但从长期来看，竞争却是不可避免的。[34] 除了增加线上渠道外，Pauwels et al. 还研究了增加信息网站对线下销售的影响，结果表明，这类网站会对线下营业收入产生影响，但是仅对一些特定的商品和消费者群体有影响。[35] 尽管多数人把线下商店的冷清归咎于网上商店，但研究表明，网上商店对线下销售的负面影响并不显著。

对于从互联网起家的零售商，增加实体店对他们的影响是否会和上述影响一样呢？Avery et al. 在分析增加实体店对线上销售的影响上跨出了重要的一步，结果显示，新开实体店短期内会对目录销售产生影响，但长期来看，却同时增加了目录销售量和网上销售量，因为实体店的存在以更快的速度带来了新顾客。Pauwels & Neslin 认为，线上销售不会受新开实体店的影响，反而新开实体店会增加顾客购买频率，提升公司总营业额。同时，实体店可以为网上商店带来更多竞争优势，比如 Tang & Xing 认为，消费者对于网上购物会产生紧张情绪，但如果附近有同品牌的实体店，则可以减轻他们的担忧。[36]

无论是线上对线下的影响还是线下对线上的影响，都不可避免地存在晕轮效应。当传统零售商开始涉足网上商店时，他们已有的线下品牌形象会对线上渠道产生影响。[37]若零售商的线上渠道体验很差，消费者对其好的线下品牌形象也会主观上降到最低。研究表明，消费者在一次不好的线上购物体验后，有 40%不愿意在其线下商店购买，有 60%会对这个品牌产生负面印象，有 80%以后不会在线上购买(National,2008)。因此，多渠道零售商必须同时兼顾不同的渠道，使它们相互补充形成协同效应。

### (二)渠道冲突对渠道绩效的影响

Webb & Lambe 认为，渠道冲突会影响整个渠道系统的绩效，是消费者满意度和渠道绩效的重要决定因素。[30]对于渠道冲突的分析，最具代表性的就是 Webb & Hogan。他们认为，冲突可以分解成强度和频率两个维度，渠道冲突的强度不会影响渠道绩效，但是冲突的频率会对绩效产生负面影响，并且它们之间的关系受到产品生命周期的调节，越是在生命周期的后期，影响越大。因此，在产品生命周期的后期，零售商要尽量避免使用多渠道，因为某一产品在一个渠道的成功很可能是以牺牲另一个渠道为代价的。

## 四、渠道整合的协同作用

采取多渠道战略是一个过程。在实施初期，由于渠道整合的困难，零售商大都把不同渠道的业务分开经营，甚至外包。这种做法表面上看是降低了经营难度，但从消费者的角度看，如果不同渠道传达的信息不一致，则会让他们产生困惑。而且，相比于纯线上渠道，消费者更愿意选择整合了线下信息的线上渠道。[38]因此，对于零售商来说，如何整合线上线下渠道并使其产生协同作用就变成了一个亟待解决的问题。

Bendoly et al. 对渠道整合的定义是不同渠道之间相互影响的程度。[39]当某一渠道帮助其他渠道提高效率时，渠道整合的目的(即协同效应)也就达到了。渠道协同不仅可以提升消费者体验，增加销售、利润，在整合过程中所形成的和消费者无缝接合的隐性知识也是竞争对手在短期内难以模仿的，从而形成了长期的竞争优势。

当然，渠道整合战略的实施也不可能一蹴而就，需要长期的资金、人力投入。尽管多渠道零售商的数目呈爆发式增长，关于渠道之间如何整合的研究文献却还很少。公司是否要把所有的产品都放在线上销售？如果不是，线上线下之间应该如何平衡？哪些商品更适合在网上销售？不同渠道间的定价该如何处理？这些都是未来渠道整合的焦点。著名玩具零售商 Mattel 在渠道整合时获得了成功：它的网上商店提供特定的热销产品，并且线上价格相对于零售店提高了 15%。价格是渠道整合中提到最多的问题。由于信息不对称、搜索成本较低，使得和线下渠道同等质量的商品，在网上商店中的价格更便宜。[40] Zhang et al. 认为，由于包装、物流成本的存在，直销渠道（网上销售、目录销售）的边际成本更大，因此线上渠道应该制订更高的价格。这个观点虽然和消费者预期有差异，却也是一种驱使消费者去线下购物的方法。

Webb & Lambe 发现有 3 种方式可以融合多渠道：制订内部最高目标、有效的内部沟通及渠道间的合作。[30] Rosenbloom 也提到有效的渠道整合需要渠道成员之间制订战略联盟，分享长期目标。[13] 目前已经出现的一些渠道整合形式包括线上提供线下的存货信息，使得消费者可以在线上下单，线下取货；消费者线上购买的商品可以在线下商店退货[41]及跨渠道促销等。研究表明，83%的消费者更愿意通过线下实体店退货，这样不仅可以方便消费者，还可以在消费者进店后产生交叉销售的可能。但这也可能为零售商带来一些管理上的困难：因为线下品类少，一些线上渠道退回的商品并不在线下渠道销售，因此需要额外的成本退回到线上渠道或者周转中心。除此之外，零售商还必须同时整合好不同渠道的存货系统、仓储、营销活动等等。

综上所述，渠道整合的挑战性可见一斑，但除了上述说到的以外，还有很多地方值得注意。比方说，零售商在决定使用哪种渠道、渠道之间要以什么方式整合时，必须清楚每个渠道的特征，[42]定义好每个渠道的不同角色。[43]诸如有些公司的网上渠道是作为一种全新的销售方式，有些却是一种处理存货的工具。在制订渠道战略时，要以消费者为中心，[44]重视消费者的行为变化，因为一切渠道整合都是为了更好地满足消费者需求。不同的渠道在进行营销活动时，向消费者发出的信息要一致，以此确保品牌形象的一致性。还有很重要的一点就是，要让员工充分了解多渠道战略，只有获得他们的认同与支持，才能真正实现渠道战略的成功。

一旦渠道整合初现成效，渠道之间就不再是简单的互补或替代了，线上线下可以实现深层次的融合，渠道之间实现无缝对接，消费者也可以在同一品牌的不同渠道之间自由转换。这些不仅方便了消费者，也提高了零售效率，增加了销量。

## 五、研究展望

在网络经济背景下，渠道管理已经有了十几年的发展。综观现有研究，按照顺序大致可分为三阶段：从多渠道零售的兴起到产生渠道冲突，再通过渠道整合来解决冲突。为了适应“互联网＋”的大潮，不论是零售、制造、物流，还是金融，都不得不转型传统的商业模式，改变原有的供应链、营销和售后渠道。不同企业在争夺新市场和消费者的时候，不可避免地会出现渠道冲突。在这种情况下，零售商就必须通过渠道整合来重获消费者的信任和忠诚。本文的框架如图 2 所示，渠道管理的核心是满足消费者多样化的需求，整个过程涉及的利益相关者主要是消费者和零售商：零售商采取策略以满足消费者，消费者的行为表现再反作用于零售商。网络经济环境下，消费者无时无刻不从外界环境中接收信息，进行决策，零售商为了更好地接触到消费者必然采取多渠道以放大自己、增加自己被选中的几率（也就是现在的多渠道零售商）。零售商在运作多种渠道时，严格的管理制度会让渠道之间相互补充，进而提高消费者满意度。而多数零售商并没有做到这一点，因此就出现了渠道之间相互争夺消费者、为达到自己的利益而破坏对方的情况。渠道之间并不是不能共赢，只是零售商还未采取有效管理它们的策略。

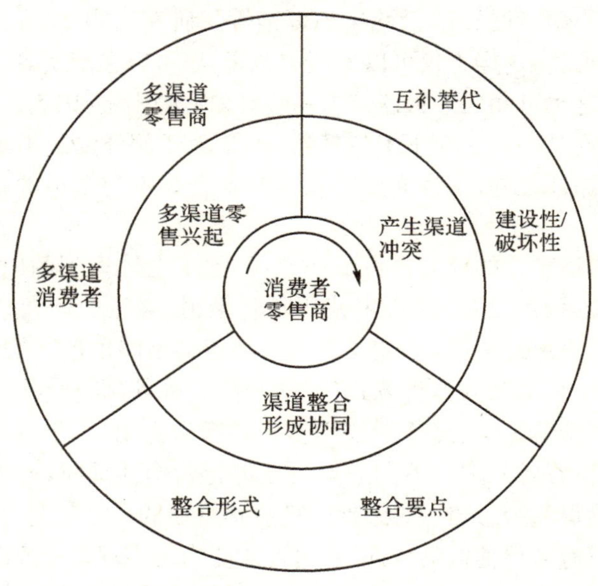


**图 2　本文框架**

英国家喻户晓的百货零售连锁商 Argos 就很好地处理了线上与线下的关系，Argos 为顾客提供了多种沟通平台（顾客可以选择到 Argos 门店，或是访问它的网站，或发送手机信息，或是拨打 24 小时免费服务热线电话等），方便他们随时随地便捷购物。不同的购物渠道满足了不同的消费需求，给顾客提供了最大的便利性。目前，渠道冲突已经是大多数零售商面临的首要问题，因此如何进行渠道整合、形成协同优势也就显得尤其重要。在整合过程中，零售商除了要制订方向性的管理措施外，还要考虑到自己的独特性，不能只按部就班。

尽管，渠道管理的研究已有大量文献成果，但对其实证方面的研究还较少，并且有一定的局限性。比如在调查消费者渠道选择时，用他们的意向选择代替实际选择(Verhoef et al.,2007;Sonja et al.,2012)。由于渠道整合的研究还处在碎片化的形成阶段,为了促进渠道管理理论的发展,笔者认为可以加强以下方面的研究:

(1)关于消费者渠道选择的决策因素研究。除了目前已有的渠道属性、个体差异等会影响消费者的渠道选择,还应该关注什么样的心理变化导致了消费者的跨渠道行为。渠道属性在短期内不会发生大的变化,但消费者的渠道选择却不是一成不变的。研究消费者的动态渠道选择可以帮助零售商更好地追踪消费者,紧紧抓住消费者。

(2)选择合理的渠道冲突。文中已经提及渠道之间可以产生互补效应,并不是所有的渠道冲突都是有害的。因此,未来的研究可以通过案例、大样本调研等探究对零售商有利的渠道冲突的特征,帮助企业主了解此类渠道冲突,而不是一旦发生冲突就去制止。

(3)不同行业的渠道整合策略研究。渠道管理面临的问题多种多样,要想找到适合所有零售商的渠道管理方法几乎是不可能的。因此,未来的研究可以从某一行业出发,例如竞争最为激烈的女装行业,从特殊到一般,慢慢归纳出渠道管理的一般分析框架。

(4)新兴渠道的出现对渠道管理的影响。目前对渠道管理还只是集中在传统渠道和网上商店等线上线下冲突的研究,随着新技术的发展,越来越多的零售渠道(微博、微信等等)映入眼帘,这些渠道甚至免费给消费者提供产品。这类现象对现有渠道产生的影响是好是坏还尚未有人研究,也是未来的一个研究方向。

**参考文献**

[1] WEBB K L. Managing channels of distribution in the age of electronic commerce [J]. Industrial Marketing Management,2002,31(2):95-102.

[2] GALLINO S,MORENO A. Integration of online and offline channels in retail: the impact of sharing reliable inventory availability information [J]. Management Science,2014,60(6):1434-1451.

[3] GREWAL D,JANAKIRAMAN R,KALYANAM K,et al. Strategic online and offline retail pricing: a review and research agenda [J]. Journal of Interactive Marketing,2010,24(2):138-154.

[4] AVERY J,STEENBURGH T J,DEIGHTON J,et al. Adding bricks to clicks: predicting the patterns of cross-channel elasticities over time [J]. American Marketing Association,2012(76):96-111.

[5] GREWAL R, COMER J M, MEHTA R. An investigation into the antecedents of organizational participation in busniness-to-business electronic markets [J]. Journal of

Marketing,2001(65):17-33.

[6] DUTTA S,BERGEN M,HEIDE J B,et al. Understanding dual distribution: the case of reps and house accounts [J]. Journal of Law, Economics, and Organization, 1995, 11 (1): 189-204.

[7] WEBB K L, HOGAN J E. Hybrid channel conflict: causes and effects on channel performance [J]. Journal of Business and Industrial Marketing,2002,17(5):338-356.

[8] KUMAR V, VENKATESAN R. Who are the multichannel shoppers and how do they perform? correlates of multichannel shopping behavior [J]. Journal of Interactive Marketing,2005,19 (2):44-62.

[9] NESLIN S A, GREWAL D, LEGHORN R, et al. Challenges and opportunities in multichannel customer management [J]. Journal of Service Research,2006,9(2):95-112.

[10] LEVIN A M,LEVIN I P,HEATH C E. Product category dependent consumer preferences for online and offline shopping features and their influence on multichannel retail alliances [J]. Journal of Electronic Commerce Research,2003,4(3):85-93.

[11] SHARMAA, MEHROTRAA. Choosing an optimal channel mix in multichannel environments [J]. Industrial Marketing Management,2007,36(1):21-28.

[12] COELHO F,EASINGWOOD C,COELHO A. Exploratory evidence of channel performance in single vs multiple channel strategies [J]. International Journal of Retail and Distribution Management,2003,31(11),561-573.

[13] ROSENBLOOM B. Multi-channel strategy in business-to-business markets: prospects and problems [J]. Industrial Marketing Management,2007,36(1):4-9.

[14] VERHOEF P C, NESLIN S A, VROOMEN B. Multichannel customer management: understanding the research-shopper phenomenon [J]. International Journal of Research in Marketing,2007,24(2):129-148.

[15] KEEN C,WETZELS M,RUYTER DE K,et al. E-tailers versus retailers which factors determine consumers preferences [J]. Journal of Business Research,2004(57):685-695.

[16] KONUS U, VERHOEF P C, NESLIN S A. Multichannel shopper segments and their covariates [J]. Journal of Retailing,2008,84(4):398-413.

[17] KOLLMANN T,KUCKERTZ A,KAYSER I. Cannibalization or synergy? consumers'channel selection in online-offline multichannel systems [J]. Journal of Retailing and Consumer Services,2012,19(2):186-194.

[18] ANSARIA, MELA C F, NESLIN S A. Customer channel migration [J]. Journal of Marketing Research,2008,45 (1):60-76.

[19] MYERS J B, PICKERSGILLA D, VAN METRE E S. Steering customers to the right channels [J]. The McKinsey Quarterly,2004,4(1):36-47.

[20] GENSLER S,VERHOEF P C,BÖHM M. Understanding consumers' multichannel choices across the different stages of the buying process [J]. Marketing Letters, 2012, 23 (4):

987-1003.

[21] LAL R, SARVARY M. When and how is the internet likely to decrease price competition? [J]. Marketing Science, 1999, 18(4): 485-503.

[22] CHIANG K P, DHOLAKIA R R. Factors driving consumer intention to shop online: an empirical investigation [J]. Journal of Consumer Psychology, 2003, 13(1&2): 177-183.

[23] SCHOENBACHLER D D, GORDON G L. Multi-channel shopping: understanding what drives channel choice [J]. Journal of consumer Marketing, 2002, 19(1): 42-53.

[24] ZHANG J, FARRIS P W, IRVIN J W, et al. Crafting integrated multichannel retailing strategies [J]. Journal of Interactive Marketing, 2010, 24(2): 168-180.

[25] GEYSKENS I, GIELENS K, DEKIMPE M G. The market valuation of internet channel additions [J]. Journal of Marketing, 2002(66): 102-119.

[26] WALLACE D W, GIESE J L, JOHNSON J L. Customer retailer loyalty in the context of multiple channel strategies [J]. Journal of Retailing, 2004, 80(4): 249-263.

[27] MONTOYA-WEISS M M, VOSS G B, GREWAL D. Determinants of online channel use and overall satisfaction with a relational, multichannel service provider [J]. Journal of the Academy of Marketing Science, 2003, 31(4): 448-458.

[28] REVE T, STERN L W. Interorganizational relations in marketing channels [J]. Academy of Management Journal, 1979, 4, (3): 405-416.

[29] ROSENBLOOM B. Conflict and channel efficiency: some conceptual models for the decision maker [J]. Journal of Marketing, 1973(37): 26-30.

[30] WEBB K L, LAMBE C J. Internal multi-channel conflict: an exploratory investigation and conceptual framework [J]. Industrial Marketing Management, 2007(36): 29-43.

[31] DELEERSNYDER B, GEYSKENS I, GIELENS K, et al. How cannibalistic is the internet channel? [J]. International Journal of Research in Marketing, 2002(19): 337-348.

[32] BIYALOGORSKY E, NAIK P. Clicks and mortar: the effect of online activities on offline sales [J]. Marketing Letters, 2003(14): 21-32.

[33] LEE R P, GREWAL R. Strategic responses to new technologies and their impact on firm performance [J]. Journal of Marketing, 2004(68): 157-171.

[34] WELTEVREDEN J W J. Substitution or complementarity? how the internet changes city centre shopping [J]. Journal of Retailing and consumer Services, 2007(14): 192-207.

[35] PAUWELS K, LEEFLANG P S. H. Teerling M L, et al. Does online information drive offline revenues? only for specific products and consumer segments! [J]. Journal of Retailing, 2011(87): 1-17.

[36] TANG F F, XING X L. Will the growth of multi-channel retailing diminish the pricing efficiency of the web [J]. Journal of Retailing, 2001(77): 319-333.

[37] KWON W S, Lennon S J. Reciprocal effects between multichannel retailers' offline and online brand images [J]. Journal of Retailing, 2009(85): 376-390.

[38] HERHAUSEN D, BINDER J, SCHOEGEL M, et al. Integrating bricks with clicks: retailer-level and channel-level outcomesof Online-Offline Channel Integration [J]. Journal of Retailing, 2015(91): 309-325.

[39] BENDOLY E, BLOCHER J D, BRETTHAUER K M, et al. Online/in-store integration and customer retention [J]. Journal of Service Research, 2005, 7(4): 313-327.

[40] RATCHFORD B T. Online pricing: review and directions for research [J]. Journal of Interactive Marketing, 2009(23): 82-90.

[41] JIN B, PARK J Y, KIM J. Joint influence of online store attributes and offline operations on performance of multichannel retailers [J]. Behaviour & Information Technology, 2010, 29 (1): 85-96.

[42] PAYNE A, FROW P. The role of multichannel integration in customer relationship management [J]. Industrial Marketing Management, 2004(33): 527-538.

[43] VISHWANATH V, MULVIN G. Multi-channels: the real winners in the B2C internet wars [J]. Business Strategy Review, 2001, 12(1): 25-33.

[44] DHOLAKIA U M, KAHN B E, REEVES R, et al. Consumer behavior in a multichannel, multimedia retailing environment [J]. Journal of Interactive Marketing, 2010(24): 86-95.

# 大学衍生企业高管团队异质性与创新绩效:母体大学持股比例的调节效应

韦　影　柯希涛

(浙江工商大学工商管理学院,浙江杭州　310018)

**摘　要:**大学衍生企业高管团队异质性是否影响创新绩效?本文以2004—2013年在沪深两地上市的24家高校公司为研究样本,以母体大学持股比例为调节变量,实证研究了大学衍生企业高管团队异质性与创新绩效之间的关系。研究结果表明,大学衍生企业高管团队年龄异质性、任期异质性、教育水平异质性和两栖身份异质性与创新绩效显著正相关。母体大学持股比例正向调节年龄异质性、教育水平异质性和两栖身份异质性,其他假设没有得到验证。本研究结论对于大学衍生企业提升创新绩效和高管团队的治理水平具有一定的借鉴意义。

**关键词:**大学衍生企业　TMT异质性　创新绩效　母体大学持股比例

## 一、引言

在我国经济进入新常态的背景下,国家和社会迫切需要经济发展的新引擎。李克强总理在《2015年政府工作报告》中鼓励"大众创业、万众创新",以顶住经济下行压力。因此,拥有强大技术研究及创新能力和众多科研成果的大学受到社会普遍关注。大学衍生企业(University spin-off companies,USO)可以在创业导向引领下将丰富的科研成果和新技术向产业界进行转移、扩散,使之转变为现实生产力并创造经济价值,实现知识的资本化,促进区域经济增长。[1]

遗憾的是,依照目前的发展情况来看,大学的技术转移程度偏低,转移效果并不显著。由于我国历史原因,让主要从事教学和科研工作的大学持(控)股大学衍生企业,导致大学与大学衍生企业之间产权不清晰,管理上校企不分,很多大学衍生企业绩效不尽如人意。[2]还有,有关我国大学衍生企业高管团队(简称TMT)成员的负面新闻时而见诸报端。比如大学衍生企业浙江中控科技集团有限公司总裁兼浙江大学副校长褚健涉嫌掏空浙大海纳资产，导致国有资产流失。

然而，对于TMT异质性与创新绩效的关系，学术界没有取得一致的研究结论。并且对大学衍生企业领域TMT异质性与创新绩效之间关系的研究相对缺乏。因此，本文在以往研究的基础上主要研究以下两个问题：(1)大学衍生企业TMT异质性是否影响创新绩效。(2)母体大学持股比例是否能够影响大学衍生企业TMT异质性与创新绩效之间的关系。

## 二、文献回顾和研究假设

### (一)大学衍生企业TMT异质性与创新绩效

TMT异质性是TMT成员对于某些属性偏好的差异。这些属性既包括人口背景特征，也包括心理特征。[3]然而，个人偏好、认知基础和价值观等心理特征难以测量。本文依照高层梯队理论，使用年龄等易于测量的人口学特征来测量TMT异质性。在结合前人研究和大学衍生企业的自身特点的基础上，笔者选取大学衍生企业TMT成员的年龄异质性、任期异质性、教育水平异质性、职业背景异质性和两栖身份异质性5个维度，研究大学衍生企业TMT异质性对创新绩效的影响过程。

**1. 年龄异质性**

一般来说，如果高管成员比较年轻，其精力相对旺盛，会有比较高的创新热情。而年龄偏大的高管成员在做企业决策的时候会更多地因循守旧，趋于保守。在年龄存在差异的TMT成员之间，由于成长环境和接受教育的方式不尽相同，可能在价值观和处理事情的行为态度方面存在差异，TMT成员基于自身不同的人生经历，对企业的各种创新问题提出各种不同解决方案和建议，从而提升企业创新绩效。有研究发现，TMT年龄异质性与集体创新能力[4]、公司的创新行为倾向和公司行为的战略意义[5]呈正相关关系。因此，本文提出以下假设：

H1：大学衍生企业TMT年龄异质性与创新绩效正相关。

**2. 任期异质性**

TMT任期是TMT成员作为企业高管在企业工作的时间，团队成员在任期长短上的差异会在一定程度上影响内部成员之间相互了解和沟通交流的深入程度。虽然任期异质性低的团队会具有沟通模式良好和冲突水平较低等优越性，但是这可能会导致团队因缺乏丰富多样的观点而不利于在企业内部产生各种创新的观点。TMT任期异质性越高，企业因管理实践经验各异，增强打破原有既成管理模式的意愿，实现有效变革，企业就越倾向于比竞争对手更快推出新产品，以期成为行业的“领头羊”。[6]马富萍和郭晓川发现，TMT任期异质性与创新绩效显著正相关。[7]因此，本文提出以下假设：

H2：大学衍生企业 TMT 任期异质性与创新绩效正相关。

**3. 教育水平异质性**

教育水平的异质性，导致 TMT 成员在知识结构、认知模式、偏好和社会心理等方面存在差异。TMT 教育水平异质性越大，知识和技能更加丰富全面，信息来源渠道越广，对企业事务的处理方式更加多元化。教育水平异质性较大的 TMT，容易促进成员之间的沟通和讨论，在准确评估企业现有战略的基础上更大范围地提出可供选择的战略方案，并全方位地比较这些战略方案，[8]选出对于企业来说的最佳战略方案，因此越有利于企业的创新。马富萍和郭晓川研究发现，TMT 教育水平异质性与创新绩效之间存在显著正相关关系。[7]因此，本文提出以下假设：

H3：大学衍生企业 TMT 教育水平异质性与创新绩效正相关。

**4. 职业背景异质性**

TMT 职业背景存在异质性，也就是说，其成员曾经在不同行业、同一行业的不同企业或者同一企业的不同部门和岗位任职。不同的职业背景，导致这些 TMT 成员的工作经验和知识构成不同，思考问题的角度和出发点可能不一样，使得企业在进行决策的时候可以获得更多的分析和解决问题的思路，从而提升企业的创新绩效。随着企业的发展，经营范围日益多元化，而顾客群体也呈现出多样化和需求个性化的趋势，TMT 职业背景异质性大，成员职业经验丰富，整个团队获得的信息和资源更加多样，从而更能应对外部环境变化所带来的机遇和挑战。Banter & Jackson 研究发现，TMT 职业背景异质性可以提升小型银行战略决策的质量。[9]因此，本文提出以下假设：

H4：大学衍生企业 TMT 职业背景异质性与创新绩效正相关。

**5. 两栖身份异质性**

大学衍生企业与母体大学天然存在联系，有一些大学衍生企业的高管也在大学任职，存在“双肩挑”的双栖身份。这是大学衍生企业独有的特征之一。在大学衍生企业中，TMT 成员如果是具有两栖身份的学者，容易架起大学与企业之间的“桥梁”，可以充分发挥母体大学所具备的科研和技术优势，以此提升企业的创新绩效。Bonnard et al. 研究表明，如果大学衍生企业 TMT 中具有双栖身份的大学学者，则可以在首次公开募股（IPO）时提升大学衍生企业市场价值及运营绩效。[10]而李宝新和岳亮研究发现，企业技术创新与企业财务绩效呈正相关关系。[11]因此，本文提出以下假设：

H5：大学衍生企业 TMT 两栖身份异质性与创新绩效正相关。

### （二）母体大学持股比例

母体大学持股比例对大学衍生企业绩效有重要影响。[12]一般来说，如果企业处于分散的所有权结构下，企业存在多个大股东，任何一个股东所持有的股份都不能有效控制企业的日常经营。而大股东之间利益不一定趋于一致，各个股东出于各自利益的考虑，也可能出现损害企业创新的行为。同时，企业股权分散，分散的小股东便存在“搭便车”的心理，从而缺乏动力去监督和控制 TMT 成员的行为。[13] TMT 成员因此能够比较容易掌握企业的实际控制权，TMT 成员出于自身利益的考虑，容易产生与股东的利益目标背离的现象。如果股权高度集中，一个或几个大股东对企业有显著的所有权，企业往往被这些大股东控制。大股东特别是处于绝对控股地位的股东，从自身利益出发，自然而然有监督和控制 TMT 成员的意愿和动力，会迫使 TMT 成员按照符合股东利益的方向经营和决策。

有学者对股东持股比例对 TMT 成员行为的影响进行了研究。Burkart et al. 采用单个大股东相对控股公司的理想模型，分析假设经理的努力会随着大股东持股比例的提高而下降，原因在于股权结构集中，容易受到大股东监督和控制，这样会抑制经理的积极性和限制经理的经营活动范围，因而努力程度降低。[14] 潘思谕和陈柳源通过研究中外合资公司发现，外资持股比例正向调节 TMT 年龄、任期、教育水平和职业经历异质性对企业绩效的影响。[15]

至于大学衍生企业 TMT 两栖身份异质性，首先，在母体大学持股比例较低的情况下，母体大学对大学衍生企业的影响力有限。一般而言，企业 TMT 成员出于自身职业前途考虑，不大倾向于选择风险很大的研发投入策略，从而规避风险。[16] 其次，在股权适度集中，大学衍生企业出现多个大股东时，母体大学之外的其他股东出于“搭便车”的心理，会较少监督大学衍生企业 TMT 成员的经营行为，此时 TMT 成员会因为“两栖身份”而倾向于响应国家和政府的号召[17]，充分发挥母体大学的技术优势，加大企业的创新投入，从而提高企业的创新绩效。最后，当母体大学对大学衍生企业绝对控股时，母体大学会要求大学衍生企业的发展符合母体大学的利益，削弱了企业内部 TMT 成员对创新绩效的影响。大学最主要的功能是教学、科学研究和服务社会[18]，母体大学充分发挥其技术优势和特长，以及 TMT 成员的“两栖身份”，积极响应国家和政府的号召，促使大学衍生企业采取以创新为导向的战略。原长弘等研究发现，母体大学持股比例超过一定限度后，母体大学持股比例与大学衍生企业自主创新能力正相关。[17]

基于以上分析，我们提出以下假设：

H6：母体大学持股比例正向调节大学衍生企业 TMT 异质性与创新绩效之间的关系。

H6a：母体大学持股比例正向调节大学衍生企业 TMT 年龄异质性与创新绩效之间的关系。

H6b：母体大学持股比例正向调节大学衍生企业 TMT 任期异质性与创新绩

效之间的关系。

H6c:母体大学持股比例正向调节大学衍生企业 TMT 教育水平异质性与创新绩效之间的关系。

H6d:母体大学持股比例正向调节大学衍生企业 TMT 职业背景异质性与创新绩效之间的关系。

H6e:母体大学持股比例正向调节大学衍生企业 TMT 两栖身份异质性与创新绩效之间的关系。

## 三、研究设计

### (一)样本选取

高校上市公司(LCCU)是指由高校结合市场对高校所研发出来的高新技术成果的需求,以独资、控股或参股方式创办、经营管理的上市公司,[19]是大学衍生企业的典型代表。[20]本文将在我国沪、深两地上市的高校公司作为研究样本。为了保证验证结果的正确性,本文剔除在研究期间处于 * ST 或者 ST 状态的、上市时间不够长的、已经被宣布退市的或者在我国香港上市的高校上市公司。经过精心刷选,最终得到 24 家高校上市公司,并收集到这些高校上市公司自 2004—2013 年的面板数据。本文使用 Stata13.1 统计软件进行实证分析。

本文的数据主要包括高校上市公司 TMT 的数据,其主要来自 CCER 经济金融研究数据库。如果数据存在缺失的情况,则在同花顺数据库、巨潮资讯网、新浪财经网站等其他网站进行补充。而高校上市公司和母体大学已授权发明专利数量数据来自 SooPAT 专利搜索引擎。调节变量和控制变量的数据主要来自同花顺数据库。

### (二)变量设计

**1. 自变量**

大学衍生企业 TMT 异质性与创新绩效之间的关系研究是本文主体研究部分。谢风华等学者对年龄异质性、任期异质性、教育水平异质性及职业背景异质性等维度的合理性进行了深入研究。[21]第一,因为 TMT 成员的年龄和任期是连续型的数据,所以采用标准差系数(Coefficient of Standard Deviation)来测量。TMT 年龄异质性(Hage)等于 TMT 成员年龄的标准差与 TMT 平均年龄的比值。任期异质性(Htime)同理。第二,就 TMT 教育水平异质性(Hedu)而言,依照我国教育水平的划分标准,将 TMT 成员的教育水平分为四类:大专及以下、本科、硕士(包括 MBA)、博士及以上。依照 Tihanyi et al. 的划分标准,将 TMT 职业背景分为生产制造、金融财会、市场营销、研发、法律和行政管理六大类别。[22]因大学与大学衍生企业天然存在联系，大学衍生企业 TMT 存在一些成员有“两肩挑”的现象，即既在大学衍生企业任职，也在大学任教。两栖身份异质性(Hamph)是指 TMT 成员中身兼两个或多个职位的高管与仅在企业任职的高管之间的差异。现将 TMT 两栖身份划分为两类：一类是在考察年份内该高管在大学和企业两处任职；一类是在考察年份内该高管不在大学和企业两处任职。教育水平异质性、职业背景异质性(Hjob)和两栖身份异质性的测量采用 Herfindal-Hirschman 系数法，公式如下所示：

$$H=1-\sum_{i=1}^{n}p_i^2 \qquad (1)$$

其中，$p_i$ 表示 TMT 中第 $i$ 类成员所占百分比；$H$ 值落在 0～1 之间，$H$ 值越小，说明 TMT 异质性越小。

**2. 因变量**

依照本文所构造的概念模型，以大学衍生企业创新绩效(Uperform)作为因变量。创新绩效的测量指标可以分为两类：客观指标和主观指标。鉴于数据的可获得性，学者更多采用专利数之类的客观指标。在综合考虑 24 家高校上市公司的基础上，本文采用高校上市公司的已授权的发明专利数来测量创新绩效。[23]虽然用企业的已授权的发明专利数不是测度企业创新绩效的唯一指标，但却是测度大学衍生企业的重要指标。发明专利数最能代表企业通过有效组合各种资源获得拥有自主知识产权的核心技术，也最能体现企业的创造能力和创新能力。

**3. 调节变量**

母体大学持股比例(Ustock)是指母体大学在大学衍生企业所占有股份的多寡。在测量持股比例时，徐大伟等将管理层持股总数与公司总股本的比率当作管理层持股比例。[24]宋力和韩亮亮用股权制衡度和股权集中度来测量大股东持股比例。其中，股权制衡度等于第二大股东到第五大股东持股比例之和与第一大股东持股比例的比值。而股权集中度是指前 $n$ 个大股东的持股比例之和，$n$ 一般可以取 3,5 或 10。[25]唐国琼和林莉用基金持股数与总流通股数的比值来测量基金持股比例。[26]因此，本文母体大学持股比例等于母体大学持股总数与公司总股本的比值。母体大学持股总数中，既包括在大学衍生企业所直接持(控)有的股份，也包括通过控股其他企业，而其他企业在大学衍生企业中所持(控)有的股份。

**4. 控制变量**

影响大学衍生企业创新绩效的因素很多，其中包括国家制定的产业政策、企业自身治理结构、研发投入、企业内部研发人员的素质和研发人员与全体员工的比值等。就本文而言，主要选取企业规模(Size)、资产负债率(Lev)和现金实力(Cash)作为控制变量，以排除这些因素对大学衍生企业创新绩效的影响。其中，以企业年末总资产的自然对数来衡量企业规模，资产负债率等于企业总负债与总资产的比值，使用经营净现金流量与年末总资产的比值来衡量一个企业的现金实力。

## 四、实证结果分析

### (一)变量的描述性统计分析和相关分析

本文运用 Stata13.1 软件，采用负二项回归分析方法进行数据分析。在进行回归分析之前，首先对变量进行相关性分析，结果如表 1 所示。通过相关性分析可以看出，解释变量间的相关性很低，适合进行进一步的实证分析。

**表 1　变量的描述性统计分析和相关分析**

| Variable | Mean | SD | 1 | 2 | 3 | 4 | 5 | 6 | 7 | 8 | 9 | 10 |
|---|---|---|---|---|---|---|---|---|---|---|---|---|
| 1. Uperform | 0.453 | 6.228 | 1.000 | | | | | | | | | |
| 2. Ustock | 31.329 | 14.635 | 0.611** | 1.000 | | | | | | | | |
| 3. Hage | 0.184 | 0.059 | 0.572** | 0.673** | 1.000 | | | | | | | |
| 4. Htime | 0.647 | 0.163 | 0.386*** | 0.290 | 0.408* | 1.000 | | | | | | |
| 5. Hedu | 0.631 | 0.104 | 0.268** | 0.280 | −0.090 | 0.049** | 1.000 | | | | | |
| 6. Hjob | 0.665 | 0.129 | −0.182 | −0.226* | 0.137 | −0.017 | −0.402* | 1.000 | | | | |
| 7. Hamph | 0.215 | 0.097 | 0.190* | −0.209 | 0.060* | 0.056* | −0.546 | 0.251 | 1.000 | | | |
| 8. Size | 9.124 | 0.408 | 0.084** | −0.147 | −0.500 | 0.003 | 0.380** | −0.287 | −0.165 | 1.000 | | |
| 9. Lev | 0.481 | 0.145 | 0.272** | 0.626 | −0.012* | −0.105 | 0.581** | −0.486 | −0.381 | 0.488** | 1.000 | |
| 10. Cash | 0.253 | 0.287 | 0.018** | −0.026** | −0.260 | 0.053* | 0.506 | −0.387* | −0.355 | 0.151 | 0.240 | 1.000 |

### (二)回归分析

在对 24 家高校上市公司进行描述性统计分析和各个变量的相关分析，且对本文的研究假设进行了初步的检验的基础上，使用回归分析方法，进一步检验本文所提出的各个假设，回归分析结果如表 2 所示。

表 2 中模型一对控制变量进行回归分析。回归分析结果显示，高校上市公司规模(Size)、资产负债率(Lev)和现金实力(Cash)与创新绩效有显著的相关关系，说明有必要将其作为控制变量。

模型二研究大学衍生企业 TMT 异质性对创新绩效的影响。回归结果如下：①高校上市公司 TMT 年龄异质性、任期异质性、教育水平异质性和两栖身份异质性与创新绩效显著正相关，则 H1，H2，H3，H5 得到验证。②高校上市公司 TMT 职业背景异质性与创新绩效之间的关系不显著，H4 没有得到验证。

模型三重点研究母体大学持股比例对大学衍生企业 TMT 异质性与创新绩效关系的调节作用。回归结果显示：①母体大学持股比例对高校上市公司 TMT 年龄异质性、教育水平异质性和两栖身份异质性具有正向的调节作用，H6a，H6c，H6e 得到验证。②母体大学持股比例对高校上市公司 TMT 任期异质性和职业背景异质性没有明显的调节作用，因此，H6b，H6d 没有得到验证。

**表 2 负二项回归分析结果**

| | 因变量(高校上市公司已授权的发明专利数量) | | |
|---|---|---|---|
| | 模型一 | 模型二 | 模型三 |
| Size | 0.493* | 0.486* | 1.525 |
| Lev | 2.529** | 2.443* | 9.386* |
| Cash | 1.246** | 1.335** | 0.760 |
| Hage | | 10.543** | 5.900* |
| Htime | | 0.917** | 0.884** |
| Hedu | | 2.760*** | 2.511*** |
| Hjob | | 1.651 | 1.310* |
| Hamph | | 0.487* | 0.948** |
| Ustock * Hage | | | 0.048** |
| Ustock * Htime | | | 0.001 |
| Ustock * Hedu | | | 0.047* |
| Ustock * Hjob | | | −0.025 |
| Ustock * Hamph | | | 0.016* |

## 五、研究结论

本文在大量梳理相关文献的基础上，首先构建了一个由母体大学持股比例、大学衍生企业 TMT 异质性和创新绩效这 3 个变量所组成的概念模型，然后以 24 家高校上市公司的数据为研究样本，逐一检验提出的各个假设。使用实证研究方法检验这 3 个变量之间的关系，大部分的研究假设得到了验证，得出相应的研究结论如下：

(1)实证检验了大学衍生企业 TMT 异质性对创新绩效的影响。研究发现，大学衍生企业 TMT 年龄异质性、任期异质性、教育水平异质性和两栖身份异质性与企业创新绩效正相关，而大学衍生企业职业背景异质性与创新绩效关系不明显。

(2)实证检验了母体大学持股比例对大学衍生企业 TMT 异质性与创新绩效

之间关系的调节作用。研究发现,母体大学持股比例正向调节大学衍生企业 TMT 年龄异质性、教育水平异质性和两栖身份异质性与创新绩效之间的关系,而对大学衍生企业 TMT 任期异质性和职业背景异质性与创新绩效之间的关系调节作用不明显。

基于本文的研究结论,可以得出如下启示:①对大学衍生企业 TMT 的建设应该高度重视;②大学衍生企业与母体大学之间应建立明晰的产权制度。

当然,本文也存在一定的局限性:第一,有关研究样本的局限性。本文仅以 24 家高校上市公司作为研究样本,具有一定的代表性,但是毕竟研究的样本量相对较小。第二,在调节变量的选取和测度上存在一定的局限性。大学衍生企业作为产学研协同创新的一种有效形式,离不开政府的支持和市场需求的拉动。而本文没有考虑政府支持和市场需求对大学衍生企业 TMT 异质性与创新绩效之间关系的调节作用。第三,在研究方法方面存在一定的缺陷。本文主要采用高校上市公司的面板数据进行统计分析来检验文中提出的概念模型,但也因此制约了研究指标的设计。如果采用案例研究等其他研究方法,在一定程度上可以解决部分问题。

**参考文献**

[1] 庞文. 创新型大学衍生企业的能力研究[D]. 哈尔滨:哈尔滨工业大学,2014.

[2] 苏竣. 大学与产业合作关系[M]. 北京:中国人民大学出版社,2009.

[3] JACKSON S E. Consequences of group composition for the interpersonal dynamics of strategic issue processing[J]. Advances in strategic management,1992,8(3): 345-382.

[4] 陈忠卫,常极. TMT 异质性,集体创新能力与公司绩效关系的实证研究[J]. 软科学,2009,23(9): 78-83

[5] HAMBRICK,DONALD C. Guest editor's introduction: Putting top managers back in the strategy picture[J]. Strategic Management Journal,2007,10(S1):5-15.

[6] SRIVASTAVA A,LEE H. Predicting order and timing of new product moves: the role of top management in corporate entrepreneurship[J]. Journal of Business Venturing,2005,20(4):459-481.

[7] 马富萍,郭晓川. 高管团队异质性与技术创新绩效的关系研究——以高管团队行为整合为调节变量[J]. 科学与科学技术管理,2010(12):186-191.

[8] 张平. 高层管理团队异质性与企业绩效关系研究[J]. 管理评论,2006,18(5): 54-61.

[9] BANTER K A,JACKSON S E. Top management and innovations in banking: Does the composition of the top team make a difference? [J]. Strategic Management Journal,1989,10(S1):107-124.

[10] DAVILA S,HIBBERD M L,HARI D R,et al. Genetic Association and Expression Studies Indicate a Role of Toll-Like Receptor 8 in Pulmonary Tuberculosis[J]. Plos Genetics,2008,4(10):198-198.

[11] 李宝新,岳亮. 公司治理、技术创新和企业绩效的实证研究[J]. 山西财经大学学报,2013(3):90-95.

[12] 张承龙. “二重治理环境”视角下大学衍生企业治理结构与绩效关系研究[J]. 商业时代,2014(7):89-91.

[13]黄越,杨乃定,张宸璐. 高层管理团队异质性对企业绩效的影响研究——以股权集中度为调节变量[J]. 管理评论,2011,23(11): 120-125.

[14]BURKART M,GROMB D,PANUNZI F. Large Shareholders,Monitoring,and the Value of the Firm. [J]. Quarterly Journal of Economics,1997,112(3):693-728.

[15]潘思谕,陈柳源. 中外合资上市公司 TMT 异质性对企业绩效的影响——以外资持股比例为调节变量[J]. 企业经济,2015.

[16] 冯文娜. 高新技术企业研发投入与创新产出的关系研究——基于山东省高新技术企业的实证[J]. 经济问题,2010:74-78.

[17] 原长弘,李阳,田元强,等. 大学衍生企业公司治理对自主创新能力影响的实证分析——来自中国高校上市公司的证据[J]. 科学学与科学技术管理,2013,34(12):147-156.

[18] 智瑞芝. 区域创新视角下的日本大学衍生企业研究 [D]. 上海: 华东师范大学,2007.

[19]陈文涓. 产学研协同背景下的我国高校上市公司发展现状与对策[J]. 商业会计,2014(17):53-56.

[20] 苏晓华,王招治. 资源禀赋与高校衍生企业绩效关系研究——以我国高校上市公司为例[J]. 科学学与科学技术管理,2010,31(6):137-142.

[21] 谢凤华,姚先国,古家军. 高层管理团队异质性与企业技术创新绩效关系的实证研究[J]. 科研管理,2008(29):65-73.

[22] TIHANYI L,ELLSTRAND A E,DAILY C M,et al. Composition of the Top Management Team and Firm International Diversification[J]. Journal of Management,2000,26(6):1157-1177.

[23]江剑,官建成. 我国高校上市公司与大学“产学”合作关系的实证分析[J]. 科学学研究,2010,28(3):381-387.

[24] 徐大伟,蔡锐,徐鸣雷. 管理层持股比例与公司绩效关系的实证研究——基于中国上市公司的 MBO[J]. 管理科学,2005(18):40-47.

[25] 宋力,韩亮亮. 大股东持股比例对代理成本影响的实证分析[J]. 南开管理评论,2005(8):30-34.

[26] 唐国琼,林莉. 证券投资基金持股比例与上市公司绩效关系的实证研究[J]. 财会月刊,2007:14-15.

# 组织学习视角下跨国公司多样化策略研究述评

吴 波 王文杰 魏 菲

（浙江工商大学工商管理学院，浙江杭州 310018）

**摘 要：**跨地区还是地区化？进入21世纪以来，其一直都是IB领域中争论的焦点和核心问题。支持全球化观点的研究者认为，公司应该进行探索性学习；而支持地区化观点的研究者认为，公司应该进行利用性学习。本文从组织学习的视角出发，在梳理国内外相关文献的基础上，详细述评了在这两种不同学习方式下，跨国公司的对外扩张策略，以及影响其对外扩张策略的因素。最后，本文剖析了现有文献存在的不足，并对未来相关研究进行了展望。

**关键词：**FDI 地区化 组织学习 跨地区

## 一、引言

20世纪50年代以来，全球经济蓬勃发展，各国之间的联系也日益紧密。作为推动全球经济发展的重要力量，跨国公司的对外投资行为一直以来都受到学者们的广泛关注。大量的学者就跨国公司跨国投资行为进行了研究分析，如内部化理论、[1]国际化过程理论。[2]这些理论促进了我们对于跨国公司行为的认识，并成为IB领域研究中的主流理论之一。[3]按照内部化理论和国际化过程理论模型，世界500强的跨国公司应该都是全球化的公司，但是事实却并非如此。Rugman和Verbeke(2004)对《财富》杂志公布的世界500强的公司进行研究分析发现，这500个公司中，有135家公司只在其母国所在的地区进行投资，剩下的365家公司中有320家在国外的销量低于50%。因此他们认为跨国公司有更强的母国地区投资导

基金项目：本文受国家自然科学基金项目(71372009；71202111)、浙江省社科规划“之江青年课题”(13ZJQN057YB)、浙江省高校人文社会科学重点研究基地(浙江工商大学工商管理学科)重大项目资助。研究生科技创新项目，编号：3100XJ1514001。

向(home-region oriented),而所谓的全球化可能只是一个特殊情形。另一方面,某个东道国之所以具有吸引力,不仅仅是因为它们的制度,更重要的是它们对于跨国公司而言,是进入该东道国所处地区的平台,进入这个国家之后,公司会进一步地扩张进入该地区的其他国家。[4]但内部化和国际化过程模型都是从国家水平来进行考虑的。

因而,地区(region)成为现在IB领域中研究跨国公司行为的重要变量。跨国公司对外扩张的策略是跨地区(inter-regional)还是区域化(intra-region)?是应该选择离母国更近的国家还是远离母国的国家?这些问题成为IB领域中学者关注的重点之一。[5]针对这些问题,IB领域中形成了两种不同的学说。一种理论认为,跨国公司应该选择母国所在的地区进行投资(intra-region diversification);而另一种理论认为,跨国公司应该在远离母国的地区进行投资(inter-region diversification)。许多学者开始将不同的理论进行融合,如将制度理论和内部化理论进行融合,将内部化理论和能力理论进行融合,但不论是哪一种理论,都强调了经验知识和经验知识可转化性对跨国公司投资策略的影响。事实上,已有的关于这两种策略的研究都利用了组织学习的相关理论。

组织学习理论将学习分为两种类型:利用性学习和探索性学习。[6]当跨国公司对外国进行投资时,往往面临着巨大的不确定性和风险,这种不确定性和风险也被称为"外来者劣势",正是由于这种外来者劣势,跨国公司往往会选择与自己母国相似的国家进行投资,因为两个国家环境之间的相似度能够使得跨国公司在母国所获得的经验知识能够直接在东道国运用。而当公司积累了丰富的经验知识时,或者随着投资相似国家的增加,跨国公司发现自己所能学到的经验知识越来越少时,跨国公司会选择与母国距离很远的国家进行投资。虽然不熟悉的环境会使跨国公司在进入初期面临很低的绩效,但是带给跨国公司学习的空间很大,在一段时期之后,能够迅速地提高跨国公司的绩效。因此,本文从组织学习的视角对跨国公司对外扩张的两种策略的研究进行了梳理。

本文首先对含有这两种不同策略的相关文献进行了述评,接着介绍了影响跨国公司策略选择的因素,然后对相关实证研究进行了评介,最后在剖析现有研究不足的基础上,对未来研究进行了展望。

## 二、组织学习视角下两种策略的相关文献述评

按照March(1991)的经典论述,组织学习可以分为两大类型:利用性学习和探索性学习。所谓利用性学习是指利用已有的经验和知识,包括精炼、选择、效率、专断,它可以使得组织在短时间内获得很高的效率,但是长期来看,企业所能学习到

的东西会越来越少;而探索性学习包括搜寻、变异、风险承担、实验性、创新等,它使得组织在短期内很难获得高效率,甚至是亏损的,企业会发现它们会在没有获得收益的情况下损失很多的试验成本。但是探索性学习又会给企业带来很多新的东西,使得企业在经验和知识体系上获得突破,学习的空间巨大。利用性学习和探索性学习的本质性差异,使得企业在面对风险和不确定时,往往选择某种方式应对风险。跨国公司对外投资时,它所面对的就是一个高风险和高度不确定的环境。因此,针对企业如何应对风险,产生了两种不同的跨国投资策略:地区内投资和跨地区投资。

### (一)利用性学习和地区内投资

所谓地区是指在地理上连续临近的国家所组成的区域。[7] 如 Rugman 和 Verbeke(2004)将世界分为四大地区,美洲、欧洲、亚洲以及其他地区。他认为来自于美洲地区的世界 500 强企业更多地投资于美洲,而来自于欧洲和亚洲的公司亦是如此。跨国公司国际投资在地理上的集聚性给传统的主流理论提出了挑战。

内部化理论认为,跨国公司拥有很强的所有者优势、区位优势以及内部化优势,所以它们会进行跨国投资。[1] 但是内部化理论并没有认识到,跨国公司在母国所拥有的知识经验并不一定在东道国能够很好地被利用。由于母国与东道国之间存在着“心理距离”[2]“文化距离”[8,9]“制度距离”[10]等,这些距离的存在使得跨国公司进入东道国的时候,其在母国所获得的经验也许并不能简单地被转移到东道国(Huber,1982,1991),也就是说,跨国公司在母国所形成的能力也许在东道国并不能很好地被运用,从而影响子公司在东道国的存活率。跨国公司进入东道国之时所面临的这种困境也被叫作“外来者劣势”。[11]

因而,跨国公司为了避免“外来者劣势”,也是为了利用自身已有的知识,它们会选择与母国“心理距离”更近的国家、“文化距离”更近的国家以及“制度距离”更近的国家。而心理距离、文化距离和制度距离更近往往意味着地理距离更近,从而形成了“地区内投资”(intra-region diversification)的普遍现象。正如 Qian,Li 和 Rugman(2013)在文章中指出的那样,空间距离一般与制度成本等相联系,位于一个地区内的国家之间由于地理距离很近,所以当一个跨国公司投资其母国所在地区的其他国家时,它所面临的“外来者劣势”只有一种——“国家层面的外来者劣势”(LCF),但是当跨国公司选择地区之外的国家进行投资时,它所面对的外来者劣势除了“国家层面的外来者劣势”(LCF)还有“地区层面的外来者劣势”(LRF)。正是因为跨国公司进行跨地区投资时,不仅要面对 LCF 还要面对 LRF,同时,跨地区时跨国公司所面对的 LCF 比地区内的 LCF 要高,所以跨国公司在地区内投资的成本要比跨地区投资的成本要低,因而跨国公司会更多地选择在地区内进行跨国投资，而不是跨地区的投资。[12] Arregle et. al(2013)以日本的跨国公司为样本，研究发现日本的跨国公司在进行跨国投资时，它们进入某个国家的意愿与该国所在地区与母国地区之间的“距离”负相关。也就是说，跨国公司在进行跨国投资的区位决策时，不仅国家层面的距离在发挥着作用，地区层面的距离也在发挥着巨大作用。

(二)探索性学习和跨地区投资

与上一种观点不同，另一种论点认为，跨国公司会更多地选择进行跨地区投资而不是地区内的投资。正如 March(1991)所指出的那样，利用性学习虽然增强了短期收益，但是会使得公司的长期收益受损；而探索性学习则正好相反，它虽然牺牲了短期的绩效，但是对于跨国公司的长期发展具有重要意义。并且当公司长期只进行利用性学习的时候，由于组织惯性等因素，其对风险的感知和应对能力会变差，一旦公司母国所在地区发生产业变革或者经济危机，公司所面对的风险是十分巨大的。因此，还有一部分学者认为公司应该进行跨地区投资。

最早对这一现象进行研究的是 Davidson(1980)。他在研究了 1965 年到 1975 年间，美国的跨国公司对外投资国家的选择之后，发现随着公司国际化经验的增加，它会越来越倾向于选择自己不熟悉或与母国距离更远、差异更大的国家进行投资，也就是说，由于高度的不确定性而被认为缺乏吸引力的市场会随着公司经验的增加而变得有吸引力。正如 Barkema 和 Drogendijk(2007)在文章中所说的，跨国公司如果只采用利用性学习——在“距离”相近的国家进行投资——的话，它们在这些国家所能学习的经验知识会越来越小，这不利于子公司的长期发展；然而，探索性学习——在“距离”远的国家进行投资——不利于子公司的短期发展，但是却使得公司能够在这些国家学习到新的经验知识，形成新的能力，从而促进了公司的长期发展。因此，跨国公司在做出区位决策时，当公司在某地区拥有了一定的跨国投资经验时，它们应该要进行跨地区投资，达成利用性学习和探索性学习的平衡。

之所以随着经验的增加，跨国公司会选择跨地区投资策略的另一个原因在于，不同地区的国家之间，它们的消费者偏好、文化、制度、社会风俗等方面有着较大的差异，所以当跨国公司在不同地区的国家投资后，使得跨国公司拥有了应对不同类型的文化、商业实践的能力，同时，在不同地区的国家投资之后也可能会让跨国公司学会如何在陌生环境中学习，增强了跨国公司应对未知风险的能力(Zeng et al, 2013)，从而增加了公司进行跨地区投资的成功率(Qian et. al, 2010)。Zhou 和 Guillen(2014)在实证中也证实了这一点。他们以 1991 年到 2007 年间，中国的跨国公司对外投资公司的绩效为研究样本，发现公司所拥有的国际化经验的多样性与跨国公司进入不同地区国家的概率成正比。

## 三、影响跨国公司策略的因素研究

通过文献的梳理和分析，我们知道跨国公司在对外投资时有两种策略。跨国公司在进行策略选择时，不仅要考虑到母国以及母国地区与东道国以及东道国地区的环境，还要考虑到公司自身与其他公司之间的相互影响。基于文献梳理，我们将相关的影响因素分为三大类：外来者劣势、经验以及组织网络。接下来，我们将分别论述这三个因素是如何影响公司的学习选择，进而影响公司的投资策略的。

### （一）外来者劣势对跨国公司策略的影响

从 20 世纪 70 年代开始，IB 领域的研究者就认识到跨国公司进入东道国时要面临着额外的经营成本（Hymer，1976），这种额外经营成本又被称为外来者劣势（LOF）（Zaheer，1995）。Hymer（1976）将“外来者劣势”成因归结为跨国公司的子公司在东道国比当地企业更难获取信息，并且可能会受到当地政府和消费者的歧视。Eden 和 Miller（2004）进一步指出“距离”是导致“外来者劣势”的主要成因。[13]这种距离可能是“心理距离”（Johanson 和 Vahlne，1977）、“文化距离”（Shenkar，2001）、“制度距离”（Kogut 和 Singh，1988）。

由于“外来者劣势”的存在，跨国公司先前所拥有的经验能否在东道国被很好地利用，便成为了它们需要重点考虑的问题。学者们关于外来者劣势与跨国公司进入意愿之间的研究主要可以分为两大类，第一大类是从国家层面对它们之间的关系进行分析，[14,15,16]他们指出，母国与东道国之间的“距离”会降低跨国公司进入该国的意愿。然而，这一类学者的研究忽略了两个重要的问题：第一，跨国公司的母国与东道国之间的“距离”并不是一成不变的，它会随着跨国公司投资国家的增加而减少；[17]第二，跨国公司进入某个东道国往往是将这个国家作为进入该东道国所处地区的平台，它们进入这个东道国之后，还会进一步地扩张到该国所在地区的其他国家，换句话说，跨国公司进入某个东道国是该公司投资该国所在地区的投资战略中的一环，[18]因此，跨国公司除了考虑国家层面的外来者劣势（liability of country foreignness，下面简称 LCF）外，还必须要考虑到区域层面的外来者劣势（liability of regional foreignness，下面简称 LRF）。正如他们文章中分析指出的，当跨国公司在母国所在地区进行跨国投资时，跨国公司只需要面对 LCF，但是当跨国公司进行跨地区投资时，它们必须要面对 LCF 和 LRF，并且跨地区投资时跨国公司所面对的 LCF 要比地区内投资所面对的 LCF 要大，因此跨国公司更愿意进行地区内跨国投资。例如 Delios 和 Beamish（2005）研究发现，日本的许多跨国公司在地区内投资的绩效并不好，甚至很差，但是它们仍然愿意在母国所在地区进行投资而不是地区之外的国家。Rugman 和 Verbeke(2008)的研究也发现了相比进入母国所在地区之外的地区,公司更愿意在母国所在的地区进行投资,Banalieva 和 Dhanaraj(2013)进一步地将这种意愿归纳为母国地区导向(home-region oriented)。综上所述,正是因为两个层面的外来者劣势:LCF 和 LRF 极大地抑制了跨国公司进行跨地区投资策略的意愿,从而形成了现在主流的地区内投资的现象(Rugman 和 Verbeke,2004;2008)。

## (二)经验对跨国公司策略的影响

从 U 模型开始,IB 领域中的研究者对于跨国公司国际化的研究就十分强调经验的作用(Zeng et. al,2013)。当跨国公司第一次进行跨国投资时,该公司没有国际化经验,只拥有母国投资经验,该公司为了避免不确定性,会选择与母国在"心理距离""文化距离""制度距离"较小的国家进行投资。也就是说,当公司没有跨国投资经验时,公司往往会选择地区内的跨国投资策略(intra-region diversification)。

当跨国公司在母国所在地区的东道国拥有经验后,由于该公司对于东道国的文化、制度、消费者习惯等因素了解会越来越多,从而减少了公司进入东道国时所面临的不确定性,增加了公司进入东道国的意愿。例如,Henisz 和 Delios(2001)将日本公司进入外国市场时所面对的不确定性分为公司层面的不确定性以及政策不确定性。公司层面的不确定性是指组织对市场特征不熟悉,诸如东道国消费者的偏好、分销渠道等,但是这种不确定是随着公司的经验而降低的;而政策不确定性取决于政策制定程序是否稳定,属于系统性风险,公司的经验很难去减少这种不确定性。但 Delios 和 Henisz(2003)进一步研究后发现,并不是所有种类的经验都不能减少这种政治风险,当公司在政治风险很高的国家拥有经验时,这种经验会减少东道国政治障碍对于它们 FDI 的影响。因为在先前国家拥有经验后,公司具备了与政治风险高的国家的政府打交道的能力,这种能力能够被应用到政治风险高的东道国。Holburn 和 Zelner(2010)对电力行业的实证研究也表明,跨国公司拥有在政治风险高的国家投资的经验后,能够降低政治风险对其进入意愿的影响。这表明,当跨国公司在母国地区的其他国家投资后,会增强公司的地区内跨国投资策略(intra-region diversification)。

但跨国公司所拥有的国际化经验拥有双重性。其一方面增强了地区内投资策略,另一方面又使得拥有更多经验的公司偏好投资不熟悉的国家和地区(Davidson,1980)。这是因为,当进入一个不熟悉的国家时,并不是该国的所有东西对于公司而言都是陌生的,特别是当公司已经获得国际化经验时,这些经验对于公司如何处理不同的外国环境和文化有重要的意义,会让跨国公司学会如何在新的环境中学习,并且更可能使得公司将它们在旧的背景中解决问题的能力和路径有效地转移到新的背景中，从而增强了 FDI 的绩效。同时，国际化经验也能够促进处理文化问题的新的和创新的方法的形成，从而增加了这个公司发现有利可图的商业机会的可能性(Barkema 和 Drogendijk，2007)。但是并不是所有的国际化经验都能促进公司跨地区策略的形成，这主要取决于国际化经验的多样性(Qian et al. ，2010)。在这里国际化经验的多样性并不是以国家水平来衡量的，而是以地区来衡量的，正如 Barkema 和 Drogendijk(2007)文章中指出的，在同一个地区中不同国家进行投资，由于地区间国家的文化相似，跨国公司所能学习的知识会越来越少，因此只有地区间的国家化经验越多，跨国公司才更愿意进入一个新的地区的国家之中。例如，Zeng，Shenkar 和 Lee(2013)的研究发现，当跨国公司第一次进入一个不熟悉的地区中的东道国时，跨国公司拥有的地区间经验多样性越大，这种经验对死亡率与该公司在东道国经验之间正向关系的反向调节作用越大。

(三)组织网络对跨国公司策略的影响

除了外来者劣势和经验外，公司所处的网络也能够影响到跨国公司的国际化策略选择。现在越来越多的研究认为，公司的许多决策是有限理性的，由于公司自身认知和客观条件的限制，它们为了最小化搜寻成本，往往会选择模仿其他公司的行为(DiMaggio 和 Powell，1983)。组织网络被认为是组织间信息流通和交流的重要渠道，通过组织网络，公司可以获得关于组织成员实践活动的细节信息(Gulati et al. ，2000)，刺激模仿行为，从而促进某种实践在组织成员间的扩散(Owen-Smith 和 Powell， 2008；Sanders 和 Tuschke，2007)。

国际化对于跨国公司而言是一个风险巨大的行为，当公司缺乏国际化经验时，为了降低搜寻成本，它们往往倾向于模仿网络中规模大或成功的公司(Cyert 和 March， 1966；DiMaggio 和 Powell，1983；Gimeno，2005)，或者模仿与它本身相似的公司(Haunschild 和 Miner，1997；Haveman，1993)。最近的一些研究也越来越强调组织间的关系和网络对于缺乏经验的公司的影响(Fernhaber 和 Li，2013；Milanov 和 Fernhaber，2014)。例如，Henisz 和 Delios(2001)在他们关于日本跨国公司国际化区位选择的研究中发现，日本的这些公司当它们第一次进入到某个国家时，它们往往会模仿来自于日本的相同行业的公司的行为。这种网络较为松散，公司之间的关系通常是通过来自于相同母国或同行业构建起来的。在其他类型的网络中，公司的行为也会受到其他公司的影响。例如，Bastos 和 Greve(2003)在研究日本服务业跨国公司对欧洲的 FDI 时，发现日本公司更愿意模仿相同集团公司的区位选择。因为位于同一集团的不同公司之间可以通过总部来交流东道国地区的信息，减少了进入东道国后的风险和不确定性。Guillen(2002)以韩国公司为样本也得到了类似的结论。

而另一种组织网络——连锁董事网络——是最近研究的热点之一。所谓连锁董事网络是指公司董事会个体以及董事之间通过至少在一个董事会同时任职而建立的直接或间接连接关系的集合(Kilduff 和 Tsai,2003)。连锁董事网络对于企业战略决策具有重要的影响,它是企业获取信息的重要渠道(Gulati 和 Westphal,1991),与其他较为松散的组织网络相比,跨国公司的连锁董事对公司 FDI 区位选择的影响要更大。因为任何一次的跨国投资对于公司而言都是一次重大的战略决策,它们往往要经由董事局的决策才能进行,所以连锁董事在东道国所拥有的经验能够更好地、更为直接地在跨国公司的董事局进行交流(Diestre 和 Rajagopalan,2015),这同时促进了连锁董事所任职企业之间的相互模仿(Davis,1991;Haunschild,1993,1998)。例如 Tuschke,Sanders 和 Hernandez(2014)以组织学习理论为基础,研究了连锁董事对于 FDI 区位选择的影响。他认为连锁董事网络中的成员所拥有的经验知识是不同的,比如说有的董事拥有一手经验,而有的则是二手经验;并且不同的董事对于公司决策的影响是不一样的,作者研究发现拥有一手经验的连锁董事对于公司 FDI 区位选择的影响要比拥有二手经验的连锁董事要大;即将离任的连锁董事对于公司 FDI 区位选择的影响要比间接连锁董事要大;连锁董事如果是 CEO,其对于公司 FDI 区位选择的影响要比非 CEO 的连锁股东要大。但是不论是什么类型的连锁股东,都会倾向于让公司进入同一个市场。

## 四、结论与展望

关于公司跨国投资从 20 世纪六七十年代开始就是 IB 领域学者关注的焦点之一。但是直到 21 世纪初学者们才发现经过几十年的发展,跨国公司并未如预期的那样展现全球化,绝大部分跨国公司仍是地区化的公司。这一现象引起了 IB 领域中学者的广泛关注,相关的理论迅猛发展,积累了丰硕的成果。通过对现有文献的系统梳理,我们发现,选择地区化还是跨地区关键在于跨国公司选择哪一种学习方式。一般而言,当跨国公司缺乏经验时,它们往往会选择利用性学习,降低进入初期的失败率;而当跨国公司积累了丰富的经验后,它们则会选择探索性学习的方式,寻找公司新的盈利增长点。除了经验以外,公司所面临的外来者劣势和所处的组织网络也是影响公司采用哪一种策略的重要因素。虽然相关的理论取得了长足的发展,但是仍存在着不足,尚待未来研究加以完善。以下我们从三个方面来总结现有文献的不足,并指出未来研究的方向。

第一,忽略了经验种类对于 FDI 区位选择的影响。从组织学习的角度来看,组织学习的方式有两种:直接学习和间接学习。但是以往对于 FDI 区位选择的研究往往只是对经验做了一个简单的区分：自身的经验或其他组织的经验，再或者是东道国的经验和非东道国的经验，他们鲜有将组织先前的经验分为成功和失败这两种类型的。组织学习理论认为，组织不仅可以从成功的经验中学习，还可以从失败的经验中学习。如 Ingram 和 Baum(1997a)对美国酒店行业的分析表明，酒店连锁的区位选择会受到酒店先前失败的经验影响；Kim 和 Miner(2007)进一步发现，与组织本身相似企业的失败经验也会对组织的区位选择造成影响。但是这些研究都侧重于分析本国内部的区位选择而不是跨国 FDI 的区位选择，不论是自身失败的经验还是其他组织失败的经验对跨国公司 FDI 区位选择的实证研究还有待进一步丰富。

第二，忽略了经验在跨国公司内部转移的阻碍对 FDI 区位选择的影响。跨国公司是一个网络组织，这个网络是由总部和在各个国家的子公司所共同组成的。跨国公司在地理上是分散的，必须要面对不同国家的经济、社会、文化环境。它们在不同的市场、地理区位中，对环境的反应也大不相同(Ghoshal 和 Bartlett，1990)。在东道国的经验往往是由子公司获得，但是这些经验是否能够在子公司与总部、子公司与子公司之间很好地转移，受到很多因素的影响。如，总部或其他子公司的吸收新信息的能力或意愿(Allen，1977；Cohen 和 Levinthal，1990)、作为经验来源方的子公司与作为经验接收方子的公司或总部之间的关系以及子公司与其他子公司分享经验的意愿(Szulanski，1996；Forsgren，1997)。这些学者大都是就经验知识与公司绩效之间的关系去研究的，但是同时也说明了经验知识在组织内部传递时也会受到很多因素的影响。但是将跨国公司作为一个网络组织去分析某个子公司的经验对后面子公司区位选择的影响的相关研究却很少，还有待于学者的进一步深入研究。

第三，忽视了网络异质性对于跨国公司策略选择的影响。正如 Gimeno(2005)在文章中指出的那样，处于同一网络中的公司，由于其规模、对风险的承担能力以及经验知识的吸收能力等不同，导致了它们在模仿策略选择上也有所不同。然而，相较中心化程度低的公司而言，中心化程度高的公司行为大不一样。由于网络中心化程度高的公司有更多的方式和途径获取同伴的信息和知识(Burt，1992；Gnyawali 和 Madhavan，2001)，这同时也降低了公司感知到的不确定性(Low 和 Abrahamson，1997)。而且，处于网络中心的公司往往作为合法性的来源，它们在网络中处于支配地位，因此它们不会为了迫于合法性的压力而采用模仿行为。综上所述，网络中心化程度高的公司往往不大会模仿网络伙伴的行为(Oehme 和 Bort，2015)。但是相关的实证研究却少之又少，还有待于进一步研究深化。

参考文献

[1] PETER J, BUCKLEY, MARK CASSON. The Future of the Multinational Enterprise[J]. Journal of International Business Studies 29(3): 445-468 Coriello N. E. and Munro A, 1976, volume 34(2):219-222.

[2] JOHANSON J, VAHLNE J E. The Internationalization Process of the Firm—A Model of Knowledge Development and Increasing Foreign Market Commitments [J]. Journal of International Business Studies, 1977, 8(1):23-32.

[3] RUGMAN A M, VERBEKE A. A perspective on regional and global strategies of multinational enterprises[J]. Journal of International Business Studies, 2004, 35(1): 3-18.

[4] ARREGLE J L, MILLER T L, HITT M A, et al. Do regions matter? An integrated institutional and semiglobalization perspective on the internationalization of MNEs [J]. Strategic Management Journal, 2013, 34(8): 910-934.

[5] BANALIEVA E R, DHANARAJ C. Home-region orientation in international expansion strategies[J]. Journal of International Business Studies, 2013, 44(2): 89-116.

[6] MARCH J G. Exploration and exploitation in organizational learning [J]. Organization Science, 1991, 2(1): 71-87.

[7] ARREGLE J L, BEAMISH P W, Hebert L. The regional dimension of MNEs' foreign subsidiary localization[J]. Journal of International Business Studies, 2009, 40(1): 86-107.

[8] HOFSTEDE G. Motivation, leadership, and organization: do American theories apply abroad? [J]. Organizational Dynamics, 1980, 9(1): 42-63.

[9] BARKEMA H, BELL J, PENNINGS J M E. Foreign entry, cultural barriers and learning [J]. Strategic Management Journal, 1996: 151-166.

[10] KOGUT B, SINGH H. The effect of national culture on the choice of entry mode[J]. Journal of International Business Studies, 1988: 411-432.

[11] HYMER S H. The international operations of national firms: A study of direct foreign investment[M]. Cambridge, MA: MIT press, 1976.

[12] QIAN G, LI L, RUGMAN A M. Liability of country foreignness and liability of regional foreignness: Their effects on geographic diversification and firm performance[J]. Journal of International Business Studies, 2013, 44(6): 635-647.

[13] EDEN L, MILLER S R. Distance matters: Liability of foreignness, institutional distance and ownership strategy[J]. Advances in International Management, 2004(16): 187-221.

[14] WEENING J J, D D'AGATI V, SCHWARTZ M M, et al. The classification of glomerulonephritis in systemic lupus erythematosus revisited[J]. Kidney International, 2004, 65(2): 521-530.

[15] GARCÍA-CANAL E, GUILLÉN M F. Risk and the strategy of foreign location choice in regulated industries[J]. Strategic Management Journal, 2008, 29(10): 1097-1115.

[16] SPENCER J, GOMEZ C. MNEs and corruption: The impact of national institutions and

subsidiary strategy[J]. Strategic Management Journal,2011,32(3): 280-300.
[17] ZHOU N,GUILLÉN M F. From home country to home base: A dynamic approach to the liability of foreignness[J]. Strategic Management Journal,2015,36(6): 907-917.
[18] ALCÁCER J,DEZSO C,AND ZHAO M. Firm rivalry,knowledge accumulation,and MNE location choices [J]. Journal of International Business Studies,2013,44(5): 504-520.

# 组织篇 ZU ZHI PIAN

# 沟通媒介对多元化团队绩效的作用研究

袁安府　张慧君　方　霞

（浙江工商大学工商管理学院，浙江杭州　310018）

**摘　要：**利用沟通的代偿适应理论和双向编码理论，本文探讨了沟通媒介对多元化背景下团队绩效的影响，并通过问卷调查等方式，对假设模型进行检验。研究结果显示，社会类别属性差异的团队多元化负向影响团队绩效，而信息类别属性差异的团队多元化正向影响团队绩效；沟通媒介组合在团队多元化与团队绩效关系中起调节作用，当社会类别属性多元化的团队更多使用媒介沟通时，会增加团队绩效；而当信息类别属性多元化的团队更多使用媒介沟通时，会降低团队的绩效。

**关键词：**代偿适应理论　沟通媒介　人口属性差异　团队绩效

## 一、引言

随着劳动力跨区域流动，组织招聘的员工呈现出越来越多元化的趋势，主要表现为年龄、性别、教育背景、专业背景等方面的多元化，由此组织成员的组成多元化趋势也日益明显。而现代组织越来越以团队为工作对象，利用团队工作进行工作授权以提升组织绩效[1][2]，并获得团队成员多元化的潜在益处[3]。技术发展为团队工作带来了优势，组织能够克服时空的限制，将合适的优秀员工聚合在一起形成项目团队，完成任务。[4]但技术的使用为组织和团队带来机会的同时也带来了挑战。[5]然而现有研究鲜有探讨依赖技术的媒介沟通在增强或阻碍团队绩效上的作用。媒介沟通指使用某种媒介技术的沟通，如邮件、电话、即时信息和音频会议等。研究显示，媒介沟通既有优势也有劣势。一方面沟通技术使多元化团队成员能克服时空限制聚在一起讨论，另一方面媒介沟通中也存在潜在的过程损失和成本问题，尤其是对某些属性的成员而言。[6][7]加上团队工作中，成员组成的复杂性对团队绩效的不同影响，因此，本文结合相关理论基础，对在人员属性差异组成的团队中，沟通媒介对团队绩效的影响进行研究。

本研究有别于传统多元化和媒介沟通理论的探讨，结合代偿适应理论和双重编码理论，检验了媒介沟通组合（即媒介沟通和非媒介沟通的比例）对团队绩效的直接和间接作用，并利用社会认同和认知资源理论，区分了人口属性差异的不同类型对个人创新性的作用。

## 二、理论背景

和其他有关团队多元化和媒介沟通理论的研究不同，本文主要依据代偿适应理论和双重编码理论来进行多元化团队的研究。

### （一）代偿适应理论

Kock 是代偿适应理论（CAT）的主要提出者，且已发展并检验了理论的很多组成部分。[8−11]CAT 是基于人脑设计用于面对面沟通的基础，这是千万年来人们之间唯一的沟通方式，而媒介沟通方式在传递信息上存在局限性。社会存在论（social presence theory ）和媒介丰富论（media richness theory）等显示媒介沟通不仅阻碍了人们沟通的方式，也是人类沟通改变的催化剂。

Kock 通过观察认为，个体团队成员会改变自己的沟通行为以补偿其在工作中选择的沟通渠道“信息丰富度”的缺陷，并形成了 CAT，其过程如图 1 所示：[12]

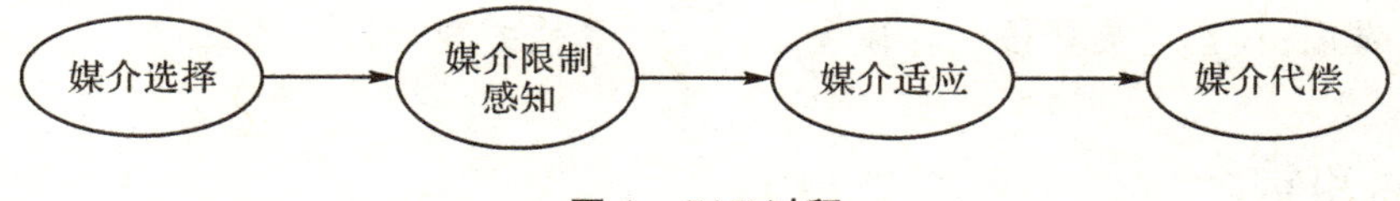


**图 1　CAT 过程**

CAT 指出团队成员感知的媒介限制会增强感知信息模糊性的程度，因而进行团队沟通时的认知努力也会增加。为了有效沟通，在互动过程中感知的障碍必然会通过某种方式得到克服或补偿。Bavelas et al. 认为，人们使用书面媒介，是已经适应了书面媒介的限制，可能会通过其他语言化媒介弥补书面媒介信息的不足。[13] Gasson et al. 指出，尽管通过邮件或书面媒介等传达信息可能不够清楚，但高管还是会利用这些媒介制订程序。[14] Kock （2005b），DeLuca[15] 以及 DeLuca et al. [16]的研究显示，在有效沟通中至少有两种行为模式：对组成和处理信息关注的提高及每分钟有效沟通数量的降低。缺乏语言多样性是通过对社会文化等基础的了解来弥补的。[17][18]Kock 的 CAT 理论中说，在合作性任务中使用电子沟通媒介的人倾向于对感知的认知障碍进行补偿，这比单纯地面对面沟通获得相同甚至更好的产出。[12]

在近期研究中，Kock 发现，使用媒介沟通比面对面沟通需要更多的认知努力，遭遇更多沟通模糊性，以致使用媒介沟通的人与他人的沟通更不频繁。信息发送者花费更多时间和努力编码信息以降低媒介沟通的信息模糊。[11] Kock 另一个关于媒介沟通对新产品开发团队绩效的研究显示，当团队成员进行有效的代偿适应时，过程结构的运行会更合理，团队绩效会增加。[10] 因此，由于代偿适应的存在，沟通中会减少错误的信息，接收者在媒介沟通中精确理解信息就不会非常困难。[11]

虽然媒介沟通存在很多问题，[19][20]但媒介沟通中模糊的信息或不精确的信息可能会增加个人的创新性和团队绩效。有时候意外事件或错误的沟通可能会引发创新性的解决方式。(Science，2009) 此外，认知心理学认为，人们在没有获取到完全信息时，就会对信息进行填空，而这些空白可能对创新观点很重要，[13] 从而可能提高整个团队的问题解决能力。

CAT 补充了对传统沟通媒介的理解。媒介沟通的信息接收者没有花费大量时间应对媒介沟通产生的障碍，[13] 而是有更多时间将现有信息和已有知识结合并进行思考，这对创造性思维很有帮助。有人认为面对面沟通中可能会出现更多的信息堵塞，因为人们在面对面中会花费更多时间和注意力在视觉细节上，很容易受到谈话中无关内容的干扰，甚至有时候过于关注谈话本身，而不能对谈话内容进行有效思考，[21][22] 这对提高团队绩效是无益的。因此，使用媒介沟通可能在某种程度上，与使用面对面沟通有相同甚至更高的团队绩效。

### （二）双重编码理论

双重编码理论指出，个人会同时通过语言系统和非语言系统学习和保留信息。[23][24] 多种媒介的使用使我们能通过不同方式看到信息的不同面。因此通过沟通媒介和面对面获取信息不仅影响一个人如何获取信息，也会影响其如何感知信息，影响一个人在沟通相关活动中花费的时间。团队绩效的提高既受益于需要个人思维的收敛过程，[25] 也受益于需要和他人沟通的发散过程(Ford，1996)。用非面对面的沟通方式给个人提供了更多的时间思考信息，[26] 形成新思想，[27] 而面对面沟通中存在的社会线索等信息也可能对绩效存在一定的促进或阻碍作用。因此双重编码理论认为，团队绩效提高需要个人将分散的观点集中化，而沟通媒介组合是非常重要的。

### （三）团队绩效

由于研究的目的和团队的性质差异，不同学者对团队绩效有不同的界定。Hackman(1987)和 Sundstrom(1990)等认为，团队绩效有三方面内容：①团队产出量(主要有质量、数量、顾客满意度等)；②团队对员工的影响；③团队未来有效工作的能力。Nalder(1990)、Guzzo&Shea(1992)等的定义与其类似，也包括三方面的内容，即团队对任务目标的完成程度，团队中成员的满意度及团队能够继续协作的能力。综合来看，团队绩效的衡量主要有三方面的内容，分别为对任务的完成情况，员工个体的满意度及对未来发展的一种预期。虽然不同团队所关注的焦点不一，在测量时都有自己的侧重点，但总体来看，至少应该包含两方面内容：一是团队的产出，二是员工的产出。

对于团队绩效的模型构建，最有代表性的是 Guzzo&Shea(1992)提出的 I-P-O 模型，即“输入—过程—产出”模型。这个模型较清楚地描述了团队绩效的整个过程，其中输入的因素有团队成员的个人因素（如态度、技能等）、团队因素（如团队凝聚力及规模）和环境因素（如任务的类型、环境压力等），通过团队的互动过程，得到一些相应的产出，主要分为团队产品提升、解决问题的能力及个人的产出如工作满意度等。在此之后，陆续有学者对这一模型进行改进，如 Hackman 的规范性模型丰富了对中间互动过程的解析，Gladstein 的实证性模型则着重于团队在组织环境中的探讨，Salas et al. 的启发性模型则包括对前面模型的整合，并强调团队训练的作用。从团队绩效模型上来看，其基础都是从投入到产出的 I-P-O 过程（图 2）。

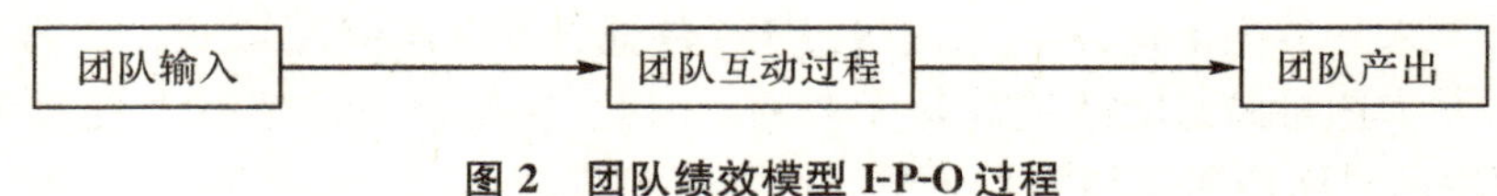


**图 2 团队绩效模型 I-P-O 过程**

## 三、研究假设

CAT 指出使用媒介沟通会产生更多模糊性，但是这些模糊性可能会引发创新思维。而对某一沟通媒介的使用频率多于另一沟通媒介时，可能会影响个人与他人互动的时间。很多研究只关注一种沟通模式，但现实中沟通媒介很少是被单独使用的。根据双重编码理论，不同媒介会产生对信息不同的理解，这会促进团队绩效。综合上述，本文假设：

H1：媒介沟通使用比例更高的团队比面对面沟通使用比例更高的团队有更高水平的团队绩效。

团队经常会利用物理和社会特征对成员进行分类，如种族、性别、年龄或教育背景等。[28]对人口变量差异的研究发现，那些和他人不一样的同事可能有更低的组织承诺、更高的离职水平、更低的沟通频率、更低的满意度及更高的旷工率[29][31]。近期研究人口多元化的文献强调了将人口属性分类（基于社会类别和信息类别分类）的重要性。[30]社会类别属性（也称关系导向，可视或表层特征）[32]是一些可观察到的属性，如种族背景、国籍、性别和年龄等，这些会导致内部偏见和冲突[30]。信息类别属性（也称不可视或深层特征）是一些潜在的属性，如工作经验和教育，这些属性不是立刻就能发现的，但对任务完成很关键。[30]研究显示，这两类人口属性差异的影响路径不一致：社会类别多元化可能会引发阻碍社会交流的团队过程（如降低信任、增加冲突），而信息类别多元化则会促进任务相关的交流（如分享不同观点）。[30]

多元化团队能从不同成员处获取不同的观点，可能会产生更多的问题解决方法。[33]但异质团队比同质团队更难进行社会整合。[34]尽管社会类别差异可能与给定的任务不相关，但其会通过社会认同、类化和偏见影响个人的感知和行为，[35]从而影响绩效。如一个女性被其他人觉得是敏感的或工作能力不佳的，其他同事就会与她产生人际冲突。因此那些在社会类别上与其他成员不一样的人在工作中更不舒服，组织依附程度更低，满意度也更低，[36]而低程度的社会支持和不舒服的工作环境会减少团队绩效。因此，本文假设：

H2a：团队社会类别属性多元化与团队绩效负相关。

双重编码理论表示，使用不同形式的沟通媒介会有助于获取更多信息。[37]某种沟通媒介的相对价值可能与个人的人口属性相关。如那些在社会类别上差异很大的人，在更多使用媒介沟通时，可能会觉得表达和接受观念更安全。面对面沟通比媒介沟通能提供更多的信息，因为面对面接触会提供成员社会背景线索等信息。[38]现有研究已经开始对丰富性媒介（如面对面沟通）的益处产生争议。有学者[39]认为，更丰富的媒介使个人能依据来自成员身上的线索，改变传达信息的方式，运用非语言和其他方式确认人们能有效沟通。也有研究认为，[40]成员会被这种沟通中太多的社会和非语言线索干扰，这些线索只提供无关信息，会妨碍信息本质内容传递。在社会认同和少数群体研究的文献中发现，在社会类别上和其他成员有差异的人在表达和其他人不一样的观点时更不舒服。而这种不舒服可能会在不强调差异的沟通方式中得到降低，如在电脑媒介沟通中，双方不见面等。因此，本文提出假设：

H2b：沟通媒介组合调节了社会类别属性多元化和团队绩效的关系。那些在社会类别属性上多元化的团队，在更多使用媒介沟通时比更多使用面对面沟通时的绩效更高。

信息类别属性差异指团队成员拥有的观点和知识基础上的差异。[41]认知资源观指出，信息类别属性对团队产出有积极作用，因为成员能接触到更多的观念、技能和信息，[42]而这对多样性观点和团队绩效的形成很重要。因此，本文假设：

H3a：团队信息类别属性多元化与团队绩效正相关。

沟通媒介的选择影响团队的互动过程、所传递信息的类型及数量。[43]使用非面对面沟通媒介的人更倾向任务导向，不太可能交换情感信息，[44]这就减少了共享信息的类型和数量，阻碍了信息类别属性差异的成员形成创新观点。正如 CAT

所假设，来自不同信息背景的人，在面对面沟通中可能会更好地分享新观点和想法，因为要用不同功能或教育背景的专有语言来解释某些新观点时，能发现对方一些可视的线索，[45]如发现对方和自己曾同处一所大学、一个行业等。对远程办公团队的调查发现，工作中一个很大的挑战是如何向那些不熟悉组织或部门语言的人清晰地表达观点。[46]因而，信息类别属性上更有差异的成员，在能够清晰表达和理解他人观点和想法时，会更容易创新，而这在面对面沟通中可能更适用。因此，我们假设：

H3b：沟通媒介组合调节了信息类别属性多元化和团队绩效的关系。那些在信息类别属性上多元化的团队，在更多使用媒介沟通时比更多使用面对面沟通时的团队绩效低。

针对上面的论述和提出的假设，本文的研究模型如图 3 所示：

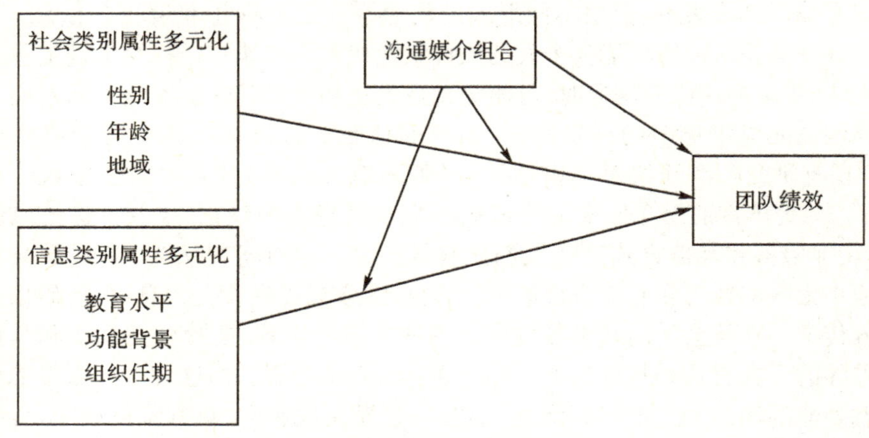


**图 3 本文的研究模型假设**

## 四、实证研究

### (一)研究方法

针对前文提出的假设，本文主要采用问卷调查和访谈结合的方式，选取了杭州市下城区高新技术产业园区的 4 家企业的 35 个团队的 214 名员工为研究对象。首先，和企业的高管人员接触，获取有关团队的基本信息及员工合作关系的基本情况。所有高管都认为团队的任务是需要互助的，需要团队成员有效的沟通和互动。同时将设计的问卷做预调查，将得到的结果和反馈意见综合，对问卷进行修正，以符合研究的需要。之后对团队中的员工和领导发放问卷。本文剔除了人数为 3 或

3 以下的团队，以及成立不到半年的团队，以增加样本的代表性。

共发放了 214 份问卷（员工个人问卷和高管评估同为一份），共收回了 190 份，剔除一些人数上不符合要求的团队问卷，共留下来自 25 个团队的 168 份问卷，总回收率为 78.5%。

## （二）变量测量

人口属性多元化——本文将多元化分成社会类别属性多元化和信息类别属性多元化。多元化的很多属性，如年龄、性别和教育背景等都可以从调查问卷的背景信息中得到。考虑到本文的研究对象是团队，应从群体层次测量多元化程度，参考以往学者的结论，采用 Blau 系数（H＝1－）（Timeran，2000；Jaekson & Joshi，2003）衡量，社会类别属性多元化取年龄、性别和地域多元化的均值代表，信息类别属性多元化取教育水平、功能背景和组织任期三类均值代表。本文对多元化数据的搜集以团队为基础，测量团队各属性成员所占的比例，如对年龄的测量，直接询问成员团队中男女成员的人数，其他变量类似，同时与背景信息中的个人信息相呼应，以提高团队员工多元化程度测量的精度（张春彩，2011）。

沟通媒介组合——这个变量主要测量相对于面对面沟通，个人参与媒介（如邮件、声频会议等）沟通的频率。尽管在高新产业公司中，沟通技术的使用已经很广泛，但是由于公司文化和各种环境因素，很多人在组成团队后会进行直接面对面沟通。一般来说，邮件用得很频繁，声频会议是可行的，但是基本不用，聊天群组也会用，但主要是用来发布一些团队需要的信息。除面对面沟通外，邮件和电话是成员间使用的最主要的媒介。本文沟通媒介组合的测量是通过个人与其他团队成员非同步媒介组合沟通与面对面沟通的比率来计量。而非同步媒介沟通与面对面沟通的程度用 1—7 分的李克特量表评估。沟通媒介组合（媒介沟通/面对面沟通）得分的范围一般为 0.12 到 1.65，0.12 表示某成员与他人沟通基本用面对面方式，而比率超过 1 则表示主要通过媒介进行交流。

团队绩效——团队绩效衡量的是团队作用的结果。如前所述，团队绩效有三方面内容：①团队产出量（主要有质量、数量、顾客满意度等）；②团队对员工的影响；③团队未来有效工作的能力。本文团队绩效的衡量也基本从这几个方面来衡量，团队产出主要是从工作任务的完成情况来衡量，团队对员工影响主要就是团队成员离职倾向、相互关系如何，这在一定程度上也反映了团队未来工作的能力（Levi & Slem，1995）。借鉴以往学者的研究成果，再结合本文的研究对象，本文用于团队绩效衡量的量表主要包括成员任务的完成情况、成员人际间关系及冲突处理能力，主要有 8 个题项。

控制变量——在研究过程中需要控制一些可能会产生伪相关的变量。本文主要控制了团队规模、个人在团队的时长及沟通频率这几个变量。团队规模指团队中成员的数量，个人在团队的时长表示个人在现有团队中工作的时间长度，沟通频率则指个人与其他成员利用媒介沟通及面对面沟通的程度，都通过 7 分李克特量表测量。

(三)实证结果

本文主要是用 PLS-Graph 软件来分析数据。PLS-Graph 很适合理论发展的研究分析，而且能够进行因果关系检验及方差解释。首先检验变量的内部一致性，结果发现，社会类别差异的内部一致性为 0.712，信息类别差异的内部一致性为 0.734，团队绩效的内部一致性为 0.682，沟通媒介组合的内部一致性为 0.83，除团队绩效外都大于 0.7，但由于团队绩效变量的特殊性及具体研究的需要，在接近 0.7 的情况下，团队绩效的内部一致性能够被接受。

接下来，进行模型变量的相关性检验，得出变量间的相关性矩阵如表 1 所示：

**表 1　各变量的相关性矩阵**

| | 社会类别差异 | 信息类别差异 | 沟通媒介组合 | 团队规模 | 个人任期 | 团队绩效 |
|---|---|---|---|---|---|---|
| 社会类别差异 | | | | | | |
| 信息类别差异 | −0.145 | | | | | |
| 沟通媒介组合 | −0.187 | 0.246* | | | | |
| 团队规模 | 0.405*** | −0.002 | −0.024 | | | |
| 个人任期 | −0.016 | 0.221* | 0.048 | −0.076 | | |
| 沟通频率 | 0.063 | 0.161 | 0.379** | 0.080 | 0.083 | |
| 团队绩效 | −0.329** | 0.345** | 0.401** | −0.202* | 0.172 | 0.301** |

注：* $p<0.05$，** $p<0.01$，*** $p<0.001$

从表 1 中可以看出，各个变量与创新性的相关关系都很显著，因此可以进行因果关系分析。

利用 PLS-Graph 软件对结构模型变量间的关系进行进一步检验，得出的结果见图 4：

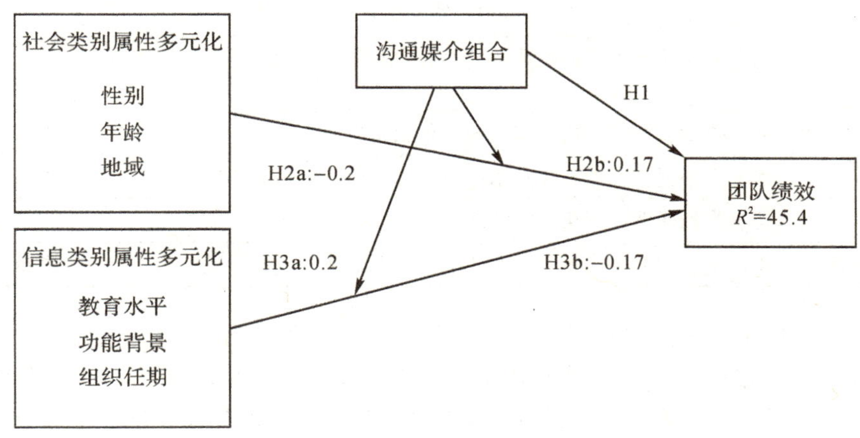


**图 4　模型检验结果**

图 4 给出了模型检验的路径系数和模型结构的解释方差($R^2$)。由图 4 可知,模型整体对团队绩效方差的解释程度为 45.4%。H1 预测那些更多使用媒介沟通的团队会比那些更多使用面对面沟通的团队绩效更高。在初始模型中,没有加入沟通媒介组合变量,沟通媒介的路径系数为 0.212,且是显著的($p<0.001$),然而,加入沟通媒介组合作为调节变量后,媒介沟通的主要作用就消失了(路径系数=0.083)。因此,H1 没有得到支持。

H2a 预测团队社会类别属性多元化与团队绩效负相关,检验得出路径系数为-0.213,是显著的($t=2.7029$,$p<0.001$),因此,此假设得到验证。H2b 预测沟通媒介组合会调节社会类别属性多元化与团队绩效的关系,即在社会类别属性上更多元化的团队,如果更多使用媒介沟通会比更多使用面对面沟通时的绩效更高,得出的路径系数为 0.179($t=2.0965$,$p<0.05$),是显著的,因此此假设得到验证。H3a 预测团队信息类别属性多元化与团队绩效正相关,得出路径系数为 0.247($t=4.1106$,$p<0.001$),是显著的,因此 H3a 得到验证。H3b 预测沟通媒介组合会调节信息类别属性多元化与团队绩效的关系,即在信息类别属性上更多元化的团队,在更多使用媒介沟通时会比更多使用面对面沟通时的团队绩效低,路径系数为-0.174($t=1.9626$,$p<0.05$),并且是显著的,因此支持 H3b。综合 H2a 和 H2b 来看,指出了团队人口属性多元化对阻碍或提高团队绩效的重要作用。

## 五、结论和建议

本文主要根据 CAT 和双重编码理论,检验了社会类别属性多元化、信息类别属性多元化和沟通媒介组合对团队绩效的影响。主要的研究结论如表 2 所示:

表 2　研究结论

| | | |
|---|---|---|
| H1 | 媒介沟通使用比例更高的团队比面对面沟通使用比例更高的团队有更高水平的团队绩效 | 未支持 |
| H2a | 团队社会类别属性多元化与团队绩效负相关。 | 支持 |
| H2b | 沟通媒介组合调节了社会类别属性多元化和团队绩效的关系。 | 支持 |
| H3a | 团队信息类别属性多元化与团队绩效负相关。 | 支持 |
| H3b | 沟通媒介组合调节了信息类别属性多元化和团队绩效的关系。 | 支持 |

本文的理论意义主要有:①利用 CAT 和双重编码理论来研究团队人口属性多元化和沟通媒介是如何影响团队绩效,这为团队多元化的研究提供了一个新的发展方向。②发现了现实组织沟通中,沟通媒介组合的不同作用。③发现了沟通媒介组合对团队绩效的间接作用。如研究显示,更多使用媒介沟通,有助于提高团队社会类别属性多元化团队的绩效。④更多使用沟通媒介组合能改变信息类别属性多元化对团队绩效的影响。前文显示,CAT 有助于解释媒介沟通的模糊如何刺激多元化。然后在信息类别属性差异上可能不正确。因为在信息本身模糊和不能领会信息之间是有差异的。当成员来自不同工作和功能背景,他们经常用自己的原则思考和说话。此时如果更多通过媒介沟通,则可能导致挫折或缺乏理解,不利于团队绩效的实现。⑤本文区分了两类人口属性多元化的影响,两类人口属性多元化的作用是不一样的,因此需要分别研究。

本文研究的实际意义主要体现在:①组织和团队在很多属性上存在成员的多元化,团队信息类别属性多元化更有助于团队绩效的提高,但是如果媒介沟通组合选择不当,则可能会干扰最终的绩效。②过去研究显示面对面沟通对创新很重要,但是本研究显示媒介沟通同样很重要,而且可能更重要,因此需要得到组织的重视。③团队绩效的获取受到很多因素的影响,而团队多元化是一个不可忽视的变量,组织管理者应该在组织中形成一种包容多元化的文化,以更好地促进绩效的提高。

本文也存在一定的局限,如样本选择固有的缺陷;对团队多元化变量的提取,只选择其中的 3 个维度代表。因此,将来的研究应该克服这些局限,以更好实现组织员工多元化的管理,达到更好的绩效。

**参考文献**

[1] MILLIKEN F J, MARTINS L L. Searching for common threads: understanding the multiple effects of diversity in organizational groups[J]. Academy of Management Review, 1996, 21(2):402-433.

[2] WILLIAMS K Y, O'REILLY C A. Demography and diversity in organizations: a review of 40 years of research[J]. Research in Organizational Behavior, 1998(20): 77-140.

[3] J E PERRY-SMITH, C E SHALLEY. The social side of creativity: a static and dynamic social network perspective[J]. Academy of Management Review, 2003, 28(1): 89-106.

[4] B L KIRKMAN, B ROSEN, C B GIBSON, P E TESLUK, S O MCPHERSON. Five challenges to virtual team success: lessons from Sabre[J]. The Academy of Management Executive, 2002, 16(3): 67.

[5] J D COUGER, L F HIGGINS, S C MCINTYRE. (Un) Structured creativity in information systems organizations, MIS Quarterly[J]. 1993, 17(4): 375-397

[6] A R DENNIS, B H WIXOM, R J VANDENBURG. Understanding fit and appropriated effects in group support systems via meta-analysis [J]. MIS Quarterly, 2001, 25 (2): 167-196.

[7] A PINSONNEAULT, H BARKI, R B GALLUPE, N HOPPEN. Electronic brainstorming: the illusion of productivity[J]. Information Science Research, 1999, 10(2): 110-133.

[8] N KOCK. Can communication medium limitations foster better group outcomes? An action research study, Information & Management[J]. 1998, 34(5): 295.

[9] N KOCK. The psychobiological model: towards a new theory of computer-mediated communication based on Darwinian evolution[J]. Organization Science, 2004, 15(3): 327.

[10] N KOCK, G S LYNN, K E DOW, A E AKGUN. Team adaptation to electronic communication media: evidence of compensatory adaptation in new product development teams[J]. European Journal of Information Systems, 2006, 15(3): 331.

[11] N KOCK. Media naturalness and compensatory encoding: the burden of electronic media obstacles is on senders[J]. Decision Support Systems, 2007(44): 175-187.

[12] N KOCK. Compensatory adaptation to media obstacles: An experimental study of process redesign dyads[J]. Information Resources Management Journal, 2005b, 18(2): 41-67.

[13] BAVELAS J B, BLACK A, CHOVIL N, MULLET J. Equivocal communication[J]. Newbury Park, (1990). CA: Sage Publications.

[14] GASSON S, ELROD E M. Managing knowledge across the boundaries of a virtual organization. Proceedings of The International Conference on Knowledge Management [J]. ICKM, 2005, Charlotte, NC.

[15] DELUCA D C. Business process improvement using asynchronous e-collaboration: Testing the compensatory adaptation model. [D]. Ann Arbor: University of Michigan Ann-Arbor, 2003.

[16] DELUCA D C, VALACICH J S. Outcomes from conduct of virtual teams at two sites: Support for media synchronicity theory. Proceedings of the 38th Annual Hawaii International Conference on System Sciences[C]. Los Alamitos : 2005.

[17] BOLAND R J, TENKASI R V. Perspective making and perspective taking in communities

of knowing[J]. Organization Science,1995,6(4):350-372.

[18] DAVIDSON E J. Analyzing genre of organizational communication in clinical information systems[J]. Information,Technology and People,2000,13(3):196-209.

[19] A R DENNIS,S T KINNEY. Testing media richness theory in the new media: the effects of cues, feedback, and task equivocality[J]. Information Systems Research, 1998, 9(3): 256-274.

[20] S S KAHAI,R B COOPER. Exploring the core concepts of media richness theory: the impact of cue multiplicity and feedback immediacy on decision quality[J]. Journal of Management Information Systems,2003,20(1):263-281.

[21] C E SHALLEY. Effects of coaction,expected evaluation,and goal setting on creativity and productivity,The Academy of Management Journal[J]. 1995,38(2):483-503.

[22] J A SHORT,E WILLIAMS,B CHRISTIE. The Social Psychology of Telecommunications [M]. London:John Wiley & Sons, 1976.

[23] A PAIVIO. W LAMBERT. Dual coding and bilingual memory[J]. Journal of Verbal Learning and Verbal Behavior,1981(20):532-539.

[24] J M CLARK,A PAIVIO. Dual coding theory and education[J]. Educational Psychology Review,1991,3(3):149-210.

[25] T M AMABILE,R CONTI,H COON,J LAZENBY,M HERRON. Assessing the work environment for creativity[J]. The Academy of Management Journal, 1996, 39(5): 1154-1184.

[26] A R DENNIS, R M FULLER, J S VALACICH. Media, tasks and communication processes: a theory of media synchronicity[J]. MIS Quarterly,2008,32(3):575-600.

[27] T M SCHEIDEL. Divergent and convergent thinking in group decision-making[M]// R Y Hirokawa, M S Poole (Eds), Communication and Group Decision-making, Sage Publications,Beverly Hills,CA,1986:113-130.

[28] C M RIORDAN. Relational demography within groups: past developments,contradictions, and new directions[J]. Research in Personnel and Human Resources Management, 2000 (19):131-173.

[29] K A JEHN,C CHADWICK,S M B. Thatcher,To agree or not to agree: the effects of value congruence,individual demographic dissimilarity, and conflict on workgroup outcomes[J]. International Journal of Conflict Management,1997,8(4):287-306.

[30] A S TSUI,T D EGAN,C A O'REILLY. Being different: relational demography and organizational attachment[J]. Administrative Science Quarterly,1992,37(4):549-579.

[31] T R ZENGER,B S LAWRENCE. Organizational demography: the differential effects of age and tenure distributions on technical communication[J]. The Academy of Management Journal,1989,32(2):353-376.

[32] D A HARRISON,K H PRICE,J H GAVIN,et al. Time,teams,and task performance:

changing effects of surface- and deep-level diversity on group functioning[J]. The Academy of Management Journal,2002,45(5):1029-1045.

[33] D H GRUENFELD, E A MANNIX, K Y WILLIAMS, et al. Group composition and decision making: how member familiarity and information distribution affect process and performance[J]. Organizational Behavior and Human Decision Processes,1996,67(1):1-15.

[34] K Y WILLIAMS,C A O'REILLY. Demography and diversity in organizations: a review of 40 years of research[J]. Research in Organizational Behavior,1998(20):77-140.

[35] L H PELLED. Demographic diversity,conflict,and work group outcomes: an intervening process theory[J]. Organization Science,1996,7(6):615-631.

[36] A S TSUI, T D EGAN, C A O'REILLY. Being different: relational demography and organizational attachment[J]. Administrative Science Quarterly,1992,37(4):549-579.

[37] J M CLARK, A PAIVIO. Dual coding theory and education[J]. Educational Psychology Review,1991,3(3):149-210.

[38] R RICE, D SHOOK. Relationships of job categories and organizational levels to use of communication channels, including electronic mail: a meta-analysis and extension [J]. Journal of Management Studies,1990,27(2):195-229.

[39] J B WALTHER,T LOH,L GRANKA. Let me count the ways: the interchange of verbal and nonverbal cues in computer-mediated and face-to-face affinity[J]. Journal of Language and Social Psychology,2005,24(1):36-65.

[40] S P WEISBAND, S K SCHNEIDER, T Connolly. Computer-mediated communication and social information: status salience and status differences[J]. The Academy of Management Journal,1995,38(4):1124-1151.

[41] K A JEHN,G B NORTHCRAFT,M A NEALE. Why differences make a difference: a field study of diversity, conflict, and performance in workgroups [J]. Administrative Science Quarterly,1999,44(4):741-763.

[42] J E PERRY-SMITH,C E SHALLEY. The social side of creativity: a static and dynamic social network perspective[J]. Academy of Management Review,2003,28(1):89-106.

[43] A P MASSEY, M M MONTOYA-WEISS. Unraveling the temporal fabric of knowledge conversion: a model of media selection and use[J]. MIS Quarterly,2006,30(1):99-114.

[44] M S POOLE,M HOLMES,R WATSON,G DESANCTIS. Group decision support systems and group communication[J]. Communication Research,1993,20(2):176-213.

[45] S KIESLER, L SPROULL. Group decision making and communication technology[J]. Organizational Behavior and Human Decision Processes,1992,52(1):96-123.

[46] N B KURLAND, T D EGAN. Telecommuting: justice and control in the virtual organization[J]. Organization Science,1999,10(4):500-513.

# 新生代企业继任者工作价值观、继任意愿与家族企业成功传承

古家军　宋　珊

（浙江工商大学工商管理学院，浙江杭州　310018）

**摘　要**：继任者是否认同企业的内部传承、是否愿意接过企业的重任是家族企业能否成功传承的关键。本研究结合工作价值观理论，通过对家族企业继任者的大量问卷调查，统计分析发现：(1)新生代企业继任者工作价值观对继任意愿具有积极的影响；(2)新生代企业继任者工作价值观对家族企业成功传承具有积极的影响；(3)继任意愿对家族企业成功传承具有积极的影响；(4)继任意愿在新生代企业继任者工作价值观和家族企业成功传承之间起到部分中介作用。

**关键词**：新生代企业继任者工作价值观　继任意愿　成功传承

## 一、引言

改革开放至今，中国家族企业在企业数量、吸纳就业人数、企业规模、国民经济总量比重和税收贡献等关键指标方面的表现，都说明家族企业这种企业形态，已经名副其实成了中国特色社会主义建设的关键组成部分。家族企业的持续健康发展也成为攸关中国经济活力的重要问题。如今一大批第一代创业家建立的家族企业正面临紧迫的代际传承问题，已经到了企业“掌门人”交接的关键时刻。中国是个深受“家文化”影响的国度，家族制度在其全部文化中所处地位之重要，以及其根深蒂固，亦是世界闻名的(梁漱溟，2005)。“家文化”对于企业文化及日常运营的涉入必然会对企业的传承决策产生影响。在这样的文化背景下，“子承父业”就自然成了交接班模式的首选。然而，由于受到社会环境因素的影响，特别是中国独有的独生子女政策的推行，家族企业接班人的选择范围大大地缩小了。伴随着计划生育政策的严格执行及“80后”“90后”独生子女的茁壮成长，面临代际传承的家族企业可能会发现，接班人的选择将不再是一个问题，因为他们将无从选择。在这样的现

实背景下，家族企业主子女是否认同企业的内部传承、是否愿意接过企业的重担成为企业的新一代领导人就显得更为关键了。据此，本文深入探究了新生代企业继任者工作价值观的各个维度是如何影响其继任意愿的，最终对家族企业成功传承产生怎样的影响，以及继任意愿在新生代企业继任者工作价值观和家族企业成功传承之间是否存在中介作用。

## 二、文献综述与研究构思

工作价值观的研究从20世纪60年代开始在欧美国家兴起，这一概念最早是由美国心理学家Super在1970年提出的，他认为工作价值观是“一种目标，一种需要”，是个人追求的与工作有关的目标，即个人内在需求及从事活动过程中所追求的工作特质或属性。现阶段，我国“80后”“90后”的新生代员工逐步参加工作并开始成为企业的主力军。由于其独特的成长环境，如教育背景、家庭关系、社会文化氛围等因素影响，与老一辈员工相比，新生代员工在价值观和行为方式上具有显著的独特性(郑希宝，何志刚，谢蓓，2007)。与此同时，中国的家族企业也已经到了企业“掌门人”交接的关键时刻，如今一大批第一代创业家建立的家族企业正面临紧迫的代际传承问题。而这些家族企业主的子女，也正是出生于改革开放后的新生代群体，如何培育和塑造他们的工作价值观，激发他们的继任意愿，必将对家族企业的传承带来巨大的影响。

### (一)新生代企业继任者工作价值观与继任意愿

家族企业继任者是家族企业代际传承的重要利益相关者，然而与学者给予在任者的关注度相比，Stavrou却指出了人们对继承人的漠视，并且认为必须要对继承者的接班意愿给予充分的重视。[1]随后，Chrisman & Chu(2000)也指出，子女的主动接班意愿对于传承计划的成功实施至关重要。Sharma也认为，企业要想成功传承，接班人的接班意愿是不容忽视的重要因素。[2]

在计划行为理论中，态度是个体行为意图的决定因素之一，且态度和行为意图之间存在着正相关关系。个体对某一特定行为的态度越正向，其执行这一行为的意图也就越强烈(Fishbein & Ajzen，1975)。据此，我们将决定家族企业主子女接班意愿的态度界定为他们对接管家族企业这一职业选择的正面或负面的评价，即家族企业主子女的职业态度。根据计划行为理论，如果家族企业主子女相信接管家族企业能够使其职业需求得到满足时，他们就会抱有积极的职业态度，并最终产生强烈的接班意愿；反之，如果家族企业主子女对于接班所产生的预期结果并不满意，那么就会导致其接班意愿的缺失。

在以往的研究中，家族企业主子女的职业兴趣与其接班意愿之间的关系得到了研究者的关注。如 Stavrous(1996)指出，家族潜在继任者的职业兴趣能否在家族企业内部得到满足很大程度上决定了其是否会进入家族企业工作甚至接管家族事业。现有的研究成果(Carlock & Ward, 2001; Kaye, 1999; Lansberg, 1999; Handler, 1992)也都认为，继任者个体需求和职业兴趣与家族企业所提供的机会的匹配程度越高，继任者就越倾向于从家族企业主手中接管企业。另外，根据 Dick & Rallis(1991)职业选择理论，个体的职业选择取决于他们对自身和自己能力的信念及对不同职业的相对价值的信念。因此，我们假设：

H1：新生代企业继任者工作价值观与继任意愿呈正相关。

### (二)新生代企业继任者工作价值观与家族企业成功传承

代际传承是家族企业永续发展的必然过程，也是企业调整战略、提高企业竞争力的有利时机。现在越来越多的学者已经不再把家族企业的代际传承作为一场噩梦，而是把它作为企业新生的契机。顺利实现"代际传承"是大多数家族企业所追求的目标。继任作为一个特殊的企业行为，其结果成功与否也越来越受到学者的关注。以往对家族企业成功传承的评价以企业传承后的财务绩效作为家族企业代际传承结果的评价指标。Handler 在她的研究中首次提出了"对家族企业传承过程的评价应该区分体验的'质量'和传承的'效果'"的观点。[3]经过多位研究者的不懈努力，目前该领域的研究者们已经就该问题达成了初步的共识，认为应该从家族成员对传承过程的满意度和传承效果两个相互作用的维度来对传承结果进行评价(Morris, Williams et al.; Sharma, 2001)。[4]

而接管家族企业作为家族企业主子女在完成学业后的职业选择路径之一，这一"职业"对于企业主子女职业需求的满足与否无疑会影响其选择行为。个体在进行职业选择时会对这一职业是否能够满足自己的职业兴趣、薪资要求等进行主观的判断。Goldberg et al. 认为，一部分子女为了拥有权力和地位，所以选择加盟企业。而有些在成长过程中一直拥有豪华生活的子女则将加盟家族企业看作财富的标志。[5]他们加盟或进一步继承家业的最初目的是得到丰厚的薪酬以保证自己的生活质量。同时，家族企业能够提供给接班人的有利一面也是影响接班人继承意愿的一部分原因。为了满足自己对权力和金钱的要求，企业主子女会通过各方努力，为家族企业创造更高的经济效益，从而实现家族企业的成功传承。新生代企业继任者有较高的人际关系敏感度，在工作和生活中一方面会更有意识地培养自己的人际技能，另一方面对已经建立起来的人际关系网络变得细心和谨慎，这些特征都有助于他们成为更优秀的管理者和领导者。注重组织内部良好的人际关系和管理层的团结一致，易于促使决策过程中的意见一致及下属和员工满意度的提升，并进而提高家族企业成员对组织未来表现的预期及促进组织的发展(Robert, 2003)。

他们乐于和受自己尊重的父辈一起工作，与家族成员秉承共同的价值观，为共同的目标奋斗，相互信任，促进理解和认识水平的提高，进而有助于领导权的传承，实现家族企业的成功传承。因此，我们假设：

H2a：新生代企业继任者工作价值观与家族企业继任过程满意度呈正相关；

H2b：新生代企业继任者工作价值观与家族企业继任绩效呈正相关。

**（三）继任意愿与家族企业成功传承**

家族企业接班问题是家族企业持续发展中薄弱的环节，特别是子女接班具有一定的普遍性和特殊性。如 Fox(1996）和 Stavrous(1999）认为，继任者的继任意愿对传承能否顺利进行会有很大影响。如果继任者有强烈的继任意愿，传承就会进行得比较顺利；相反，则传承过程将较为曲折，传承结果不理想的概率也随之增大。此外，Chrisman et al.(2009)认为，家族企业最好的继任者是那些有强烈继任意愿的人，继任意愿和责任感甚至比个人能力更为重要。同时，继任者的继任理由必须是正面的，如相信自己可以提升企业绩效而不是没有其他工作选择(Sharma & Irving，2005)。由此我们可以看到，家族企业继任者对接受企业的兴趣和意愿对企业的成功传承至关重要(黄锐，2009)。因此，我们假设：

H3a：新生代企业继任者继任意愿与继任过程满意度存在正相关关系；

H3b：新生代企业继任者继任意愿与家族企业继任绩效存在正相关关系。

**（四）继任意愿的中介效应**

Fishbein & Ajzen(1975)指出，意图是人们采取某一行为的主要决定因素，组成了达成行为目标的行动计划。根据计划行为理论，对执行某一行为的尝试及尝试的力度直接受到尝试执行某一行为的意图的影响。Stavrous(1999）首次将计划行为理论引入家族企业代际传承的研究中，探索了人口统计学特征对企业主子女接班意愿的影响。继任这一特殊的企业行为，依赖于家族企业主子女对继任事件的行为意向，而行为意向又由其对继任事件的态度所决定。而新生代企业继任者的工作价值观正是一种选择目标或者指导行为(Does，1997)，是个体关于工作的原则、伦理、信念的认知，是个体在工作抉择上愿意考虑的工作类型和工作环境的偏好。[6]这种价值观影响着家族企业主子女是否愿意加盟家族企业。同时，工作价值观作为一种内在认知，个体在职场中会表现出与认知一致的行为。具体而言，如果新生代企业继任者的价值观是积极的，他就会在接班过程中做出更多的积极行为来验证自我；如果其价值观是消极的，他就会在接班过程中做出更多的消极行为以保持与认知的一致。此外，企业继任者的继任意愿正是由其工作价值观(对职业选择的态度)所决定，并影响家族企业的传承结果。因此，我们假设：

H4a：继任意愿在新生代企业继任者工作价值观与继任过程满意度的关系中

具有中介作用；

H4b：继任意愿在新生代企业继任者工作价值观与家族企业继任绩效的关系中具有中介作用。

综合上述分析，本研究的理论模型可以用图 1 来简要描述。

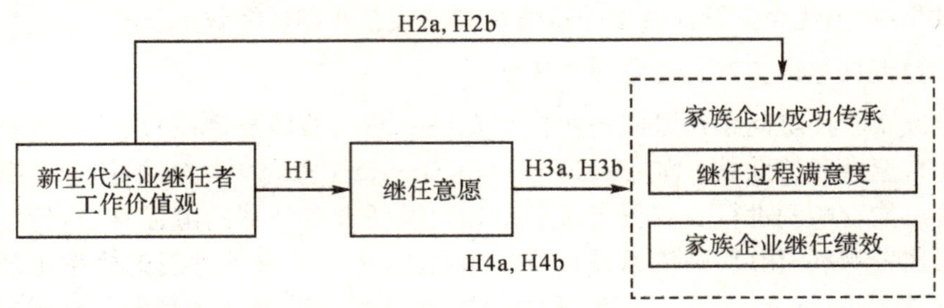


**图 1　理论研究模型**

## 三、数据收集与假设检验

### (一)数据收集及样本特征

本文的研究对象为已经完成家族企业代际传承的新生代企业继任者。本研究的问卷发放和收集过程历时 11 个月，通过现场填答、网站发放、邮寄三种方式进行。实发问卷 280 份，最终收回 221 份，问卷回收率达 78.9%，剔除填写不完整、信息严重缺失等原因造成的无效问卷 24 份，最终筛选出有效问卷 197 份，有效问卷率达到 63.9%，表 1 为调查样本企业及问卷填写者的基本特征。

**表 1　样本基本特征分布情况**

| | 特征 | 样本数 | 比例(%) |
|---|---|---|---|
| 所在行业 | 传统制造业 | 156 | 79.3 |
| | 商贸/服务业 | 22 | 11.0 |
| | 金融业 | 2 | 1.0 |
| | 房地产 | 17 | 8.7 |
| 企业规模 | 50 人以下 | 99 | 50.2 |
| | 50—100 人 | 52 | 26.5 |
| | 101—500 人 | 44 | 22.3 |
| | 500 人以上 | 2 | 1.0 |

## (二)量表质量评估

### 1. 变量的测量与信效度分析

本文关于新生代企业继任者工作价值观的测量是根据李燕萍、侯恒芳(2014)的新生代工作价值观的量表,并结合张兵(2004)在研究子女加盟家族企业的影响因素时所整理的一些问项,将新生代工作价值观的量表放入家族企业这个特殊的情境下,来整理出新生代企业继任者工作价值观的测量量表。该量表分为5个要素(功利导向、内在偏好、人际和谐、创新导向、长期发展),共有20个题项。具体如表2所示:

**表2 新生代企业继任者工作价值观要素变量的因子分析与信度分析结果**

| 测量条款 | GLDX | NZPH | RJHX | CXDX | CQFZ |
| --- | --- | --- | --- | --- | --- |
| 在家族企业工作可以给我带来丰厚的收入和福利 | 0.795 | | | | |
| 我们家族企业有明确的薪酬计划 | 0.812 | | | | |
| 加入家族企业获得的利益大于在其他企业所获得的利益 | 0.793 | | | | |
| 在家族企业工作,我的付出和收获是呈正比的 | 0.797 | | | | |
| 我对在自己的家族企业工作很感兴趣 | | 0.889 | | | |
| 家族企业是我实现理想和抱负的平台 | | 0.891 | | | |
| 在家族企业工作使我感到快乐 | | 0.883 | | | |
| 在家族企业工作有较多的个人支配时间,时间可以灵活调整 | | 0.886 | | | |
| 家族成员工作关系融洽,并得到领导的重视 | | | 0.850 | | |
| 家族企业领导为我们营造良好的气氛以加强成员间情感交流 | | | 0.789 | | |
| 家族成员能相互认可对方在企业中的成就 | | | 0.849 | | |
| 我们家族成员真诚合作,像团队一样工作 | | | 0.870 | | |
| 我们家族企业有创造性的工作理念,在工作中能激发灵感 | | | | 0.810 | |
| 家族企业能够为我提供更富有挑战性的机会 | | | | 0.844 | |
| 在家族企业工作能有机会尝试新的做事方法 | | | | 0.842 | |
| 在家族企业工作能从事富有变化创新性的工作 | | | | 0.839 | |
| 家族企业为我提供了良好的发展空间 | | | | | 0.822 |
| 我们家族企业所处的行业具有广阔的发展前景 | | | | | 0.787 |

续 表

| 测量条款 | GLDX | NZPH | RJHX | CXDX | CQFZ |
|---|---|---|---|---|---|
| 我们家族企业有良好的职业发展规划 | | | | | 0.816 |
| 我们家族企业选拔晋升员工的标准和程序非常明确 | | | | | 0.830 |

注:KMO 值为 0.922,Bartlett 球形检验卡方值为 2701.432,显著性为 0.000;因子分析最终结果产生 5 个因子,其累积贡献率为 74.25%,提取方法:主成分旋转法

对继任者继任意愿的测量,本文在 Goldberg(1991)、Barach & Ganitsky(1995)、Sharma(1997)和 Venter(2005)的研究基础上,提取出测量继任意愿的 6 个测试项,并根据本文的研究目的,选取其中 4 项作为本研究的测量条款,具体如表 3 所示:

**表 3 继任意愿的因子分析与信度分析结果**

| 测量条款 | 继任意愿 |
|---|---|
| 我有强烈的接班意愿 | 0.561 |
| 我非常乐意在家族企业中工作 | 0.682 |
| 我为成为家族企业的一分子感到自豪 | 0.665 |
| 我愿意投入超出常人的努力来帮助家族企业获得成功 | 0.631 |

注:KMO 值为 0.711,Bartlett 球形检验卡方值为 138.405,显著性为 0.000;因子分析最终结果产生 1 个因子,其累积贡献率为 52.875%,提取方法:主成分旋转法

对家族企业成功传承的测量主要参考了 Venter et al.(2005)、Morris et al.[7]和 Sharma et al.(2003)的成功传承测量量表。当然这些量表并不是完美无缺的。他们的量表包括各方对传承过程满意度和继任后企业的绩效增长及社会关系等的测量,考虑到中国家族企业的特殊情境,本文最终依据 Handler(1989)继任过程满意度和继任绩效的各自 3 个条款共 6 项来对家族企业成功传承进行测量,具体如表 4 所示:

**表 4 家族企业成功传承变量的因子分析与信度分析结果**

| 测量条款 | 继任过程满意度 | 继任绩效 |
|---|---|---|
| 家庭所有的成员对接班的过程感到满意 | 0.696 | |
| 接班人对接班过程感到满意 | 0.677 | |
| 上一代企业家对接班过程感到满意 | 0.691 | |
| 家族企业完成代际传承之后,企业的收入和利润明显增加 | | 0.503 |
| 家族企业完成代际传承之后,企业的上下游关系保持完美 | | 0.584 |
| 家族企业完成代际传承之后,企业的综合竞争能力明显提高 | | 0.666 |

注:KMO 值为 0.774,Bartlett 球形检验卡方值为 352.348,显著性为 0.000;因子分析最终结果产生 2 个因子,其累积贡献率为 67.555%,提取方法:主成分旋转法

**2. 不同变量间相关性检验**

根据 Anderson & Gerbing(1988)的建议,笔者对涉及各变量的主要统计特征和相关性系数做了统计分析。其结果如表 5 所示,整体中的两两变量之间相关系数并未高于变量各自的信度 Cronbach's α 值,所以可以判断本文中各变量的测量量表之间具有较高的判别效度。同时,数据显示,新生代企业继任者工作价值观各要素与家庭企业成功传承的两个维度具有较高的相关性,而且系数达到了显著性水平,因此验证支持了家庭企业 H2a 和 H2b,即新生代企业继任者工作价值观与家族企业成功传承具有显著正相关关系。

**表 5 研究变量之间的相关性分析与变量描述性统计分析结果**

| | 均值 | 标准差 | 1 | 2 | 3 | 4 | 5 | 6 | 7 | 8 |
|---|---|---|---|---|---|---|---|---|---|---|
| 1 功利导向 | 3.20 | 0.95 | (0.842) | | | | | | | |
| 2 内在偏好 | 3.29 | 0.99 | 0.649** | (0.913) | | | | | | |
| 3 人际和谐 | 3.33 | 0.89 | 0.573** | 0.560** | (0.877) | | | | | |
| 4 创新导向 | 3.27 | 0.86 | 0.536** | 0.623** | 0.589** | (0.870) | | | | |
| 5 长期发展 | 3.37 | 0.87 | 0.626** | 0.661** | 0.553** | 0.597** | (0.854) | | | |
| 6 继任意愿 | 3.40 | 0.75 | 0.607** | 0.660** | 0.586** | 0.661** | 0.590** | (0.702) | | |
| 7 继任过程满意度 | 3.57 | 0.76 | 0.536** | 0.508** | 0.5420** | 0.539** | 0.560** | 0.660** | (0.768) | |
| 8 继任绩效 | 3.50 | 0.73 | 0.670** | 0.559** | 0.571** | 0.572** | 0.607** | 0.685** | 0.502** | (0.686) |

注:** 表示在 0.01 水平(双侧)上显著相关,括号内的数字为内部一致性系数 Cronbach's α 系数

(三)研究假设的检验

对研究假设进行检验时,我们采用了常规的多元线性回归分析法进行分析,统计软件选择了 SPSS19.0。

**1. 自变量与因变量关系检验**

为了检验理论假设 H2a,我们以继任过程满意度作为被解释变量进入回归模型对新生代企业继任者工作价值观的 5 个要素和控制变量进行回归,获得表 6 的模型 1。根据表 6 的回归分析结果可以判断,继任者工作价值观中功利导向、人际和谐、创新导向和长期发展要素对继任过程满意度具有显著的影响,而内在偏好对继任过程满意度的影响未达到显著水平。我们以同样的方法检验了 H2b,根据表 6 的模型 2 可知,继任者工作价值观中功利导向、人际和谐、创新导向和长期发展要素对继任绩效有显著的影响,而内在偏好对继任绩效的影响未达到显著水平。由此,我们可以判断,新生代企业继任者工作价值观包含了功利导向、人际和谐、创新导向和长期发展 4 个要素,且实证结果支持了 H2a 和 H2b。

**2. 自变量与中介变量的关系检验**

为了检验 H1,我们以中介变量继任意愿作为被解释变量,新生代企业继任者工作价值观的 5 个要素和控制变量作为解释变量,同样采用进入回归法,获得表 6 的模型 3:继任者工作价值观的功利导向、人际和谐、创新导向和长期发展 4 个要素对继任意愿具有非常显著的正向影响。由此,该结果支持了 H1。

**3. 中介变量的中介效应检验**

在对中介变量的中介效应进行检验时,根据 Baron & Kenny(1986)提出的中介效应分析步骤进行检验。关于中介效应的检验,首先,验证继任意愿在新生代企业继任者工作价值观与继任过程满意度之间的中介效应。根据表 6 模型 4,继任意愿非常显著影响继任过程满意度,新生代企业继任者工作价值观的 4 个要素对继任过程满意度的影响由原先的显著性水平直接变为不再显著,据此可以判断继任意愿对新生代企业继任者工作价值观与继任绩效之间的关系存在完全中介效应。由同样的方法验证继任意愿在新生代企业继任者工作价值观与继任过程满意度之间的中介效应,可知,继任意愿对新生代企业继任者工作价值观与继任绩效之间的关系存在完全中介效应。由此可以判断 H3a,H3b,H4a 和 H4b 得到支持。

**表 6 解释变量、中介变量、控制变量和因变量的回归结果**

| 变量 | 模型 1 | 模型 2 | 模型 3 | 模型 4 | 模型 5 |
|---|---|---|---|---|---|
| | 因变量 1 | 因变量 2 | 中介变量 | 因变量 1 | 因变量 2 |
| 常数项 | 1.059** | 0.985* | 0.478* | 0.911** | 0.891** |
| 控制变量 | | | | | |
| 性别 | 0.375** | 0.111* | 0.147* | 0.330** | 0.082 |
| 年龄 | 0.020 | 0.043 | 0.023 | 0.013 | 0.038 |
| 独生子女 | −0.029 | 0.019 | 0.032 | −0.039 | 0.012 |
| 行业 | −0.022 | −0.051 | −0.025 | −0.015 | −0.046* |
| 规模 | 0.050 | 0.121 | 0.024 | 0.043 | 0.117 |
| 解释变量 | | | | | |
| 功利导向 | 0.149* | 0.294** | 0.222** | 0.080 | 0.250 |
| 内在偏好 | −0.004 | −0.016 | 0.052 | −0.020 | −0.027 |
| 人际和谐 | 0.124* | 0.093* | 0.196** | 0.063 | 0.054 |
| 创新导向 | 0.158* | 0.125** | 0.160** | 0.109 | 0.093 |
| 长期发展 | 0.144* | 0.143* | 0.168** | 0.092 | 0.110 |

续　表

| 变量 | 模型 1 | 模型 2 | 模型 3 | 模型 4 | 模型 5 |
|---|---|---|---|---|---|
| | 因变量 1 | 因变量 2 | 中介变量 | 因变量 1 | 因变量 2 |
| 中介变量 | | | | | |
| 继任意愿 | | | | 0.310** | 0.197* |
| $\triangle R^2$ | 0.234** | 0.353** | 0.477** | 0.028** | 0.012* |
| $F$ | 17.863** | 25.410** | 44.211** | 18.049** | 24.150** |

## 四、研究发现与不足

### (一)研究发现与讨论

本文研究选取继任意愿作为中介变量,连接新生代企业继任者工作价值观与家族企业成功传承之间的影响关系,目的在于探讨家族企业代际传承过程中,新生代企业继任者工作价值观、继任意愿与家族企业成功传承的相互作用机制。本研究结合工作价值观理论和计划行为理论,在阅读及梳理大量文献的基础上,选取国内 197 家已经完成代际传承的家族企业主子女为实证研究对象,通过对问卷所收集数据的统计分析,验证了新生代企业继任者工作价值观、继任意愿与家族企业成功传承的关系,所得出的主要结论如下:

(1)实证结果证明了新生代企业继任者工作价值观对家族企业成功传承的两个维度产生了不同程度的影响。新生代企业继任者的工作价值观表明他们是注重经济回报的“经济人”,注重个体的物质回报,希望在工作中获得最大的收益。他们会通过更多的努力不断提高家族企业的经济效益,从而使自己获取更大的收益。同时,新生代继任者也注重在工作中主动与在任企业家、家族成员及其他员工形成和谐的互动关系,从而使个体在工作中获得更多的人际支持,有利于提高传承过程的满意度。并且,他们更愿意积极地接受工作挑战,用新的创意、流程和方法来完成各项工作;而企业领导人必须必备这样的创新精神和能力,才有利于提高家族企业的绩效。此外,新生代企业继任者注重长期发展体验和职业规划,从而实现家族企业愿景的同时满足自己的职业生涯的长期发展。

(2)实证结果同样证明了新生代企业继任者工作价值观对继任意愿的影响。基于计划行为理论,继任这一特殊的企业行为,依赖于家族企业主子女对继任事件的行为意向,而行为意向又由其对继任事件的态度所决定(Fishbein & Ajzen1975)。Dick & Rallis(1991)的职业选择理论指出,个体在进行职业选择时会充分考虑职业的相对价值。而某种职业的价值则是由内在因素(诸如个体的兴趣等)和外在因素(如薪资预期等)共同决定的。而接管家族企业作为家族企业主子女完成学业后的职业选择路径之一,不仅仅能够满足个体对权力的渴望,同时也是财富的保证,并且能够为他们提供更富有挑战性的机会以实现个体发展目标。新生代企业继任者在工作中注重物质利益,渴望获得物质回报;重视工作场所内的和谐人际关系;讨厌墨守成规的工作;重视组织的发展前景等价值观方面的特征与影响家族企业主子女继任意愿的个人因素大致吻合。

(3)实证结果表明,继任意愿与家族企业成功传承的两个维度均具有正向的显著关系,这与大多数学者对继任意愿与家族企业成功传承关系的研究结果相一致。Handler 认为,找到一个合适的继任者能够让现任者更愿意主动地做出退位决定,如果强行选择一个不情愿的家族成员来接班,传承过程的进展可能不会太顺利,家族成员对传承过程的满意度也可能会因此受到一定程度的负面影响。[8]要想通过家族成员的参与来实现家族对企业的永续控制,首先必须要有具备一定素质的后代成员对企业感兴趣,家族企业主子女是否愿意担负起家族责任,进入家族企业并为其工作,直接影响着家族企业能否成功传承(Berenbeim,1990)。因此,继任者的继任意愿无论对继任过程满意度还是继任绩效都有很大的影响。

(4)H4a,H4b 成立,表明继任意愿在新生代企业继任者工作价值观与家族企业成功传承的两个维度之间都起到了中介作用。继任意愿就像是新生代企业继任者工作价值观发挥作用的一个“阀门”,它开启的大小决定了新生代企业继任者工作价值观通过这条路径影响家族企业传承结果的好坏。这条路径也可由计划行为理论来解释:由于家族企业主子女的接班行为在行为发生之前通常很难进行观察,因此继任意愿就成了企业主子女是否会接班的一个十分贴合的预测器。继任这一特殊的企业行为,依赖于家族企业主子女对继任事件的行为意向,而行为意向又由其对继任事件的态度所决定。影响代际传承行为意向的态度则包括三个方面:一是家族企业主子女对代际传承结果的需求(即企业主子女是否渴望通过提高家族企业的经济绩效来满足个人对物质利益的追求);二是代际传承结果的社会可接受性(对家族企业而言,主要是看家族成员对继任过程及继任结果的满意程度);三是成功实现代际传承的可能性(企业主子女是否具有接班的能力,是否能将企业运营得更好)。

### (二)管理启示

本文的研究融合了工作价值观理论,以全新的视角来研究家族企业成功传承的影响因素,研究结果对国内家族企业代际传承具有以下启示:

(1)开创性地将新生代企业继任者工作价值观引入家族企业代际传承的研究中,并指出,继任者的职业需求能否在家族企业中得到满足决定了其对继任所持有的态度。当继任者感知到自己的职业兴趣及职业发展目标无法在家族企业内部得到满足和实现时，就很难产生强烈的继任意愿，使代际传承无法顺利进行。而新生代员工的工作价值观对其在工作中的态度、情感和行为都会产生重要的引导作用。因此，当家族企业主决定以内部传承作为企业的延续方式时，应该清楚地认识到子女的工作价值观及其继任意愿对代际传承的重要影响。

(2)如何引导子女形成和家族企业相匹配的工作价值观，在其成长过程中对其职业倾向给予指引，增强其继任意愿，是企业主在代际传承中要着重考虑的问题。继任者会在家族事务、家庭活动及年长者的耳濡目染中形成自己做事、思考的方式(陈凌、李新春、储小平，2011)。新生代继任者工作时间较短，年龄相对较小，生活经历相对单纯。因此，重视对他们的社会历练及企业内部培养有利于增强继任者接管家族企业并使企业保持财产稳定和可持续发展的能力。此外，加强他们在企业外部的锻炼，使之拥有更加丰富的外部工作经历，不仅能够帮助子女了解整个行业的情况，增加管理经验，还能使子女的接班人身份得到家族成员及其他企业员工的认同。因此，趁早对企业准接班人进行全方位的培养，有利于塑造其健康向上的工作价值观。

(3)由于新生代企业继任者的个性与需求呈现出多元化特征，为引导其价值观念、行为习惯与企业的核心价值观、组织目标相一致，需要家族企业管理者从企业文化、企业目标、规则制度等多个方面规范和引导继任者的价值观念和工作行为。新生代企业继任者独特的生长环境使其具有个性张扬、做事冲动、好胜心强、爱憎分明、勇于负责的特征，更倾向于选择那些制度规范、管理透明、具有开放文化的企业(姜汝祥，2007)。因此，家族企业主应该倡导开放、积极和勇于负责的企业文化，形成良好的沟通渠道和工作氛围；创新管理方式，摒弃传统的“官僚式”“机械化命令式”管理方法，采用“人性化”的管理方式，提高管理者及管理方式的认可度和接受度。尽可能将家族企业的发展目标与继任者的个人需求紧密联系起来，增强继任者情感上与物质需求上对企业的归属感。

### (三)不足与展望

本文研究首先对新生代企业继任者工作价值观、继任意愿与家庭企业成功传承进行了系统的理论研究，针对具体的研究问题构建了良好的理论研究模型并提出研究假设，进而通过大样本数据调研，运用信效度分析、因子分析、相关分析和回归分析对理论模型进行检验，得出了一些有价值的结论，但本文还仅仅是一个探索的开始，研究工作还存在一些不足之处，有待未来研究者的改进和提升，其主要表现在以下几个方面：

(1)本文的调查对象是家族企业的继任者，这样的特殊身份为我们的大样本问卷研究带来了很大的挑战。首先,问卷发放并不符合随机性,都是研究组成员通过同学和朋友进行发放的。其次,样本仅仅局限于浙江省这一地区,即中国民营经济发展最具活力的地方,虽说浙江的民营经济具有一定的代表性,但是我们的研究结果是否具有普适性,这需要我们在其他地区进行进一步的研究。

(2)学者们对于新生代员工工作价值观的研究主要采用了国外研究相对成熟的量表,针对国内文化背景的量表并不多,而关于新生代企业继任者这一特殊群体的测量量表更是鲜见,本文采用的量表尽管做了修订,但依然难以完全适合新生代企业继任者,因此,进一步研究中需要结合中国家族企业的具体情境,开发出更适合新生代继任者情况的量表。

(3)虽然本文理论模型提出了结合工作价值观理论等社会学领域内较为坚实的理论视角,但是目前关于家族企业代际传承与新生代员工工作价值观的交叉研究还比较缺乏,相关的实证研究则更为少见。因此,本文对家族企业代际传承理论与新生代企业继任者工作价值观理论的整合、讨论和分析还不够深入,有待进一步完善。

**参考文献**


[1] STAVROU E T. A Four Factor Model: A Guide to Planning Next Generation Involvement in the Family Firm[J]. Family Business Review,1998,11(2):135-142.

[2] SHARMA,PRAMODITA. An Overview of the Field of Family Business Studies: Current Status and Directions for the Future[J]. Family Business Review,2004,17(1):1-36.

[3] HANDLER W C. Succession in family firms: A mutual role adjustment between entrepreneurs and next—generation family members. Entrepreneurship Theory and Practice, 1990,15(1),37-51.

[4] MORRIS M H,WILLIAMS R O,ALLEN J A,et al. Correlates of success in family business transitions[J]. Journal of business venturing,1997,12(5): 385-401.

[5] GOLDBERG S D, WOOLDRIDGE B. Self—Confidence and Managerial Autonomy: Successor Characteristics Critical to Succession in Family Firms [J]. Family Business Review,2004,6(1):55-73.

[6] SUPER,D E. Work Values Inventory [M]. Boston MA: Houghton—Mifflin,1970.

[7] MORRIS M H,WILLIAMS R O,ALLEN J A,et al. Correlates of success in family business transitions[J]. Journal of Business Venturing,1997,12(5): 385-401.

[8] HANDLER W C. The Succession Experience of the Next Generation[J]. Family Business Review,1992,5(3):283-307.

# 网络嵌入性视角下高技术企业位势跃迁模式研究

陈学光　朱梦璐

（浙江工商大学工商管理学院，浙江杭州　310018）

**摘　要：**本文以网络嵌入性为视角，采用跨案例研究的方法，选取两家浙商企业作为样本案例，对其位势跃迁过程进行剖析和研究，提出了高技术企业位势跃迁的概念，并根据位势跃迁过程中表现出的特征和规律提出了网络嵌入性视角下高技术企业位势跃迁的两种模式，即适应型位势跃迁模式和开拓型位势跃迁模式。以上丰富了企业位势理论，同时也为分析高技术企业跳跃式发展提供了新的思路。

**关键词：**网络嵌入性　位势跃迁　模式

## 一、引言

伴随经济全球化进程的不断加快，本土高技术企业无可避免地嵌入于全球产业网络体系：一方面，面临着更加激烈的竞争格局；另一方面，作为技术密集型企业，高技术企业又受制于与国际先进企业之间的技术差距。如何在网络中占据有利位置，并不断改善自身的竞争位次，从而获得更先进的技术、更广阔的市场，以及更高的声望，成了高技术企业必须考虑的问题。观之曾经，阿里巴巴与腾讯在打车软件上的竞争，不惜以“烧钱”争夺市场；而阿里巴巴与腾讯之间关于移动即时通讯软件的一番征战之后，微信依然坐拥数亿用户，来往却处于进退两难的尴尬境地，“胜者为王，败者为寇”的残酷现实也说明了高技术企业竞争的激烈程度。

近年来，管理学领域中，越来越多的学者关注两个原本是物理学概念的名词——“位势”与“跃迁”。关于这方面的研究主要源于“物理学”和“生态学”两种视角，因此众多管理学方面对其的研究受到这些成熟学科的影响，且有着诸多局限，也未能形成统一的概念，对企业位势跃迁是否存在一些模式也缺乏系统的揭示。在网络嵌入性视角下对高技术企业位势跃迁问题进行研究，是进一步的发展方向。

本文在丰富企业位势理论的同时，选取了两家浙商企业，探讨高技术企业位势跃迁的特征与规律，进行全面的对比分析，总结位势跃迁模式，为今后更多关于位势跃迁的研究提供新的思路。

## 二、文献回顾

### (一)网络嵌入性

嵌入性是在描述个体或组织所处的社会关系，这一概念是新经济社会学研究中的核心理论之一，并对后来的经济社会学研究产生了非常深远的影响。嵌入性理论的创始人是 Polanyi，他在《大转型》(*The Great Transformation*)一书中提出了嵌入性的概念，即“人类嵌入并缠结于经济与非经济的制度之中”。与此同时，他强调了包括非经济制度如文化、习俗，是非常重要的。[1]这一概念的内涵也是经过了不断地发展、补充和冲突，逐渐趋向成熟的。该理论发展的重要里程如 1 所示：

**表 1　嵌入性理论的发展**

| 学者 | 时间 | 概念 |
| --- | --- | --- |
| Polanyi | 1944 | 首次提出嵌入性的概念，即“人类嵌入并缠结于经济与非经济的制度之中” |
| Granovetter | 1985 | “在研究组织及其行为受到社会关系的制约的时候，将它们视为独立的个体进行分析是一个严重的误解”，网络中的行动者受到网络结构及众行动者之间相互关系的影响 |
| Zukin & Dimaggio | 1990 | 嵌入性是经济活动关于认知、文化、社会结构和政治制度的权变属性，并且组织所融入的网络类型决定了其可能获得的潜在机遇，而企业在网络中所在的位置，以及其拥有的关系决定了企业能否把握这些机遇 |
| Barber | 1995 | 要更好地解读嵌入性，需要将其放在复杂的社会体系中，任何经济行为都嵌入于复杂社会系统 |
| Uzzi | 1996,1997 | 发现了过度嵌入性的存在及关系嵌入性与企业绩效之间存在着倒 U 形的关系 |
| Dacin | 1999 | 在嵌入情境下，经济行为是在一个较新古典经济学中更加程序化的市场下，更加复杂且多样的环境中进行，涉及更加庞大且复杂的资源与关系 |

关于社会网络的研究，最早可追溯至英国学者伊丽莎白·伯特的著作《家庭与社会网络》，经过数十年的发展，逐渐成了西方主流社会学理论的基石。[2]最初，社

会网络是"特定的个人之见的一系列独特的联系"(Michetl，1969)，经过发展，这一概念早已不再局限于人与人之间，其研究对象可以是个人，也可以是组织。网络中的行动者——既包括个人也包括组织——之间关系，是客观存在的，并且这些关系会对网络中的行动者产生影响，可能是消极的，也可能是积极的。从实际出发，企业自身所在环境，本就是以网络的形式存在的，显然地，以单个企业角度看待问题并不十分恰当。

(二)企业位势跃迁

与传统的企业战略管理、企业生态学和企业网络能力等研究不同，企业位势跃迁研究是以管理学中社会科学领域研究为基础，受到其他成熟学科的影响，从而形成的一种新的研究角度，进而探讨高技术企业的位势，以及其位势跃迁的问题。

总的来说，企业位势观大体可以分为两个来源：一是由物理学视角衍生而来的企业位势观，另一个是由生态学视角衍生而来的企业位势观。在物理学中，"势"是用来描述物质的能量与所处的状态的一个术语，是物体处于某一位置或状态而具有的一定的势能(Potential)。物理学的观点为，物体所处的位置或者状态发生改变，总是由势差引起的。受到物理学的影响或者启发，一些学者构造了知识位势模型[3]，还有企业间位势差异与竞争优势的关系[4]，企业位势数学模型[5]等。此外，社会科学领域中的位势研究，也受到生态学较大的影响。在生态学中，生态位(Ecological Niche)最早出现在鸟类研究中，用于界定物种分布关系和环境安排的"空间生态位"，物种所处位置和角色的"功能生态位"(Elton，1927)，空间与功能兼备的"多维生态位"，生态位、生境(Habitat)、生态环境(Ecotope)构成的三维空间概念体系。受到这些研究的启发，一些学者将生态位与企业在战略环境中占据的多维资源空间结合起来构建了现实生态位[6]，分析企业与环境互动匹配后所处的状态[7]，从微观、中观、宏观角度建立生态因子及互动的"企业生态位匹配"模型[8]，企业生态位的高低与配置资源综合能力的大小之间的关系[9]等。

(三)高技术企业位势跃迁模式

"位势"所描述的实质是基于"位"的"势"，换言之，是"Position-based potentials"，"位"指的是相对宏观的层次——也就是"网络嵌入"这一重要的前值框架——之下的一个构成元素，简而言之，是"位置"；"势"则是在竞合性下，关于"位"的"潜力"，诸如技术、业务等方面的表现。在网络嵌入情境下，"位势"可以视为一种"平衡"的状态，"跃迁"则是打破这种"平衡"的方式。企业要成功实现位势跃迁，必须有积极主动的跃迁意愿。否则，就表现出了不跃迁，但是，本文主要探讨高技术企业位势跃迁的模式，因此暂时不考虑选择不跃迁的情况。

从理论上讲，与高技术企业位势跃迁有关的任何因素都可能影响其模式的形成，但是考虑到研究的可行性及不是所有因素都会对位势跃迁模式产生显著影响，本文以网络嵌入性为视角，从时机窗口、技术创新和市场导向 3 个方面来分析位势跃迁的特征，从而进行模式的划分。下面将阐述选择这 3 个方面的主要原因：

诸多学者基于技术生命周期、技术创新和混沌理论等不同视角，对技术跨越的时机窗口进行了研究（Perez，1988；吴晓波，徐庆瑞[10]；吴晓波，李正卫[11]；蔡琼华，司春林[12]）。类似的，在高技术企业实现位势跃迁的过程中，也存在时机窗口，识别并把握潜在的时机窗口是企业成功实现跃迁的关键（Story et al.[13]；Castellacci[14]）。对于高技术企业实现位势跃迁而言，时机窗口实质上描述了技术和市场嵌入层面之间的相对变化，两者之间产生了某种不平衡，为企业提供了一个"切入点"，进行有别于常规线性的成长路径的"跳跃式"发展，完成跃迁后，企业逐渐形成新的平衡。时机窗口不会长期存在，一旦错过这个不平衡的阶段，或者被其他竞争者捷足先登，时机窗口就会关闭，一旦时机窗口关闭，机遇就一去不复返。网络嵌入为高技术企业提供机会窗口，在焦点企业与其他网络参与者交流互动的过程中，可以更快更有效地识别机会窗口，同时网络嵌入也为时机窗口的把握提供了支撑。[15]

技术创新是高技术企业实现位势跃迁过程中的关键变量，而企业间网络的形成带来了大量的外部知识源，网络嵌入是企业获取和整合知识的有效机制，[16]关键的信息、前沿技术创新的获取都受到网络嵌入的影响。企业在技术创新上单打独斗的情形日益减少，更多的是相互合作，如与重要客户、供应商，以及嵌入网络中的其他研究机构合作。嵌入网络对于技术创新的积极影响是源于企业间合作具有促进知识共享和相互学习的潜力，这种潜力强烈地依赖于嵌入网络，因此网络特征受到了诸多学者的关注。然而关于网络嵌入性特征的分析存在不同的观点，需要进一步的探讨。

因为环境和市场是不断变化的，而企业必须要适应这种变化并且努力缩小自己与市场的距离，蔡西阳在构建企业位势时强调了市场导向的重要性与必要性。[5]市场导向作为企业的基本功能之一，[17]不仅仅是单纯地回应客户的当前需求，还关注激活客户的未来需求，分为响应性市场导向和前瞻性市场导向（Narver，2004）。嵌入网络的规模和异质程度影响着焦点企业可获得的信息的数量和种类，关系的强弱和持久度则影响了市场变动信息的准确性和及时性，以及传递效率。

除此之外，环境因素增加了高技术企业位势跃迁的不确定性，环境的动态性表现在技术变化、市场变化，以及竞争强度的变化上，这些环境动态的变化可能会对企业时机窗口把握、技术创新和市场导向产生影响，因此在划分企业位势跃迁模式的时候需要将其列入考虑。

基于以上的分析，本文提出理论框架，如图 1 所示：

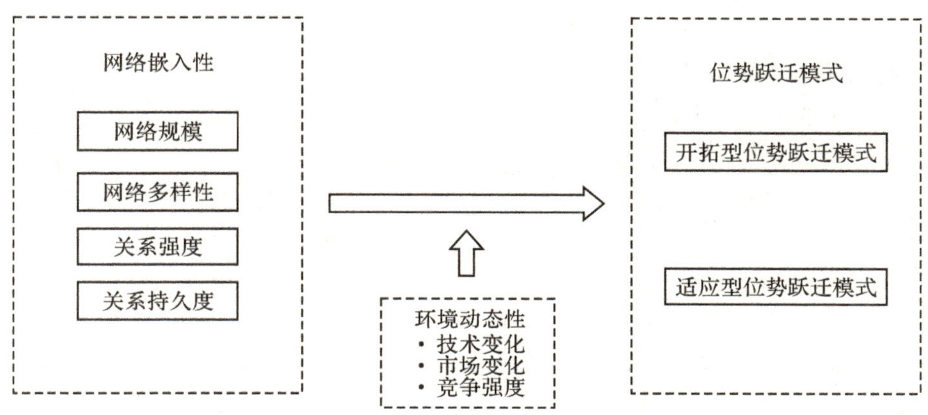


**图 1　网络嵌入性视角下企业位势跃迁模式**

开拓型位势跃迁模式在时机窗口上表现出造势而上的特征，能够实现跃迁的机遇鲜有出现或者并不明显，一些企业并不甘愿坐以待毙，因此选择主动创造机会造势而上。选择这种跃迁模式的企业往往着眼于创造和探索新的技术，其技术创新风格具有强烈的冒险精神和试错风格，即探索式技术创新，以及对新的市场、新的需求的持续尝试和发现，更加关注客户的隐性需求和未来需求，一旦成功则可以迅速占领市场，建立客户的品牌认知，并且竞争对手难以模仿。

适应型位势跃迁模式的企业善于识别技术和市场共同作用下所产生的时机窗口，顺势而为。识别并把握时机窗口是企业实现跃迁的关键，[13][16]如小米科技的创始人所说："在风口上，猪也能飞起来！"这种类型的企业往往以企业现有技术知识为基础进行提高和改进，具有挖掘、复制、改进和实践的特点。这种在原有领域进行的深度挖掘和扩展能够满足市场的显性需求，容易得到客户的认可，但强调对现有市场需求更敏感、更准确地响应。

综上所述，两种位势跃迁模式的对比如表 2 所示：

**表 2　两种高技术企业位势跃迁模式的比较**

| | 开拓型 | 适应型 |
|---|---|---|
| 时机窗口 | 造势而上 | 顺势而为 |
| 技术创新 | 探索式技术创新 | 应用式技术创新 |
| 市场导向 | 前瞻性市场导向 | 响应性市场导向 |

## 三、案例分析

本文选取了两家浙商企业作为案例研究的对象，其基本情况如表 3 所示：

**表 3　样本案例企业的基本情况**

| 企业名称 | 阿里巴巴 | 三花制冷 |
|---|---|---|
| 行业 | 电子商务、互联网金融、泛娱乐等 | 制冷空调元器件 |
| 成立时间 | 1999 年 | 1984 年 |
| 总部地点 | 杭州 | 新昌 |
| 员工数(2014 年) | 3.4 万余人 | 1.1 万余人 |
| 年营业额(2014 年) | 762.04 亿元 | 58.24 亿元 |

### (一)阿里巴巴

阿里巴巴是一家覆盖电子商务、互联网金融、云计算、物流网络和泛娱乐等多个领域的企业，经过 16 年的发展，实现了 2 次位势跃迁(表 4)。

**表 4　阿里巴巴位势跃迁模式**

| | 第一次位势跃迁 | 第二次位势跃迁 |
|---|---|---|
| 网络规模(大—小) | 构建平台，容纳众多合作关系(大) | 与国内外多家企业建立合作关系，在多地设立数据中心(大) |
| 网络多样性(异质—同质) | 网络参与者比较单一(同质) | 合作伙伴涉及电商、智能终端、金融和物流等多个领域(异质) |
| 关系强度(强—弱) | 合作关系以弱关系为主(弱) | 投资、收购多家国内外企业(弱) |
| 关系持久度(高—低) | 流动性比较大，关系持久度较低(低) | 合作关系比较灵活(低) |
| 时机窗口(顺势—造势) | 开创国内电子商务平台(B2B,C2C)和第三方支付平台(造势) | 开创以数据为核心的多元化大生态(造势) |
| 技术创新(应用式—探索式) | 将免费变成一种新的商业模式(探索式) | 用技术拓展商业边界，推动时代从 IT 走向 DT(探索式) |
| 市场导向(响应性—前瞻性) | 有预见性地提供未来发展方向，创造了新的市场和需求(前瞻性) | 颠覆传统金融，布局流量入口，打通线上线下(前瞻性) |
| 位势跃迁模式 | 开拓型 | 开拓型 |

阿里巴巴创立之初，正是中国互联网快速发展的初期，人们对其有着很强的好奇心，看到这一商机的创业者也开始进入互联网领域，比如搜狐、网易、盛大和腾讯等都是在这一时期创立的。阿里巴巴在这一片新兴领域选择了一个大胆而冒险的"入口"——电子商务。20 世纪 90 年代有哪个中国人畅想通过互联网购物？"异想天开"的阿里巴巴以中国交易市场(即现在的 1688)开启了中国的电子商务，创立一年多时间注册用户便突破 100 万人。之后的"非典"加速了电子商务的发展，阿里巴巴推出 C2C 业务——淘宝网，以及在线支付系统——支付宝，并且以免费模式击退劲敌 eBay，称霸国内电子商务市场。

阿里巴巴不断完善其电子商务平台，支付宝也不再是单纯的在线支付系统，而逐渐发展成为支付解决方案的一站式入口，覆盖了人们日常生活中各种支付需求。随着电子商务平台的成熟，阿里巴巴陆续在本地化生活服务、智能终端、中小企业融资和物流等领域布局，并且敏锐地抓住了大数据时代的关键部分——云计算。目前，阿里云的数据中心在北京、杭州、青岛、深圳、香港以及美国硅谷和新加坡等多地设立，同时是阿里巴巴战略最高优先级，增长速度超过了云市场的领导者亚马逊 AWS。在以电子商务为核心的生态闭环初步形成的基础上，阿里巴巴充分利用其在金融、技术、广告等领域的资源及经验，以十多年用户行为和交易数据资源为原动力，通过阿里云平台将其分享给合作伙伴，共同完成 DT 生态体系建设。

(二)三花制冷

三花制冷是位于浙江新昌的一家集科研、生产、经营、服务于一体的制冷空调元器件生产企业，至今已有 30 余年的历史，经历了 3 个比较明确的发展阶段，实现了 2 次位势跃迁(表 5)。

在空调整机国产化的大背景下，国内却没有能够为国产空调厂商提供关键配件的企业，四通换向阀领域的市场存在着巨大的需求。技术上，四通换向阀原理性专利过期，而三花制冷与国内高校上海交通大学成立了"上海交通大学浙江新昌制冷配件总厂星火联合体"，有着稳定的合作关系，也具备了一定的技术，曾成功开发二位三通电磁阀。三花制冷敏锐地发现了这个时机窗口，通过引进技术和设备、产学研合作、组建专家团队，成功研发并推出了四通换向阀，从粗放型简单商品生产转为精细型复杂商品生产，改变了国内空调厂商关键配件只能依靠进口的局面，成为国内空调制冷元器件的骨干企业，完成了第一次位势跃迁。

2007 年，兰柯的母公司英维斯集团从全球战略定位考虑，决定出售兰柯的四通换向阀全球业务。与此同时，三花制冷积累了一些研发能力，也成为国内外不少知名企业的供应商。最终，三花制冷收购兰柯四通换向阀的全球业务，收获兰柯的市场网络、技术人才以及品牌价值，大大缩短了三花制冷原本技术提升和全面市场渗透的计划时间。借此契机，三花制冷不仅有效整合了国际资源，而且成功推行了自身的战略转型。

**表 5　三花制冷位势跃迁模式**

| | 第一次位势跃迁 | 第二次位势跃迁 |
|---|---|---|
| 网络规模(大—小) | 与日本不二工机株式会社建立合作关系，主要客户为国内空调整机生产商(小) | 与不二工机、丹佛斯灯光建立合作关系，客户遍布全球，建立技术中心(大) |
| 网络多样性(异质—同质) | 以空调生产商、制冷元器件生产商为主(同质) | 以空调生产商、制冷元器件生产商为主(同质) |
| 关系强度(强—弱) | 与上海交通大学联合研发(强) | 产学研合作、联合开发、战略合作(强) |
| 关系持久度(高—低) | 建立联合实验室，共建合资企业(高) | 与重要合作伙伴保持长久紧密的合作关系(高) |
| 时机窗口(顺势—造势) | 国内市场空白，四通换向阀性原理专利过期(顺势) | 主要对手决定出售四通换向阀业务(顺势) |
| 技术创新(应用式—探索式) | 在二位三通电磁阀的技术上开发四通换向阀(应用式) | 开发四通换向阀、截止阀、电子膨胀阀等，并进行不断改进(应用式) |
| 市场导向(响应性—前瞻性) | 以满足客户需求为导向(响应性) | 以客户要求为方向(响应性) |
| 位势跃迁模式 | 适应型 | 适应型 |

## 四、研究结论

本文以网络嵌入性为视角，分析了高技术企业位势跃迁的过程，归纳并总结了高技术企业位势跃迁的特征和规律，建立了网络嵌入性视角下高技术企业位势跃迁模式的模型。通过对三花制冷和阿里巴巴的案例研究，定义了企业位势及位势跃迁的概念，并分析了适应型位势跃迁模式和开拓型位势跃迁模式的特点和规律，具体可以得出如下的结论：

第一，本文在梳理了由物理学和生态学衍生而来的企业位势理论的基础上，结合网络嵌入性的网络规模、网络多样性、关系强度和关系持久度 4 个维度，提出了高技术企业位势跃迁的概念。位势的内涵就是在描述基于“位”的“势”，也就是“Position-based potential”，“位”是网络嵌入性前值框架下的一个构成元素，“势”是在竞合性下关于“位”的“潜力”，主要表现在技术和市场两方面。位势是一种暂时的“平衡状态”，“跃迁”则是在积极的意愿和把握时机窗口的情况下，打破这种“平衡状态”的动态变迁，从而产生新的“平衡状态”。古人有云：“善战人之势，如转圆石于千仞之山者，势也。”

第二，本文在网络嵌入性的视角下，总结了高技术企业位势跃迁的模式。为了探究高技术企业位势跃迁过程中可能受到的影响因素，本文以网络嵌入性为主要视角，以网络规模、网络多样性、关系强度和关系持久度为主要维度，分析了企业的跃迁意愿和对时机窗口的把握，以及对高技术企业技术位势和市场位势产生的影响，从而识别高技术企业位势跃迁的特征及规律，归纳得出两种高技术企业位势跃迁的模式，即开拓型位势跃迁模式和适应型位势跃迁模式。

开拓型位势跃迁模式往往表现出以前瞻性市场导向和探索式技术创新为主导的特征，往往是以不断满足新出现的市场需求为目标，搜寻新的市场，开拓新的知识和技术，具有创造、冒险、变异和实验的特点，在技术和市场的广度上有着积极的影响，并且对于环境的快速变化有较好的适应能力，但同时也有陷入“探索—失败—无回报”的“创新陷阱”的风险。倾向于适应型位势跃迁模式的企业则表现出以响应性市场导向和应用式技术创新为主导的特征，其主要目标是更好地满足现有的市场需求，主要是对已有的知识和技术进行深度挖掘或扩展，具有挖掘、复制、改进和实践的特点，可以在原有的技术和市场上进行不断强化，但当遇到剧烈动荡的环境变化时，企业可能因为能力套牢和核心刚性等原因处于劣势地位。

**参考文献**


[1] POLANYI K. The great transformation: the political and economic origins of our time[M]. Boston, MA: Beacon Press, 1944.

[2] 李久鑫，郑绍濂．管理的社会网络嵌入性视角[J]．外国经济与管理，2002(6)：2-6.

[3] 党兴华，李莉．技术创新合作中基于知识位势的知识创造模型研究[J]．中国软科学，2005(11)：143-148.

[4] 唐卫东，陈海龙．位势差异与竞争优势[J]．科学学与科学技术管理，2006(5)：105-108.

[5] 蔡西阳．企业位势理论及应用研究[D]．北京：北京交通大学，2008.

[6] HANNAN M, FREEMAN J. Organizational ecology[M]. NY: Harvard University Press, 1989.

[7] BAUM J, SINGH V. Organizational niche and the dynamics of organizational mortality[J]. American Journal of Sociology, 1994(10): 346-380.

[8] 钱辉．生态位、因子互动与企业演化：企业生态位对企业成长影响研究[M]．杭州：浙江大学出版社，2008.

[9] 朱瑞博．“十二五”时期上海高技术产业发展：创新链与产业链融合战略研究[J]，上海经济研究，2010(7)：43-51.

[10] 吴晓波，许庆瑞．二次创新竞争模型与企业竞争战略分析[J]．系统工程学报，1995，10(3)：37-47.

[11] 吴晓波，李正卫. 技术演进行为中的混沌分析[J]. 科学学研究，2002，20(5)：458-462.

[12] 蔡琼华，司春林，赵明剑，等. 基于突破性技术创新的企业技术跨越机会窗口研究[J]. 科学管理研究，2005，23(2)：15-19.

[13] STORY V，SMITH G，SAKER J. Developing appropriate measures of new products development：a contingency approach[J]. International Journal of Innovation Management，2001，5 (1)：21-47.

[14] CASTELLACCI F. Innovation，diffusion and catching up in the fifth long wave[J]. Futures，2006，38(7)：841-863.

[15] 邬爱其. 企业网络化成长——国外企业成长研究新领域[J]. 外国经济与管理，2005(27)：10-17.

[16] GRANT R M. Toward a knowledge—based theory of the firm[J]. Strategic Management Journal，1996，17(S2)：109-122.

[17] DRUCKER P F. The essential drucker：selections from the management works of Peter F. Drucker[M]. NY：Collins business，2001.

# 项目成员信任关系对知识共享行为的影响研究

俞　红　樊庆港　费星锋

（浙江工商大学工商管理学院，浙江杭州　310018）

**摘　要：**知识管理研究是现代企业管理实践过程中日益关注的管理重点。本文在文献综述的基础上给出项目团队成员知识共享各相关变量，阐明了因素间关系，并提出了研究假设。在数据分析的基础上验证了项目成员间的信任关系（认知信任和情感信任）在项目知识共享中所起的作用。为探究团队成员之间信任的影响因素，本文对成员间相似的项目价值观及团队沟通也进行了论证和研究。本文通过发放问卷收集相关数据，验证所提假设，并论证了信任对知识共享的影响。结果表明，在团队成员知识共享过程中，当彼此相互信任时，他们会分享各自的知识；成员间的信任关系受到相互之间的沟通频率、相似的项目价值观的影响。在项目执行过程中，项目经理需要关注这些变量的影响，以促进项目团队成员知识共享，提高项目实施绩效水平及项目目标。

**关键词：**共享价值观　沟通　信任　知识共享

## 一、引言

随着企业发展所面临动态性水平的不断提高，培养并保持其独特的竞争优势，是企业发展面临的重大课题。项目管理以其动态性、灵活性的特点，成为许多企业纷纷采取的新型管理模式。在项目实施的过程中，如何实现对项目知识的管理，使项目知识得以共享及最大化利用，成为学者以及企业不断探讨的课题。关于项目管理中的知识共享的研究，学者比较专注于如何在项目中转让和分享知识。[1]为了最大限度地利用项目内部知识，有必要使其在个人或团队之间进行共享。[2]

基金项目：浙江省自然科学基金项目“基于组织战略目标的企业项目群知识管理成熟度模型研究”，项目编号 Y13G020025。

根据关系维持理论，参与者之间的信任是建立并维持彼此互惠关系的核心因素。[3]基于交换关系的知识共享，对于促进成员之间的协作、实现项目目标起着基础性的作用。[4]因此，建立并维持成员间良好的信任关系，对于促进项目参与者之间的协同、促进彼此之间的知识共享活动发挥着核心性的作用。

以往研究对于信任关系进行了比较全面的探讨，并得到了许多验证性的结论，但学者对于信任关系的前导变量（共享价值观及沟通频率）的研究还比较少，特别是在项目环境下，由于其一次性、临时性的特点，项目实施中的许多知识并不容易被有效发掘并保存，因而有必要对其信任条件下的知识共享，进而对项目绩效水平的影响关系进行研究。本文基于此，探讨共享价值观、沟通环境下的信任关系对知识共享的影响，并进一步分析了其对项目团队绩效水平的作用机理。本文通过数据分析，验证所提假设，并给出研究结果的意义，指明了未来研究的方向。

## 二、理论模型与研究假设

### （一）模型建立

本文研究模型假定，在项目执行的过程中，团队成员之间的信任关系会影响到知识共享的水平。在该模型中，员工所具有的共享价值观及沟通频率被定义为影响员工信任的前因变量。该项目的合作伙伴对应的相似价值观提高了彼此之间的信任水平，成员间频繁的沟通与互动关系也使得彼此进一步了解，增强了相互之间的信任。

已有研究对知识共享的前因变量做了比较详细的研究。通过对相关研究的综述，能够帮助我们更好地了解知识共享研究的现状，并了解已有研究所关注的主题。根据以往的研究，关系交往（信任关系）的前因变量包含了环境因素、合作伙伴、客户因素，以及关系环境中的互动因素。[5]由于本文研究的重点落脚于项目团队成员的特点，由此我们选择项目成员的共享价值观、团队沟通等因素进行分析，阐述其对项目执行过程中的信任关系所起到的作用。

项目成员因素是指成员间相似的项目价值观。双方之间的相似性，如相似的成长与教育经历、共同的工作背景等，能够增强彼此之间的认同，从而促进成员间良性的互动，并影响其知识共享合作伙伴的选择。[6]当任务目标与现有价值观相似时，成员倾向于彼此之间相互信任，项目就会更容易实施和更加有效地运作。[7]当同事之间有相似的工作经历时，他们也将会更加积极地互相传授知识。

项目互动指项目成员与该项目内外部人员进行的经常性的沟通。沟通频率是增强信息发送者与接受者关系的一个重要因素。项目执行过程中，电子邮件、面对面会议、口头和非口头对话等，会使信息发送者与接受者之间形成更加友好的亲密关系，增强彼此信任，从而促进知识的转移。[8]

项目成员间的相互关系（信任），能够促进彼此之间的知识共享。信任可分为认知型信任和情感型信任。认知型信任是信任方对其受信方解决有关问题的技能、知识和能力的认知判断，这种判断源自受信方在工作方面的业绩记录与声誉积累，其结果是赋予受信方一定的专家性、权威性与可靠性。Borgatti & Cross 指出，个体在面对特定问题时，如果能够与同事具有认知型信任，则更可能对知识和技能进行共享，从而实现对问题的有效评估与解决。[9]情感型信任是指双方在频繁的交往过程中所建立的主观判断，相信对方不会伤害自己的利益，进而可形成共同情感，产生心理认同。Mayer et al. 的研究表明，情感型信任降低了谎言的可能性，提升了被传播的知识与信息的可靠性。[10]在相关研究中，信任被学者称为知识共享最重要的前导因素。[11]在多变的环境中建立彼此之间的信任，为项目的成功实施提供了重要的保障。[12]基于上述分析，笔者提出本文研究模型如图 1 所示。

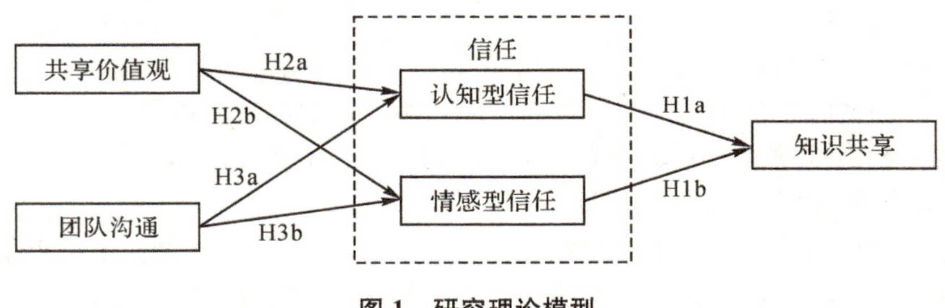


**图 1　研究理论模型**

（二）研究假设

**1. 知识共享中的信任**

依据社会交换理论的相关研究，在知识共享行为过程中，信任关系在知识共享者与知识接受者之间建立并维持互惠关系中起着核心性的作用。[13]信任有助于降低知识共享给个体所带来的收益、认可和权力等方面的风险或成本，满足心理或交换预期，提升共享行为发生的可能性。

而在信息系统研究的相关文献中，信任被认为是促进知识共享活动的决定性因素。[14]Kanawattanachai & Yoo 通过对项目实施过程中的信任所起作用的研究发现，随着项目实施的不断深入，信任对于虚拟团队中的知识共享起着非常重要的作用。[15]如果来自不同部门的人员彼此信任，他们将有可能与团队中的其他成员分享知识。在较高信任水平的情况下，该项目的成员更可能获得与项目相关的知识。而当存在认知型信任时，彼此之间更加相信对方的实力，也更愿意分享自己的知识，从而使双方都得到提高。情感型信任则在双方认同的基础上，促进了彼此的深入了解与接触，使彼此都能敞开心扉分享自己的知识。因此，我们提出以下假设：

H1：项目成员之间的信任与知识共享之间正相关。

H1a：项目成员之间的认知型信任与知识共享之间正相关。

H1b：项目成员之间的情感型信任与知识共享之间正相关。

**2. 人员相关的前因变量：共享价值观**

在知识共享过程中，项目成员的相似性与项目的成功密切相关。Simonin认为，具有相同组织战略认同的项目组织更有利于知识的传播与共享。[16]当项目任务目标与成员价值观相似时，信息共享与传播机制也更容易形成与实施。[17]项目参与者之间的相似性已被证明对关系型变量（成员间的信任）有积极的作用。[18]项目中成员间相似的价值观有利于建立彼此之间的信任，因为具有共同价值观的项目成员更倾向于增强相互之间的认同，也更倾向于加强彼此之间的互动关系。[19]相似的价值观也有利于双方对彼此专业技能知识等的认同，增强认知信任，同时也能在情感上更加愿意与接受对方加入自己的工作生活圈。因此，提出以下假设：

H2：相似的项目价值观与项目成员之间的信任关系正相关。

H2a：相似的项目价值观与项目成员之间的认知型信任正相关。

H2b：相似的项目价值观与项目成员之间的情感型信任正相关。

**3. 成员之间的互动：团队沟通**

成员之间的沟通会对相互之间的关系产生一定的影响。[20]团队成员间频繁的沟通，可使双方在交流的过程中增强对对方专业技能与做事能力的了解，增强认知型信任。与此同时，团队成员之间有效的沟通是促进项目执行过程中各类问题得以解决的关键。[21]在团队成员沟通的过程中，可使团队冲突得以解决，有利于成员间信任感的增强。频繁的沟通有助于信任的改进，因为更频繁的交流能够对其他参与者的特征及组织环境有更加深入的了解，在彼此了解的基础上不断加深双方的情感信任。总之，项目成员间频繁的互动（沟通）可以减少冲突，降低交易成本，加强内部合作，而这又能够增强彼此之间的信任。[22]因此，我们提出以下假设：

H3：团队沟通与项目团队成员之间的信任正相关。

H3a：团队沟通与项目团队成员之间的认知型信任正相关。

H3b：团队沟通与项目团队成员之间的情感型信任正相关。

## 三、研究设计

### （一）问卷设计及测量工具

本文使用问卷调查的方式进行数据采集。在问卷设计的过程中，为了保证测量工具具有较好的内容效度，尽量参考国内外研究比较成熟的量表或结论。在此基础上，针对具体潜变量的测量项目，依据便利性原则将初始问卷发放给35名研究生同学进行预测试，依据测试结果及反映出的问题进行适当修正，形成最终调查问卷。在调查问卷中，除有关受测对象基本情况的问题之外，其余问题均采用李克特5点量表进行测量。

对于外生变量，共享价值观（SV）使用改编自Nicholson的测量量表，[23]经整理后共有3个题项。团队沟通（TC）来自Massey和Kyriazis的相关研究，[24]共包括5个题项。对于内生潜变量认知型信任（CT）与情感型信任（AT），题项来源于McAllister[25]，Chowdhury[26]，Zhou & Siu[27]等学者的研究，CT最终的测量模型包括4个题项，AT最终的测量模型包括5个题项。知识共享（KS）改编自Bock et al.[28]的相关研究，共有6个题项。

### （二）研究样本

本研究的受访者是具有一定的项目经验，并曾参与过知识共享活动的人员。问卷发放时间集中于2015年7月至9月，通过“微信”“问卷星”等网络平台发放问卷150份，收回有效问卷126份；通过现场发放、现场填写收回的方式共发放纸质问卷50份，收回有效问卷43份。共计发放问卷200份，收回有效问卷169份，有效回收率为84.5%。

## 四、实证结果分析

### （一）信度和效度分析

在进行假设检验之前，本文首先对量表进行信度和效度的分析。使用SPSS19.0软件对每一个变量的题项计算其Cronbach's α系数。同时计算每个题项的CITC值，依据以往研究，当CITC值小于0.35时应予以删除。删除后各项数值均符合要求，说明量表的信度较好。如表1所示，在删除TC3后，所有变量的Cronbach's α值均大于0.7，说明具有良好的信度。在进行因子分析之前，首先进行KMO和Bartlett球形检验。结果表明，各变量的KMO值均大于0.5，且均通过Bartlett球形检验，适合做因子分析。探索性因子分析结果如表1所示，旋转后各题项的因子载荷均大于0.6，说明量表具有较好的效度。

表 1　信度与效度检验

| 潜变量 | 题项 | 因子载荷 | CITC 值 | KMO 值<br>Bartlett 检验 | Cronbach's α<br>系数 |
|---|---|---|---|---|---|
| 共享价值观<br>(SV) | SV1 | 0.641 | 0.526 | KMO=0.778<br>Sig. =0.000 | 0.823 |
| | SV2 | 0.623 | 0.498 | | |
| | SV3 | 0.735 | 0.516 | | |
| 团队沟通<br>(TC) | TC1 | 0.796 | 0.613 | KMO=0.771<br>Sig. =0.000 | 0.758 |
| | TC2 | 0.845 | 0.716 | | |
| | TC3 | 0.849 | 0.702 | | |
| | TC4 | 0.772 | 0.598 | | |
| 认知型信任<br>(CT) | CT1 | 0.758 | 0.634 | KMO=0.760<br>Sig. =0.000 | 0.793 |
| | CT2 | 0.826 | 0.713 | | |
| | CT3 | 0.745 | 0.621 | | |
| | CT4 | 0.751 | 0.579 | | |
| 情感型信任(AT) | AT1 | 0.629 | 0.558 | KMO=0.786<br>Sig. =0.000 | 0.857 |
| | AT2 | 0.725 | 0.632 | | |
| | AT3 | 0.834 | 0.721 | | |
| | AT4 | 0.723 | 0.587 | | |
| | AT5 | 0.658 | 0.498 | | |
| 知识共享(KS) | KS1 | 0.763 | 0.624 | KMO=0.850<br>Sig. =0.000 | 0.844 |
| | KS2 | 0.742 | 0.588 | | |
| | KS3 | 0.824 | 0.713 | | |
| | KS4 | 0.770 | 0.651 | | |
| | KS5 | 0.852 | 0.726 | | |
| | KS6 | 0.830 | 0.687 | | |

另外，各变量的相关性如表 2 所示。表中对角线为 AVE 的算术平方根，其均大于相应列中各变量的相关系数，说明各拟合指数基本达到要求。变量间的 Pearson 相关系数基本处于 0.2—0.5 之间，说明变量间的共变性不是太强。由此进一步说明量表具有较好的效度。

表 2 AVE 及变量间相关系数矩阵

| 变量 | SV | TC | CT | AT | KS |
|---|---|---|---|---|---|
| 共享价值观 | 0.648 | | | | |
| 团队沟通 | 0.239** | 0.698 | | | |
| 认知型信任 | 0.511** | 0.312** | 0.731 | | |
| 情感型信任 | 0.387** | 0.414** | 0.432** | 0.815 | |
| 知识共享 | 0.222** | 0.358 | 0.275** | 0.506** | 0.745 |

注：* 为显著性水平 $p<0.05$，** 表示显著性水平 $p<0.001$（双侧检验），下同

## （二）假设检验

对于所提假设的检验，本文分两步进行。首先验证前因变量共享价值观和团队沟通对信任关系的影响，以验证 H2 和 H3。接着验证信任（认知型信任和情感型信任）对知识共享的关系，以验证 H1。从表 3 中可以看出，共享价值观和团队沟通对认知型信任的影响都比较显著，均达到 $p<0.01$ 的显著水平，从而验证 H2。共享价值观和团队信任型对情感型信任型影响都比较显著，但团队沟通的显著性水平稍低，但也验证了 H3。认知型信任和情感型信任与知识共享水平的关系也是显著的，只是认知型信任的显著性水平为 $p<0.05$，相较情感型信任显著性要稍弱，但同样使 H1 得到验证。

表 3 假设检验的回归分析

| 因变量 | 认知型信任 CT | | | 情感型信任 AT | | | 知识共享 | | |
|---|---|---|---|---|---|---|---|---|---|
| | M1 | M2 | M3 | M1 | M2 | M3 | M1 | M2 | M3 |
| 共享价值观与团队沟通对信任的回归 | | | | | | | | | |
| Sex | 0.198* | 0.268** | 0.245** | −0.174 | −0.087 | −0.124 | −0.039 | −0.161 | 0.110 |
| Age | −0.445** | −0.323** | −0.128 | −0.434** | −0.283** | −0.094 | −0.155 | 0.120 | 0.216* |
| Edu. | 0.396** | 0.376** | 0.475** | 0.260* | 0.236** | 0.345** | 0.297* | 0.052 | 0.075 |
| Pos. | 0.284* | 0.006 | 0.407 | 0.204 | 0.027 | 0.083 | 0.112 | 0.019 | −0.062 |
| Year | −0.003* | 0.140 | −0.206 | 0.056 | 0.233* | −0.162 | −0.254 | −0.252* | −0.302** |
| SV | | 0.505** | | | 0.624** | | | | |
| TC | | | 0.516** | | | 0.552** | | | |
| 信任对知识共享的回归 | | | | | | | | | |
| CT | | | | | | | | 0.619** | |
| AT | | | | | | | | | 0.854** |

续 表

| 因变量 | 认知型信任 CT | | | 情感型信任 AT | | | 知识共享 | | |
|---|---|---|---|---|---|---|---|---|---|
| | M1 | M2 | M3 | M1 | M2 | M3 | M1 | M2 | M3 |
| Adj-$R^2$ | 0.337 | 0.547 | 0.525 | 0.208 | 0.534 | 0.424 | 0.119 | 0.363 | 0.692 |
| Sig. | 0.000 | 0.000 | 0.000 | 0.001 | 0.000 | 0.000 | 0.017 | 0.000 | 0.000 |
| $F$ | 8.508 | 15.921 | 14.621 | 4.893 | 15.136 | 10.066 | 2.991 | 8.039 | 28.715 |

综合以上分析过程，假设检验结果如表 4 所示：

**表 4、假设检验结果**

| 假设 | 假设路径 | 系数估计 | 标准估计 | $t$ 值 | Sig. | 假设结论 |
|---|---|---|---|---|---|---|
| H1a | KS(CT) | 0.524 | 0.619 | 5.247 | ** | 支持 |
| H1b | KS(AT) | 0.698 | 0.854 | 11.379 | ** | 支持 |
| H2a | CT(SV) | 0.497 | 0.505 | 5.758 | ** | 支持 |
| H2b | AT(SV) | 0.637 | 0.624 | 7.017 | ** | 支持 |
| H3a | AT(TC) | 0.471 | 0.552 | 5.176 | ** | 支持 |
| H3b | CT(TC) | 0.424 | 0.516 | 5.323 | ** | 支持 |

## 五、结论与启示

### (一)研究结论

本研究的主要目的是探索在项目执行过程中，团队成员间的信任关系与知识共享的关系作用。研究表明，信任(认知型信任与情感型信任)与项目成员知识共享之间存在正相关关系。在人员变量中，相似的项目价值观影响项目成员之间的依赖和信任的水平。在员工互动变量中，团队沟通也对信任关系的形成有重要的影响。

首先，在项目执行的过程中，成员之间的信任关系对彼此之间的知识共享具有正相关关系。成员间的认知型信任会增强彼此对对方工作能力、专业技术水平的认可，从而见贤思齐，会增强彼此之间的互动关系，在彼此交往的过程中促进知识的共享。而对于情感型信任，当双方之间相互认同，并相信对方不会对自己造成利益伤害时，也会更加积极地增进各种正式、非正式的关联活动，在互动之中分享自己独有的知识。

另外，研究还表明，相似的项目价值观和团队沟通是理解双方信任关系的重要变量。并且项目价值观的相似性对情感型信任的作用比对认知型信任的作用更加明显，这也许是由于在项目执行过程中，相似的目标与愿景更能引发彼此之间的共鸣，进而促进知识的共享。[29]在项目执行过程中，共同的项目价值观能够提高成员的参与度，因而成为实现项目目标的重要前提因素。同时，这项研究还发现，沟通的频率对信任有显著的积极影响。成员之间频繁的沟通能够激发他们交流知识和信息的欲望，从而促进知识共享。[30]

### （二）管理启示

本文扩展了对于项目中知识共享的理解，为实施项目在促进项目成员之间的合作提供了指导。研究表明，通过实施多样化的管理增强彼此频繁的沟通，进而促进彼此的信任十分重要，因为信任会影响不同项目成员之间的知识共享。对于项目而言，操作流程的创新、工艺创新经验和商业方面的知识是项目实施过程中宝贵的知识内容，应该促进其在成员间的共享，从而发挥其最大效用。相似的项目价值观是知识共享时必须考虑的重要因素。当项目成员缺少相似价值观及共同目标时，可以通过项目团队活动或问题解决练习来进行弥补。信任（认知型信任和情感型信任）是沟通频率与知识共享之间的中介变量。这表明知识发送者与接受者之间的关系与彼此之间有效的知识的交换与共享紧密相连。因而在管理实践中要注意加强成员之间的沟通，如利用电子邮件、面对面的会议和来自客户端的语言和非语言沟通等在知识的发送者与接受者之间建立更加友好的关系，从而促进知识的共享。

### （三）研究局限与展望

同时，本文的研究也存在一定的局限性。一是数据的来源问题。本文所收集到的问卷主要来自网络问卷平台，有些被试者可能会由于其特殊的网络媒体形式而对问卷的重视程度不够，在某种程度上降低了问卷的信度和效度。二是问卷及量表大都借鉴国外已有的研究成果，但受中国文化的影响，所选择的量表的实用性还应做进一步的调整。同时，本文所得到的研究结论还需要在今后的理论与实践中不断验证。

**参考文献**


[1] PEE LG, KANKANHALLI A, KIM H W. Knowledge sharing in information systems development: a social interdependence perspective[J]. Journal of the Association for Information, 2010, 9(11): 550-575.

[2] CHANG KC, YEN H W, CHIANG C C, PAROLIA N. Knowledge contribution in information system development teams: an empirical research from a social cognitive perspective[J]. International Journal of Project Management, 2013(31): 252-263.

[3] HEWETT K, BEARDEN W O. Dependence, trust, and relational behavior on the part of

foreign subsidiary marketing operations: implications for managing global marketing operations[J]. Journal of Marketing,2001(65): 51-66.

[4] XU,Q,MA,Q. Determinants of ERP implementation knowledge transfer[J]. Information Management,2008(45):528-539.

[5] BENDAPUDI,N,BERRY,L L. Customers' motivations for maintaining relationships with service providers[J]. Journal of Retailing,1997(73):15-37.

[6] JOHNSON,D,GRAYSON,K. Cognitive and affective trust in service relationships[J]. Journal of Business Research,2005(58): 8.

[7] WASKO,M M,FARAJ,S. Why should I share? Examining social capital and knowledge contribution in electronic networks of practice[J]. MIS Quarterly,2005(29): 35-57.

[8] JOSHI K D, SARKER S, SARKER S. Knowledge transfer within information systems development teams: examining the role of knowledge source attributes[J]. Decision Support Systems,2007(43): 322-335.

[9] BORGATTI S P,CROSS R. A relational view of information seeking and learning in social networks [J]. Management Science,2003,49(4):432-445.

[10] MAYER R C,DAVIS J H,SCHOORMAN F D. An integration model of organizational trust [J]. Academy of Management Review,1995,20(3):709-734.

[11] JONES M C,CLINE M,RYAN S. Exploring knowledge sharing in ERP implementation: an organizational culture framework[J]. Decision Support Systems,2006(41): 411-434.

[12] LEE J N,KIM Y G. Effect of partnership quality on IS outsourcing success: conceptual framework and empirical validation[J]. Journal of Management Information Systems,1999 (15): 29-62.

[13] HEWETT K,BEARDEN W O. Dependence,trust,and relational behavior on the part of foreign subsidiary marketing operations: implications for managing global marketing operations[J]. Journal of Marketing,2001(65): 51-66.

[14] STAPLES D S, WEBSTER J. Exploring the effects of trust, task interdependence and virtualness on knowledge sharing in teams[J]. Information Systems Journal, 2008(18): 617-640.

[15] KANAWATTANACHAI P, YOO Y. The impact of knowledge coordination on virtual team performance over time[J]. MIS Quarterly,2007(31):771-783.

[16] SIMONIN B L. Ambiguity and the process of knowledge transfer in strategic alliances[J]. Strategic Management Journal,1999(20): 595-623.

[17] WASKO M M,FARAJ S. Why should I share? Examining social capital and knowledge contribution in electronic networks of practice[J]. MIS Quarterly,2005(29): 35-57.

[18] SHA X, CHANG K. Similarity and familiarity in distributed teams: a perspective of identification on knowledge sharing[C]. European Conference on Information Systems, 2010.

[19] ROBSON M J,KATSIKEAS C S,BELLO D C. Drivers and performance outcomes of trust

in international strategic alliances: the role of organizational complexity[J]. Organization Science,2008(19): 647-665.

[20] MASSEY G R,KYRIAZIS E. Interpersonal trust between marketing and R&D during new product development projects[J]. European Journal of Marketing,2007(41): 1146-1172.

[21] SWEENEY J C R,WEBB D. Relationship benefits: an exploration of buyer-supplier dyads [J]. Journal of Relationship Marketing,2002(1)65-77.

[22] BENDAPUDI N,BERRY L L. Customers' motivations for maintaining relationships with service providers[J]. Journal of Retailing,1997(73): 15-37.

[23] NICHOLSON C,COMPEAU L,SETHI R. The role of interpersonal liking in building trust in long-term channel relationships[J]. Journal of the Academy of Marketing Science,2001 (29): 3-15.

[24] MASSEY G R,KYRIAZIS E. Interpersonal trust between marketing and R&D during new product development projects[J]. European Journal of Marketing,2007(41): 1146-1172.

[25] MCALLISTER D. Affect and cognition—based trust as foundations for interpersonal cooperation in organizations [J]. Academy of Management Journal,1995,38(1): 24-59.

[26] CHOWDHURY S. The role of affect—and cognition—based trust in complex knowledge sharing [J]. Journal of Managerial Issues,2005,17(3): 310-326.

[27] ZHOU S H,SUI F. Effects of social tie content on knowledge transfer [J]. Journal of Knowledge Management,2010,14(3): 449-463.

[28] BOCK G W,ZMUD R W,KIM Y G,LEE J N. Behavioral intention formation in knowledge sharing: examining the roles of extrinsic motivatiors, social — psychological forces, and organizational climate[J]. MIS Quarterly,2005(29): 87-112.

[29] CHIU C M, HSU M H, WANG R T G. Understanding knowledge sharing in virtual communities: an integration of social capital and social cognitive theories[J]. Decision Support Systems,2006(42): 1872-1888.

[30] BADIR Y F, BüCHEL B, TUCCI C L. A conceptual framework of the impact of NPD project team and leader empowerment on communication and performance: an alliance case context[J]. International Journal of Project Management,2012(30): 914-926.

# 知识员工机会感知、认知偏差和风险偏好对其离职的影响

袁安府 Panyanat Rerkpitivit 何诗颖

(浙江工商大学工商管理学院,浙江杭州 310018)

**摘 要:**知识员工离职受多方面的影响,离职意愿的产生是关键因素,而意愿产生后的决策过程也是不可或缺的一环。本文主要实证分析了知识员工离职机会感知、认知偏差和风险偏好对离职决策的影响,以及进而对其离职行为产生的作用。通过探索性因子分析得出影响离职决策的5个关键性因子为机会感知、风险偏好、过度自信、控制幻想和相信小数定律;通过相关分析得出,机会感知和离职决策之间具有较强的正相关关系,风险偏好类型和离职决策之间的关系也很显著,认知偏差的三因子和离职决策的相关关系也成立;最后通过回归分析,将各个因子逐步纳入离职决策的回归模型当中,发现各变量和离职决策之间的线性关系明显,并得出了用因子表示的回归方程。本文研究还发现,离职意愿和离职决策间并不存在显著的相关关系,充分说明离职决策是离职行为发生的重要一环。

**关键词:**知识员工 离职决策 机会感知 风险偏好 认知偏差

## 一、引言

据一份来自前程无忧发布的《2012离职与薪酬调研报告》指出,2011年,各行业的企业的员工平均离职率达到18.9%,其中传统服务业平均离职率达到21.2%,制造业也达到了20.5%。目前,高员工离职率已经不仅关系到组织的人力资源管理,更影响到组织管理的方方面面。而知识员工,作为一个特殊的群体,其离职会导致企业遭受重大的损失(金建兴,2008;陆旭龙,2010),因而其离职倾向更值得关注。

基金项目:浙江省自然科学基金(Y6110116)。

离职是指从组织中获取物质收益的个体终止其组织成员关系的过程(Mobley,1982)。Price(1977)将离职分为自愿离职和非自愿离职,自愿离职又被分为对企业有利的良性离职和对企业不利的非良性离职。最频繁的离职是自愿离职,而绝大多数自愿离职都会带来人力资本损失、降低士气和影响企业战略等不良后果。所以本文主要研究的是自愿离职。知识员工的概念最早是由 Peter · F. Drucker 提出来的,他指出:"知识员工是指那些掌握和运用符号和概念,利用知识和信息工作的人。"当时主要是指某个经理或执行经理,但是在今天,知识员工已经涵盖了大多数的白领,一般指从事生产、创造、扩展和应用知识的活动,为单位(或组织)带来知识资本增值,并以此为职业的人员(MBA 智库百科)。综观以往研究文献,员工离职受很多因素的影响,大概归结起来有个人因素、组织内部因素和组织外部因素,也有关于各种因素之间交叉影响的研究,但是相关的文献并不多。我国知识员工的离职也受到这些因素的作用,但由于其群体的独特性,离职也有其独特的影响因素。

以往的员工离职研究中,更多的是有关员工离职意愿的产生及其影响因素的研究,以此来建立员工离职的模型。一般来说,员工离职意愿的产生因素可以分为个人因素、组织因素和组织外部因素。个人因素中,主要涉及员工心理、情绪、年龄和家庭等因素。Mc-Clelland(1955)发现,个人成就动机的高低影响到人们对职业的选择。在此基础上,孙跃和胡蓓通过研究产业集群中的员工离职因素,发现具有高成就动机的知识员工更容易离职,[1]但这个结论是在没有考虑到离职风险的作用下得出的。而对于工作满意度是否能很好地解释员工离职这一问题,一直以来很有争议(Lee & Maurer,1999;王萍 & 林丽丽,2010)。有关组织层面研究,主要包括对员工培训的投入、知识员工的工作嵌入、企业文化、领导—成员交换关系和员工在组织中价值实现等方面。何会涛、袁永志、彭纪生(2009)研究表明,对员工培训的投入能够对员工离职意愿产生负作用;王浩、白卫东(2009)研究发现,工作嵌入与知识员工离职倾向有显著的负相关关系。知识员工认不认同一个企业的文化也很重要,正确树立的组织文化与知识员工的离职有负相关性(杨萍,2008)。黄磊、周小兰(2009)提出了领导—成员交换与员工离职倾向的 U 形关系,并通过实践研究得出 U 形关系(即在非常高质量的领导—成员交换关系中,员工离职倾向可能会随领导—成员交换质量的提高而提高)是可能存在的。有关组织外部的因素研究,更多是研究外部环境对员工的吸引力。中国是一个特殊的经济体,存在着多种所有制的经济实体。在不同的经济实体中,知识员工的离职率是不一样的。有调查表明,国有企业的员工离职率最高,私营企业次之,外资企业最低(庄玮玮,等,2009)。关于外部的影响因素的研究,出现了很多新的发现,如我国特有背景下的"关系"对员工离职的影响(向征,彭建国,2006;杨东涛,等,2008),以及员工所处社会网络和社会资本的影响(Moynihan & Pandey,2007;Feeley,Hwang & Barnett,2008)。

基于以上分析,笔者发现大部分的研究关注的都是员工离职意愿方面,而且把员工离职意愿作为结果变量,都含有意愿的产生会直接导致离职行为的发生这一假设,却忽视了离职意愿到离职行为的产生,中间还有一个关键的环节——离职决策过程。营销学、管理学和心理学上众多行为的研究,都是从意愿到决策再到真正行为的产生。知识员工的离职行为也同样经历这三个阶段。本文试图通过探究影响知识员工离职决策制订过程的因素,来分析知识员工离职行为的产生,以此作为公司对知识员工进行人力资源管理的一个参考。

## 二、理论综述与研究假设

Mobley(1977)提出的中介链模型认为,员工辞职前会比较新找到的工作和现有的工作,并估计辞职的预期收益和成本。这种对新工作的估计是一种基于个人主观的判断,因而是具有一定风险性的。这种行为不可避免地受到个体自身的风险偏好水平和自身的认知偏差的影响。孙跃和胡蓓以其为基础,设置了知识员工认知偏差的三个变量来对知识员工离职风险感知进行研究,但是其研究并没有涉及认知偏差是如何影响知识员工的离职决策制订的。[2] 陈刚、谢科范、郭伟(2009)研究了机会感知、风险感知和风险偏好对创业者决策选择的影响机制。与此类似,我们认为,知识员工个人对机会的感知也会影响到其离职的决策。所以,我们选取机会感知、风险偏好和认知偏差三个因素来研究其和知识员工离职决策制订的关系。

### (一)机会感知

机会感知是指员工感知到的外界提供所意愿职位的可能性。发现机会,感知到机会的存在是进行决策的前提。机会感知的研究更多的是有关于创业者。Shane & Venkataraman(2000)认为机会是客观存在的,但是机会的信息不是随机分布的,高警觉性的人更容易发现机会。Ardichvili & Cardozob(2003)认为,机会的一些要素可以被认知,但是机会是创造的,不是被发现的。Hench & Sanber(2000)认为,机会是创造构想,存在于创业者的意识中。由此可见,关于机会是客观存在的还是当事者本人创造出来的,在学术界仍然存在争议,但是对于机会感知的存在则是得到了普遍的认同。而研究知识员工离职的机会感知,则更多的是对已经存在的机会的感知。知识员工对机会的感知也受到很多因素的影响,如外界信息的开放程度和自身获取信息的能力,以及先验经验等。如果知识员工感知到的外界机会比较大,则其在产生离职意愿后,更容易有离职的决策;而在感知到的外界机会比较小时，会出于保险考虑，可能做出不离职的决策，因此，我们提出：

H1：知识员工的机会感知可能与其离职决策成正向关系。

### （二）风险偏好

风险偏好（Risk Appetite），是指为了实现目标，企业或个体投资者在承担风险的种类、大小等方面的基本态度。风险就是一种不确定性，投资实体面对这种不确定性所表现出的态度、倾向便是其风险偏好的具体体现（MBA 智库百科）。离职也可能成为一种投资，只不过，知识员工是用自己的机会成本做资本。

不同的行为者对风险的态度是存在差异的，一部分人可能喜欢大得大失的刺激，另一部分人则可能更愿意“求稳”。根据投资实体对风险的偏好将其分为风险回避者、风险追求者和风险中立者。

知识员工和其他的一般员工不同，他们从事的劳动是一个应用加工知识的过程（肖媛，2004），他们具有较高的知识水平，对世界和自然规律的认识比较深刻，因此，与一般员工相比，其认知能力与理性程度较高（庄伟刚，胡汉辉，2004）。他们对不确定性的认识和控制能力更高，对风险的规避程度较小。在面对离职将会带来的风险和收益时，知识员工能更理性地进行评估。知识员工以知识为劳动对象，热心于追求和探索新知识，他们往往会主动调整风险偏好。与一般员工相比，知识员工的风险规避度较小，风险偏好更具有可变性。知识员工特殊的风险偏好特征对自身的离职决策会造成很大的影响。知识员工越偏好风险，越倾向于外部的职业机会，更容易在离职评估中高估外部机会，从而离职的概率也越高，由此我们提出：

H2：个人风险偏好和员工选择离职的决策可能存在正的相关性。

同时，风险偏好也会和知识员工的机会感知存在相关性。具有风险追求偏好的知识员工，更容易关注外界职业机会的改变，行为更具有冒险性，因而，感知到的机会可能更大，因而，我们提出：

H3：个人风险偏好和个人机会感知可能存在正的相关性。

### （三）认知偏差

虽然偏差能帮助个体应对他们所面临的认知局限，但也会导致更少合理、不够全面的决策（Barnes，1965）。孙跃和胡蓓研究了知识员工认知偏差对离职风险感知的影响，其中认为有三种偏差会造成对风险感知的影响：过度自信、控制幻想和相信小数定律。[2]这三种认知偏差会降低个体对风险的感知，而且是三种比较典型和常见的认知偏差，因此本文借助这三个变量来探究认知偏差对离职决策的影响。

过度自信是个体高估自身判断精确度的一种认知偏差。过高估计和过高定位作为过度自信的两种主要类型被认为是个体在评价其绝对能力和相对能力时的表现。Oskamp（1965）在他的心理学临床判断分析中给出了有关“过度自信”最简短的表述:超出精确性的过度自信。他认为自信是伴随着人们对自己任务的估价增加而上升的,通过实验得出心理学家表现出更高的过度自信。这个也在后来被Fischhoff(1977,1980)重新定义,即人们常常高估自己所拥有知识和信息的精确性。由于过度自信在心理学上也是一个非常值得研究的现象,心理学家一直未放弃对过度自信的研究和更深入的探讨。Glaser & Weber(2007)将过度自信划分为两部分:校准误差和积极幻想。

较早研究过度自信问题的学者有 Kyle & Wang(1997),Odean(1998)和Daniel,Hirshleifer 及 Subrahmanyam(1998,2001)等。他们通过构建模型和调查进行研究。Skata(2008)比较完整地回顾了过度自信在心理学和金融学等多学科下的研究文献,说明过度自信的心理现象解释了很多经典经济理论无法解释的现象。

过度自信是一种心理学现象,很多的学者用其来研究诸如金融问题等很多其他学科的问题,而过度自信问题同样可以用来研究管理学上的问题。Malmendier & Tate (2008)的实证研究表明,过度自信的 CEO 会高估自己的领导能力和项目决策能力或者高估合并的协同效应,因而更多地进行并购活动。姜付秀等(2009)则研究了管理者过度自信与企业扩张的关系。知识员工也存在着过度自信的心理倾向。知识员工在进行离职流动前,对离职风险进行评价过程中,也会出现过度自信现象,这种认知偏差会降低知识员工对离职风险的感知能力,从而做出离职决策,最终导致离职行为的产生。基于此,我们得出研究假设:

H4:过度自信认知偏差与知识员工离职决策可能存在显著正效应。

在机会起重要作用而技能不一定是决定性因素的情况下,如果一个人过分强调自己的技能在很大程度上可以提高工作绩效时,就会表现出控制幻想这一偏见(Langer,1984)。换句话说,控制幻想即个体为了减轻自己在面对风险时的不确定感,确信自己能够判断并准确预测未来的事件的一种心理特征。控制幻想这一偏见会使人低估未来的风险,因为他们过分确信自己的技能比他人高,并且可以通过这些技能克服不利后果的发生,从而容易使人产生过度乐观的结果(Barnes,1985)。而这些过于乐观的估计就会导致个体的风险决策产生偏差。

过度自信和控制幻想是不一样的。过度自信是高估自己所获知识与信息的确定性,也就是高估当前的"事实"。而控制幻想是指高估自己的能力,因此认为自己有能力应付和预测未来事件。[2]

Duhaime & Schwenk(1994)认为,管理人员的控制幻想使得他们认为可以通过预见事件的发生从而影响到风险投资的成果,但他们可能忽视了风险的存在。另外,个体再现控制幻想可能会造成低估风险,因为他们认为他们拥有的技能足以应对可能发生的不利事件。管理者的控制幻觉认知偏差可能会产生过于乐观的业绩预期。这些估计可能会导致危险的决策，如公司并购(Duhaime & Schwenk，1994)和新产品的研发(Staw)。控制幻想在冒险行为产生过程中扮演了重要角色。个体认为其有能力控制风险结果的发生，使得个体更容易产生风险行为(Boyd & Vozikis，2000)。但是这种信念是建立在一种主观感知的基础之上的(Shaver & Scott)，而这种主观感知可能是不准确的或仅仅是一种幻想。

知识员工也会产生控制幻想的认知偏差。知识员工产生控制幻想的认知偏差，就会倾向于对自己的技能过于自信，认为自己的技能能够很好地预测和控制未来的事件；在评估离职风险的时候，对离职的外部风险的感知敏感度更低，即会低估离职的外部风险，即使在感知到外部风险的时候，也会因为对自己的技能过高估计而确信自己能够降低风险，从而会导致自己的离职意愿增强，同时也会导致在做离职风险决策时更易选择离职的行为。所以，我们得出：

H5：控制幻想认知偏差与知识员工离职决策可能呈现正效应。

在统计学和经济学中，“大数定律”是一条很重要的统计定律。即随机变量在大量重复实验中呈现出必然的规律，样本容量越大，则对样本期望值的偏离就越小。根据认知心理学的“小数定律”，个体通常会忽视样本大小的影响，认为小样本和大样本具有同样的期望值。而小数定律是个体认知当中的一个基本偏差。人们没有意识到，随着样本数量的不断增大，随机变量对均值的偏离是不断下降的。根据心理学认知偏差的小数法则，个体相信小样本的均值也会向随机变量期望值附近集中。

小数定律又称小数定理，是阿莫斯·特沃斯基(Amos Tversky)和丹尼尔·卡纳曼(Daniel Kahneman)在其研究中对“赌徒谬误”的总结，即根据自己的亲身经历或者知道的少数例子来推测和下结论。Shleifer认为，小数定律和典型法可以解释金融市场上的某些不正常现象(Shleifer，1984)。

当一个人根据有限信息输入量来得出某个结论，个体就表现出相信小数定律这一认知偏见(Tversky and Kahneman)。Schwekn(1992)认为，管理者或决策者会通过劝导下属相信小数定律以获得他们对风险行为的支持。Barnes也持相同观点，认为个体会利用有限的正面信息做出过度乐观的预测。有研究表明，个体会根据一个小样本信息得出确定结论(Hogarth & Tversky)。因此，个体表现相信小数定律往往可能受制于基础概率的错误，也就是忽视基础概率(Cooper，Woo & Dunkelberg)。总之，以往的研究都表明了相信小数定律与风险感知之间存在联系，但对离职环境下，对这一关系进行直接检验的研究还很少见。Huohstno & Aqulno对这一关系进行了初步研究，发现相信小数定律确实会影响个人的风险感知，从而会影响离职流动的意愿。

知识员工也表现出相信小数定律这一认知偏差。在面对离职会造成的风险时，员工可能会根据一些有限的信息就轻易地做出判断，根据琐碎的利于自己离职的信息就肯定自己的风险很小，收益将会大于风险。所以，我们提出：

H6：相信小数定律与知识员工离职决策可能呈显著正效应。

根据以上对外界机会感知，自身的风险偏好，知识员工的过度自信、控制幻想和相信小数定律与知识员工离职决策之间关系的假设，以及前人对离职问题的研究结果，得出本文的主要研究模型如图1所示：

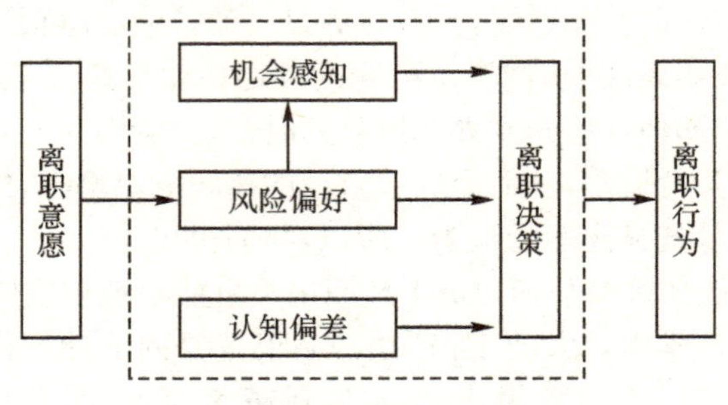


**图1 知识员工离职决策模型**

## 三、研究变量的度量问卷设计

不同的学者对机会感知、风险偏好和认知偏差的测量有不同的方法。我们依据他们的测量方法，结合我国实际的文化背景，得出本文的测量问卷。

机会感知的测量：Timmons(1999)总结概括了一个评价机会的框架，其中涉及八大类53项指标。本文拟定依据机会感知的机理，将Timmons的53项指标进行归纳，设计相关问卷。如您觉得现在在行业内求职很容易吗？分别评分1—5，1代表不容易，5代表很容易。

风险偏好：Hsee & Weber(1997)认为，人们的风险偏好预测取决于他们的原型知识和对风险的即时情感反应，并设计了基于风险偏好指数(RPI)计算的风险偏好水平问卷。本文拟定依据风险偏好机理和中国背景设计问卷。根据数据得出的结果，将被调查者的偏好类型分为：风险追求者、风险中立者和风险回避者。

过度自信：本文的调查采用了既定格式来衡量过度自信，要求受访者回答10个问题(Russo & Schoemaker)。每个问题要求被试选定一个信心水平(自己认为回答正确的概率)，在这个概率下有90%的可能性一定是正确的答案。我们根据这10个问题的总成绩来衡量过度自信(Russo & Schoemaker, 1975)。例如"马丁·路德·金遇害时多少岁？在……到……岁之间。"如果参与者认为有90%的概率是正确的，他可以填0—100岁，但是这样就显示出被测者是不够自信的。

根据这10个问题的正确数，我们分出：答对9—10题。说明你要不是天才就是极其不自信。因为如果你不是天才的话，你能答对9—10题说明你的上下限范围取得非常大，自然能答对了。答对0—1题。说明你要不是故意的就是过度自信。之所以答不对，和你答案的范围小有非常大的关系。因为你完全相信自己的感觉，你潜意识中的答案区间范围就非常小。答对2—3题。你很自信，但是也有一定的灵活度，你在单位一定游刃有余；答对7—8题。你有点不自信；答对4—6题。你和大多数人一样，很平凡，也很正常。在本文中，我们取4分以下为过度自信者（0—3为过度自信，4—6为正常水平，7—10为不自信）。而在这里的调查当中，我们的调查对象是知识员工，剔除一些人为的干扰因素，假设被调查者是理性的、配合的。

控制幻想：Langer和Roth'α用三个问题测量创业者在创业决策上所表现出来的控制幻想认知偏差，这是少有的几个控制幻想的测量研究，他们询问受访者能否预测某些不可控制的结果，该量表的α系数为0.67。我们的研究借用这种测量方法，但是把问题情景改为与离职有关。这三个问题分别为："我能够适应新工作中的各种困难""我能够有足够的知识与技能应对新的工作任务""在新的工作中我能够获得成功，即使别人没有做到"。我们用Likert 5点量表来记录被试的成绩[2]，3—6分表示不存在控制幻想，7—10分表示正常，11—15分表示存在控制幻想。得分越高，表示控制幻想偏差越强。

相信小数定律：在本文是通过一个情景问题来测量被试者的相信小数定律认知偏差水平的，该量表α系数为0.67。如"你一直想到广东工作，如果政府经济统计数据表明，今年的经济增长将放缓，广东的就业将很困难，但是你的两位熟人到广东找到工作了，他们说广东工作很好找，你会去广东找工作吗?"得分越高，说明相信小数定律认知偏差越大。[2]本文在此基础上，针对具体情况做了一些小的改动。3—6分表示不存在相信小数定律偏差，7—10分表示正常，11—15分表示存在。得分越高，表示相信小数定律偏差越强。

离职决策：由于员工是否具有离职行为不能从表面数据表现，所以本文采用间接的测量方法，假设以上行为都是其同事，或者其他人的行为，并让其猜测其他人的可能行为。

由于时间和空间的限制，本文通过滚雪球法，选择了来自各企业的学历在本科以上的知识员工400人，并在网上发放问卷。样本的回收率为86.25%，其中样本的有效率为76.75%，即有307份有效。

## 四、实证结果分析

### （一）探索性因子分析

由于问卷设计的分布，我们需要对问卷进行探索性因子分析。在进行探索性因子分析时，我们利用 SPSS17.0 软件对调研样本进行主成分分析，因子提取方法为主成分法，并采用因子旋转来使结果精确，旋转方法为最大方差法，以因子截取标准为特征值大于 1 抽取公因子，其分析结果如下：

第一，KMO 测度和 Bartlett 球形检验。在对机会感知、风险感知和认知偏好进行探索性分析之前，进行了 KMO 测度和 Bartlett 球形检验。得出机会感知、风险偏好和认知偏差的测度指标值为 0.751，大于 0.7，比较接近 1，Bartlett's 球形检验的 $p$ 值都为 0，皆小于 0.05，所以我们得到机会感知、风险偏差和认知偏差的测量问卷中存在显著相关性，可以对它们进行探索性因子分析。

第二，特征值及总体方差解释能力。限定特征值大于 1 进行主成分分析之后，本文所设计的问卷可以提炼 5 个因子，其对应的特征值为 7.992，2.843，1.939，1.576，1.401，它们对总方差的累积解释能力达到 77.329%。

第三，因子载荷表。进行探索性因子分析时，经过 10 次迭代，分析结果如表 1 所示：

**表 1　探索性因子分析表**

| 成分 | 1 | 2 | 3 | 4 | 5 |
|---|---|---|---|---|---|
| *X*1 | 0.793 | 0.087 | −0.074 | 0.245 | 0.144 |
| *X*2 | 0.777 | 0.123 | −0.182 | −0.042 | −0.005 |
| *X*3 | 0.776 | −0.027 | 0.234 | 0.110 | 0.102 |
| *X*4 | 0.262 | 0.767 | 0.329 | −0.124 | −0.196 |
| *X*5 | 0.432 | 0.694 | 0.395 | 0.079 | −0.259 |
| *X*6 | 0.378 | 0.682 | 0.433 | −0.106 | −0.054 |
| *X*7 | 0.321 | 0.384 | 0.637 | −0.063 | −0.065 |
| *X*8 | 0.002 | 0.391 | 0.633 | 0.029 | −0.300 |
| *X*9 | −0.142 | −0.171 | −0.800 | 0.338 | 0.126 |
| *X*10 | 0.311 | −0.042 | 0.763 | 0.287 | 0.118 |
| *X*11 | 0.399 | 0.382 | 0.712 | 0.120 | −0.041 |
| *X*12 | 0.050 | −0.232 | −0.855 | −0.026 | −0.030 |
| *X*13 | 0.201 | 0.062 | 0.684 | 0.024 | −0.387 |
| *X*14 | 0.313 | −0.006 | 0.682 | −0.200 | −0.207 |
| *X*15 | 0.018 | −0.189 | 0.782 | 0.095 | 0.053 |
| *X*16 | 0.084 | 0.138 | 0.782 | −0.071 | 0.229 |

续 表

| 成分 | 1 | 2 | 3 | 4 | 5 |
|---|---|---|---|---|---|
| *X*17 | 0.013 | −0.153 | 0.084 | −0.640 | 0.483 |
| *X*18 | 0.200 | 0.129 | −0.183 | 0.774 | 0.100 |
| *X*19 | −0.442 | −0.298 | −0.101 | 0.745 | 0.160 |
| *X*20 | −0.257 | −0.349 | −0.385 | −0.221 | 0.693 |
| *X*21 | 0.034 | −0.096 | −0.213 | 0.248 | −0.829 |
| *X*22 | −0.304 | −0.063 | −0.042 | 0.132 | 0.771 |

从表1我们可以看到，变量 *X*1，*X*2，*X*3 体现了机会感知因子，其机会感知负荷量分别为0.793，0.777，0.776；变量 *X*4，*X*5，*X*6 体现了风险偏好因子，其因子负荷分别为0.767，0.694，0.682；变量 *X*7，*X*8，*X*9，*X*10，*X*11，*X*12，*X*13，*X*14，*X*15，*X*16 体现了过度自信认知偏差因子，其因子的负荷分别为0.637，0.633，0.800，0.763，0.712，0.855，0.684，0.682，0.782，0.782；变量 *X*17，*X*18，*X*19 体现了控制幻想认识偏差因子，其负荷量为0.640，0.774，0.745；而 *X*20，*X*21，*X*22 则体现了相信小数定律认识偏差因子，其因子负荷量分别为0.693，0.829，0.771。所有因子的负荷量都大于0.5，满足探索性因子分析的要求。

从而，我们得出了机会感知、风险偏好及过度自信、控制幻想和相信小数定律这5个因子，并研究其对离职决策的影响。

同时，根据我们对各变量和因子之间的可靠性分析得出，机会感知、风险偏好和过度自信、控制幻想和相信小数定律的 Cronbach's α 值都大于0.7，我们可以知道机会感知、风险偏好及各认知偏差两边的内部一致性系数比较高，具有很好的信度。

(二)相关分析

我们研究的是各个变量与离职决策的影响，同时各个变量之间也存在一定的相关性，于是，我们通过对各变量进行相关分析得出结果，如表2所示：

**表2 各变量之间的相关性**

| | | 机会感知 | 风险偏好类型 | 过度自信 | 控制幻想 | 相信小数定律 | 离职意愿 | 离职决策 |
|---|---|---|---|---|---|---|---|---|
| 机会感知 | Pearson Correlation | 1 | | | | | | |
| 风险偏好类型 | Pearson Correlation | 0.590** | 1 | | | | | |
| | Sig. (2-tailed) | 0.006 | | | | | | |

续　表

| | | 机会感知 | 风险偏好类型 | 过度自信 | 控制幻想 | 相信小数定律 | 离职意愿 | 离职决策 |
|---|---|---|---|---|---|---|---|---|
| 过度自信 | Pearson Correlation | 0.226 | 0.617** | 1 | | | | |
| 控制幻想 | Sig.（2-tailed） | 0.229 | 0.000 | | | | | |
| | Pearson Correlation | 0.323 | 0.552** | 0.180** | 1 | | | |
| | Sig.（2-tailed） | 0.311 | 0.002 | 0.007 | | | | |
| 相信小数定律 | Pearson Correlation | 0.302 | 0.700** | 0.239** | 0.191** | 1 | | |
| 离职意愿 | Sig.（2-tailed） | 0.276 | 0.000 | 0.002 | 0.000 | | | |
| | Pearson Correlation | 0.473* | 0.397* | 0.382* | 0.373* | 0.364* | 1 | |
| | Sig.（2-tailed） | 0.020 | 0.037 | 0.035 | 0.042 | 0.044 | | |
| 离职决策 | Pearson Correlation | 0.811** | 0.742** | 0.700** | 0.608* | 0.569* | 0.357 | 1 |
| | Sig.（2-tailed） | 0.005 | 0.000 | 0.005 | 0.025 | 0.033 | 0.402 | |

**. Correlation is significant at the 0.01 level (2-tailed).

*. Correlation is significant at the 0.05 level (2-tailed).

从表2有关变量之间的相关关系矩阵我们可以得知，机会感知和离职决策之间具有较强的正相关关系，其相关系数为0.811（$p<0.01$），说明H1成立。风险偏好类型和离职决策之间的关系很显著，系数为0.742，H2得到证实。机会感知和风险偏好类型之间在0.01的显著性水平下也是成立的，其相关系数为0.590，则H3成立。过度自信和离职决策之间的相关系数为0.700（$p<0.01$），有显著的正相关关系，H4也得到证实。控制幻想和离职决策之间也呈显著正相关，相关系数为0.608，H5得到证实。同理，相信小数定律和离职决策之间的正相关假设存在，H6成立。

同时，过度自信、控制幻想和相信小数定律三个变量之间的相关系数很小，且存在显著的差异，说明各个变量之间的独立性很好。

除此之外，从表2中还可以看出，离职意愿和离职决策之间并不存在显著的相关性（$p=0.402$），充分说明员工在产生离职意愿后，并不一定会产生离职的行为，即可能中间并没有做出离职的决策，所以研究员工离职决策确定的影响因素是有必要的。从表中我们还可以发现，员工个人的风险偏好和过度自信、控制幻想、相信小数定律三个因子之间也存在相关关系，有可能风险偏好与认知偏差这两个变量互为调节变量，但相互之间具体如何影响，这里并不能体现，有待进一步的研究。

(三)回归分析

除了要分析各变量之间的相互关系,我们还必须知道各因子对离职决策有多大的解释程度及与其之间的关系,为此我们必须进行回归分析。同时,离职意愿也对离职决策造成一定的影响,从而我们也将其纳入回归模型中。

我们采取的是逐个回归的方法,判断变量逐个对方程的解释程度。首先要对各个变量与因变量(离职决策)进行散点图的分析,通过图形可以判断,各变量与因变量之间都存在着线性关系,只是线性关系强弱有不同。

判断关系存在之后我们对其进行回归分析,回归分析的结果如表 3 所示:

**表 3 系数**

| Model | | Unstandardized Coefficients | | Standardized Coefficients | | Sig. |
|---|---|---|---|---|---|---|
| | | B | Std. Error | Beta | $t$ | |
| 1 | (Constant) | 0.409 | 0.203 | | 0.347 | 0.189 |
| | 机会感知 | 0.220 | 0.127 | 0.311 | 6.731 | 0.005 |
| 2 | (Constant) | 0.226 | 0.143 | | 8.416 | 0.681 |
| | 机会感知 | 0.250 | 0.148 | 0.353 | 10.686 | 0.003 |
| | 风险偏好类型 | 0.061 | 0.150 | 0.385 | 4.408 | 0.006 |
| 3 | (Constant) | 0.318 | 0.510 | | 0.624 | 0.538 |
| | 机会感知 | 0.283 | 0.139 | 0.400 | 5.032 | 0.002 |
| | 风险偏好类型 | 0.290 | 0.175 | 0.404 | 7.656 | 0.000 |
| | 过度自信 | 0.431 | 0.197 | 0.478 | 9.192 | 0.008 |
| 4 | (Constant) | 0.044 | 0.161 | | 0.079 | 0.937 |
| | 机会感知 | 0.187 | 0.152 | 0.264 | 5.226 | 0.002 |
| | 风险偏好类型 | 0.332 | 0.174 | 0.462 | 12.906 | 0.008 |
| | 过度自信 | 0.349 | 0.201 | 0.388 | 8.739 | 0.004 |
| | 控制幻想 | 0.275 | 0.192 | 0.327 | 9.428 | 0.006 |
| 5 | (Constant) | 0.062 | 0.143 | | 0.096 | 0.924 |
| | 机会感知 | 0.200 | 0.159 | 0.282 | 11.254 | 0.002 |
| | 风险偏好类型 | 0.306 | 0.192 | 0.426 | 4.595 | 0.004 |
| | 过度自信 | 0.360 | 0.207 | 0.400 | 2.743 | 0.004 |
| | 控制幻想 | 0.304 | 0.212 | 0.363 | 8.433 | 0.005 |
| | 相信小数定律 | 0.083 | 0.229 | 0.103 | 9.361 | 0.021 |

续 表

| Model | | Unstandardized Coefficients | | Standardized Coefficients | | Sig. |
|---|---|---|---|---|---|---|
| | | B | Std. Error | Beta | $t$ | |
| 6 | (Constant) | 0.309 | 0.172 | | 2.461 | 0.649 |
| | 机会感知 | 0.236 | 0.161 | 0.333 | 6.467 | 0.006 |
| | 风险偏好类型 | 0.302 | 0.190 | 0.420 | 8.585 | 0.027 |
| | 过度自信 | 0.428 | 0.213 | 0.476 | 4.009 | 0.006 |
| | 控制幻想 | 0.348 | 0.214 | 0.415 | 2.627 | 0.017 |
| | 相信小数定律 | 0.124 | 0.230 | 0.155 | 9.541 | 0.004 |
| | 离职意愿 | 0.193 | 0.164 | 0.227 | 2.173 | 0.003 |

a. Dependent Variable：离职决策

变量逐个进入，对模型的解释程度分别为 65.1%，72.2%，79.8%，86.4%，92.5%，94.5%，其方差分析中，$F$ 的显著性水平均小于 0.05，说明在 0.05 的显著性水平下，各个变量可以进行回归分析，回归方程是成立的。

表 3 是各因子对离职决策层级回归的结果。模型常数项检验的 Sig 值都是大于 0.05 的，所以不存在常数项，其中系数取标准化系数。

综上所述，我们可以得到方程可能为：离职决策＝0.333×机会感知＋0.420×风险偏好＋0.476×过度自信＋0.415×控制幻想＋0.155×相信小数定律＋0.227×离职意愿。

## 五、分析与讨论

从以上相关分析和回归分析及之前的探索性因子分析中我们可以得出，上述的假设在知识员工离职决策方面都成立。这充分说明在研究知识员工的离职问题时，既不能只关注知识员工离职意愿的产生，也不能只关注离职行为的发生，而应该综合考虑离职意愿、离职决策和离职行为。本文还发现，离职意愿和离职决策之间的相关关系并不是很显著，说明离职决策虽受到离职意愿的影响，但是并不强。而机会感知、风险偏好和认知偏差却在离职决策制订过程中起着重要作用。

从以上结论，我们可以得到以下启示：

①知识员工是企业的宝贵资产，关于知识员工的离职不能只关注其离职意愿的产生。在察觉到其产生离职意愿的时候，要通过一定的策略尽量说服，使其放弃离职的打算。

②在察觉到知识员工有离职意愿时，可以与知识员工进行深入地谈话，了解其

离职意愿产生的真正原因。如果其对外界的机会感知比较大，管理者可以充分利用组织内的机会进行诱导，说明在组织内晋升的风险比组织外的小。员工感知到外界的机会，也是希望自己能得到更好的发展，如果组织可以为其提供更好的发展，在风险较小的情况下，员工还是会放弃离职的意愿。

③知识员工是一个特殊的群体，其风险偏好可能会随着一定的环境而改变。研究发现，具有风险追求的知识员工更容易做出离职的决策，并且还会对其机会的感知产生影响。所以公司应该更为关注高风险追求的员工，通过一定的手段，降低其风险偏好，使其感知到的外界风险相对更大，出于顾忌，会放弃离职，但是这种方法只能在短期内奏效。

④认知偏差更多的是一种心理倾向，是每个人或多或少都有的，组织应该通过各种手段降低知识员工的认知偏差，如信息沟通更为透明、公开，可以使知识员工更为清楚地了解自己所面临的情况，从而更为了解各个方面的风险，如果信息闭塞，则员工更可能相信自己的判断而导致离职。

本文虽然发现了机会感知、风险偏好和认知偏差都会对离职决策产生影响，但对于具体是如何影响的并没有说明，各变量之间的相互关系如何对最终的离职决策产生影响也没有说明；同时，由于样本选择的方式可能存在偏差，得出的结果不一定全部适用，因而，需要在以后做更为详尽的研究。

**参考文献**

[1]孙跃，胡蓓. 成就动机在产业集群员工离职意愿决定中的调节效应研究[J]. 科学学与科学技术管理，2009(2)：154-159.

[2]孙跃，胡蓓. 知识员工认知偏差对离职风险感知的影响[J]. 工业工程与管理，2010(4)：104-110.

# 知识型员工心理契约违背的感知与创新行为的关系研究

## ——以工作满意度为中介变量

盛　亚　鲍贤玮

（浙江工商大学工商管理学院，浙江杭州　310018）

**摘　要：**本文采用心理契约违背量表、创新行为量表和工作满意度量表，针对企业（浙江省内企业为主）随机抽取的知识型员工样本（180人）进行问卷调查，然后用SPSS19.0软件对数据进行统计分析。研究结果表明，知识型员工心理契约违背的感知对创新行为具有显著的预测作用；知识型员工心理契约违背的感知与其创新行为有显著的负相关关系；知识型员工心理契约违背的感知与其工作满意度呈显著的负相关关系；知识型员工心理契约违背的感知对创新行为的影响是以工作满意度为中介的。

**关键词：**知识型员工　心理契约违背　工作满意度　创新行为

## 一、问题提出

近年来，心理契约之所以越来越被人们重视，就是因为心理契约违背会对员工和组织造成巨大影响，如降低工作满意度、降低组织信任、提高离职倾向及减少组织绩效等。[1][2][3] 国内有不少学者将心理契约违背的研究对象转向知识型员工，[4][5][6] 因为知识型员工作为企业的重要人力资本，与一般员工相比，他们能为企业创造更多的价值。他们的创新行为对组织的成功和长期生存有极其重要的作用。[7][8][9]

国外以往的研究虽然证明了心理契约违背对员工行为的直接影响，但是很少有学者研究心理契约违背究竟是如何影响员工行为的。[10] 尽管有少数学者发现了一些中介变量如绩效工资、职业发展[11]、组织支持[12]、工作投入[13]等，但是这些中介变量仍然未能很好地解释心理契约违背对员工创新行为的影响。国内研究则很少将心理契约与创新行为联系在一起（刘婧，2013；王永跃，等，2014；赵申苒，等，

2015)。本文认为，目前的研究不能很好地解释心理契约违背与创新行为的关系。故此，本文选取知识型员工为研究对象，对心理契约违背、工作满意度与创新行为进行理论探究和实证检验，考察三者之间的关系。同时，为企业激励知识型员工提出参考意见。

## 二、文献回顾、模型构建与变量定义

### (一)文献回顾

#### 1. 知识型员工及特点

知识型员工最早是由 Peter Drucker 提出，它被定义为那些掌握和运用符号和概念，利用知识或信息工作的人，他们生产的不是物质产品，而是知识和思想。Frances(2000)认为，知识型员工就是指那些创造财富时用脑多于用手的人，他们通过自己的创造、分析、判断、综合和设计给产品带来附加价值。对于知识型和非知识型员工的界定一般可以采用三种标准：一是根据个体的教育背景(殷永萍，等，2004；张向前，2007)；二是根据其专业技能(张望军，等，2001；许小东，2004)；三是根据教育背景和专业技能的结合(李林，等，2004；杨旭华，2005)。与普通员工相比，知识型员工有一些不同的特征：较高的个人素质和专业知识、创造性强、追求自我实现、重视成就激励与精神激励和流动性高等(林淑霞，等，2007；刘冰，等，2009)。

#### 2. 心理契约与心理契约违背

心理契约这一概念是由英国组织心理学家 Argyris(1960)率先提出的。随后也有许多学者对其进行研究和探讨，如 Levinson(1962)，Schein(1965，1978，1980)等。心理契约与正式的契约不同，正式的契约是可以看见的、外显的，双方当事人的职责、义务都十分明确，其具体表现包括经济契约、劳动合同等；而心理契约通常并无明文规定，是内隐的、复杂的(Kotter，1973；Rousseau，1989；Rousseau[14]等)。Rousseau & Parks(1993)认为，心理契约维度可以分为交易型心理契约和关系型心理契约，Millward(1998)等则通过量表证实了这两个维度。一般而言，交易型心理契约是建立在短期回报和利益的基础之上，它指在一定时期内，较为具体的、可货币化的交易；而关系型心理契约更加关注长期的、内在的、较为稳定的情感交互，多表现为无形因素。两者的区别如表 1 所示：

表 1　心理契约两维度的区别

| 心理契约 | 关注点 | 时间范围 | 稳定性 | 责任明确程度 | 表达形式 |
|---|---|---|---|---|---|
| 交易型心理契约 | 外在的 | 短期 | 不稳定 | 责任清晰 | 经济回报和利益 |
| 关系型心理契约 | 内在的 | 长期 | 稳定 | 责任不清晰 | 情感沟通和交流 |

虽然早期许多学者对心理契约违背概念界定不同，但是多数人认为心理契约违背是一种认知，认为企业没有履行自己的义务，不管企业是否真的没有履行义务。Morrison & Robinson(1997)把员工认知的期望未满足与他们的情感状态相分离，也就是说，只有当员工心里产生失望、生气的时候，才认为是心理契约违背；在即使承诺没有实现，但是员工并不产生负面情绪的情况下，不认为是心理契约违背。本文考虑的是在知识型员工的背景下，由于其更加注重精神、心理层面，组织承诺没有实现往往会造成情绪的不满，即产生心理契约违背。而心理契约违背对雇员的组织承诺、工作满意度和员工行为(角色内行为和组织公民行为)有很大影响。[15][16]综合国内外多数学者的论文和观点得出，心理契约违背会使员工对当前状况不满意，从而提高离职倾向，减少组织公民行为。

**3. 工作满意度**

有关工作满意度的研究始于美国学者 Hoppock，工作满意度是指员工对工作本身及工作环境因素的一种态度和情绪反应。不同学者对员工满意度的概念研究主要分为三大类：①综合性的定义。员工满意度是一个单一的概念，主要针对整体工作满意而言，即工作者对其全部工作角色的情感反应。②差距性的定义。工作满意度是员工在工作中实际得到的回报与心理预期之间的差距。差距越大，工作满意度越低。③参考架构性的定义。工作满意度是一个人根据其参考框架对于工作特征加以解释后所得到的结果，它主要涉及的是某一种工作情境因素是否影响到工作满意度。

**4. 创新行为**

以往文献对于创新行为的研究基本从宏观、微观两个方面展开，前者主要从社会与组织方面展开分析，而后者则以组织内部员工个体为主要分析对象。以员工个体为分析对象的创新行为研究将个人创新行为分成三个阶段，并根据这一观点编制了个人创新行为量表，三个阶段分别是：①确认问题，包括产生创新构想或解决方案，这个构想有可能是新奇的，有被采用的可能。②个人为自己的想法寻找支持者，并试图建立一个支持其想法的联盟。③将创新想法“产品化”，即将这个想法变成切实可行的产品(Kanter，1988；Scott & Bruce，1994)。

### (二)理论模型与假设

不同于企业一般的员工，知识型员工更加注重自我价值的实现与职业生涯的发展。与此相对应的关系型心理契约(广泛的、长期的、未来发展和社会情感方面的交互关系，如加班、忠诚、保护企业机密等)比交易型心理契约(具体明确的与经济基础的交互关系，如晋升、高薪、绩效工资等)更加重要。因此(关系型)心理契约违背对其影响更大。作为联系员工与组织之间的心理纽带(李原，郭德俊，2002)，员工对待组织的态度与行为的强有力的决定因素(Schein,1980),会影响到员工对组织的满意感、对组织的情感投入、工作绩效以及员工的流动率等,并最终影响到组织目标的达成效果。基于以上观点,我们提出了本文的概念模型。

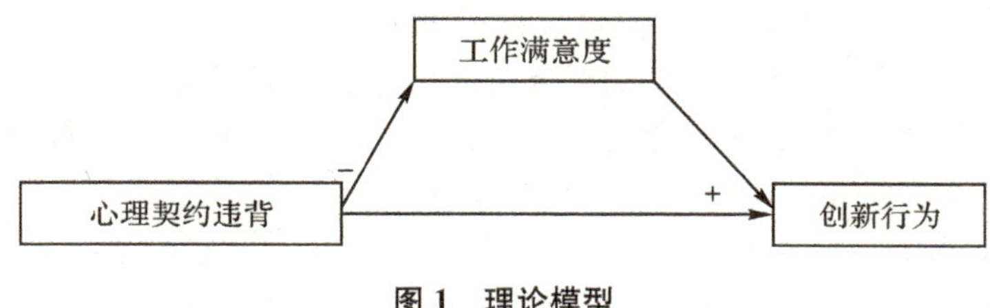


**图1 理论模型**

**1. 心理契约违背与创新行为的关系**

国内学者蔡翔、丰利民[17]也认为关系型心理契约会促进团队成员之间的合作和信任,有利于知识型员工产生新的想法、提出新的方法、发现新的观点、开发新的技术,从而促进创新行为的产生。反之可以推测,知识型员工对组织心理契约违背的感知,可能在一定程度上抑制创新行为。基于上述理论提出:

H1:知识型员工心理契约违背的感知与其创新行为呈显著的负相关关系,即员工心理契约违背感受越强,其创新行为的发生程度越低。

**2. 心理契约违背与工作满意度的关系**

Tunley W & Feldman D[8]认为,未满足期望与工作满意度在心理契约违背与三种员工行为(离职倾向、忽视角色内的工作职责和组织公民行为)之间的关系机制中起部分中介作用。王路[18]指出,心理契约与高的满意度和低水平的离职意向有关,即雇佣双方心理契约越一致,工作满意度越大,离职意向越低。唐泳玲[19]通过对企业员工的实证研究发现,心理契约与工作满意度呈现显著的正相关性;周兴[20]经过研究发现:心理契约的违背会直接导致员工工作满意度的下降。基于上述理论提出:

H2:知识型员工心理契约违背的感知与其工作满意度呈显著的负相关关系,即知识型员工心理契约违背的感知越强,其工作满意度越低。

**3. 工作满意度与创新行为的关系**

关于工作满意度是否影响个体的创新行为等相关研究目前尚不多见。吴文华、赵行斌(2010)提出,变革型领导风格的企业,可以通过增强工作满意度和组织承诺等手段来激励知识型员工创新。随后,杜鹏程、孔德玲[21]通过实证研究发现,工作满意度、晋升激励、上司支持均与个体创新行为正相关。李霞[22]对知识型员工进行实证研究,也得出工作满意度和其创造力显著正相关,并对个体创造力具有显著的预测作用。不难看出,工作满意度与创新行为的关系。

同时，Rousseau[14]，Robinson[1][2]，Turnley(1999)研究发现，员工对心理契约违背的感知与积极的雇员行为(工作绩效、组织公民行为)和态度(工作满意度、组织忠诚度)高度负相关。一个人做出怎样的行为很可能表达出他对某件事情的态度；怎样的态度决定了他怎样的行为。Tunley W & Feldman D[8]认为，工作满意度是影响个体心理契约违背行为的重要中间因素。可以推测，员工对心理契约违背的感知造成了较低的工作满意度，从而也减少了积极的组织公民行为(如创新行为等)。基于上述理论提出：

H3：知识型员工心理契约违背的感知对其创新行为的影响是以工作满意度为中介的，即知识型员工心理契约违背的感知是通过影响工作满意度来影响创新行为的，也就是说，心理契约违背感知越强，其工作满意度越低，因而创新行为也会相应减少。

### (三)变量的定义

本文将知识型员工心理契约与工作满意度作为自变量，分析它们与创新行为的关系。

(1)知识型员工。由于当前国内外学者对知识型员工的具体定义观点不一，同时也为了使调查具备可操作性，本次调查所涉及的知识型员工是指利用一定的专业知识和技能在经济、管理、营销、研发、技术、财务等领域工作的具有大专及以上学历的在职人员。

(2)心理契约。本文采用的是狭义概念，即心理契约是由员工认为组织应该为他们履行的义务构成。[14]因此，本文将心理契约违背定义为组织无法履行员工义务。Cavanaugh & Noe[15]认为，在美国，心理契约发生变化，是影响员工行为的关键因素。

(3)工作满意度。本文采用其参考构架性定义，即员工对其工作各种特征加以解释后所得到的结果，它主要涉及某一种工作情境因素是否影响工作满意度。

(4)创新行为。本文选择 Kanter，Scott & Bruce(1988)的观点，认为个人的创新行为应该包含创新想法、创新想法产生和创新的执行。

## 三、研究设计与指标定义

### (一)研究对象

本次问卷调查对象为国有和民营企业的知识型员工，以浙江省内的知识型员工为主，为保证本次问卷结果与结论的有效性，在发放问卷时，尽可能做到全面和客观，保证信息收集的准确，力求得到有价值的第一手资料。

### (二)问卷设计

作为论文研究的数据来源,问卷质量直接影响到数据分析的有效性和准确性。本研究在设计问卷之前先对各个变量的核心内涵进行定义,并选择与内涵相一致的问卷量表作为测量工具。然后将同一维度的问题归为一组,降低被调查者在填答问卷时出现不良情绪,同时也可以方便后来进行数据统计与分析。

本文设计的问卷主要分为两部分,第一部分为一些基本常量,例如职位级别、工作年限、本单位工龄、年龄、年收入总额、性别和换单位次数,共有 7 道题目。第二部分包含工作满意度、创新行为和心理契约违背三块内容:工作满意度参考 Brayfield & Rothe 编制的量表,从薪酬、岗位、晋升、培训、同事和上级等六个方面设定各自的满意等级,共有 6 道题目;创新行为借鉴了 Kleysen & Street(2001)等学者的研究成果,共有 4 道题目;心理契约违背根据 Rousseau & Robinson et al.[1][2][3][13]学者编制的量表进行适当筛选与修改,共有 3 道题目(其中心理契约违背的第 1 道题目需要反向计分)。

本次问卷的量表参考了前人使用过的量表,以拥有良好的信度与效度为原则而设计的。以上三份量表均采用 Likert 5 点式测量方法,从 1—5 分别代表完全不同意、基本不同意、中间立场、基本同意、完全同意,受测人员依据自己的同意程度对其进行评分。本文采取 Cronbach's α 对其进行检验,结果显示各量表信度均大于 0.7,总体而言信度较好。

### (三)问卷发放

本文问卷的发放方式主要通过现场发放和网络发放,目标群体主要以浙江省国有和民营企业为主,同时也有其他地区企业的知识型员工,共发放 182 份,回收 182 份,除去废卷 2 份,有效问卷共 180 份。

### (四)问卷结果处理与分析方法

分析软件运用 SPSS19.0,对回收的问卷调查数据进行统计分析。并通过 SPSS19.0 进行样本描述性统计、信度分析、因子分析、相关性分析和回归分析,来验证各变量之间的关系,并根据分析结果对提出的假设进行验证。原始数据录入首先在 Excel 界面进行,然后使用 SPSS19.0 导入数据。在录入过程中,对不合格的观测值再次进行订正或剔除。最后进行数据处理和分析,在遵循准确性和适用性的原则下,进行了定性和定量相结合的分析。

## 四、统计分析

### (一)描述性统计

由于本次研究对象为知识型员工,文中定义知识型员工为大专及以上学历,所以调查对象基本不包括大专学历以下人群。根据表 2 显示，在本次回收的所有有效问卷中，职位级别集中于基层管理者和其他，分别为 31.1%和 60.6%，中层管理者和高层管理者比较少，占 5.0%和 3.3%。本次研究调查对象普遍工作年限相应也比较短，2—5 年和 2 年以下的较多，分别占 17.8%和 70.0%。在本单位工龄 2—5 年的占 12.8%，2 年以下的人数最多，占 79.4%。并且，年龄 35 岁以上的和 30—35 岁的只占少数，为 5.6%。

在此次调查中，由于工作年限和职位级别的因素，年收入总额在 15 万元以上和 10 万—15 万元的人比较少，5 万—10 万元和 5 万元以下的人比较多，分别占 27.2%和 60.0%；女性较男性多，女性占 56.7%，男性占 43.3%；32.8%的人换过 1—2 次工作，从来没有换过工作单位的比较多，占 58.9%，很可能是因为大多数人是刚进入工作岗位。

**表 2　调查对象描述性统计结果**

| | | 频率 | 百分比(%) |
|---|---|---|---|
| 职位级别 | 高层管理者 | 6 | 3.3 |
| | 中层管理者 | 9 | 5.0 |
| | 基层管理者 | 56 | 31.1 |
| | 其他 | 109 | 60.6 |
| 工作年限 | 10 年以上 | 8 | 4.4 |
| | 5—10 年 | 14 | 7.8 |
| | 2—5 年 | 32 | 17.8 |
| | 2 年以下 | 126 | 70.0 |
| 本单位工龄 | 10 年以上 | 7 | 3.9 |
| | 5—10 年 | 7 | 3.9 |
| | 2—5 年 | 23 | 12.8 |
| | 2 年以下 | 143 | 79.4 |
| 年龄 | 35 岁以上 | 6 | 3.3 |
| | 30—35 岁 | 10 | 5.6 |
| | 25—30 岁 | 35 | 19.4 |
| | 25 岁以下 | 129 | 71.7 |

续 表

| | | 频率 | 百分比(%) |
|---|---|---|---|
| 年收入总额 | 15 万元以上 | 11 | 6.1 |
| | 10 万—15 万元 | 12 | 6.7 |
| | 5 万—10 万元 | 49 | 27.2 |
| | 5 万元以下 | 108 | 60.0 |
| 性别 | 男 | 78 | 43.3 |
| | 女 | 102 | 56.7 |
| 换单位次数 | 从来没有 | 106 | 58.9 |
| | 1—2 次 | 59 | 32.8 |
| | 3—4 次 | 9 | 5.0 |
| | 4 次以上 | 6 | 3.3 |

### (二)问卷信度分析

通过 SPSS19.0 统计软件计算心理契约违背、工作满意度及创新行为的各分量表及总量表的内部一致性系数(Cronbach's α 系数)来检验其信度,结果如表 3 所示。

**表 3 信度分析结果**

| 量表名称 | 量表内 Cronbach's α 值 |
|---|---|
| 心理契约违背 | 0.891 |
| 工作满意度 | 0.888 |
| 创新行为 | 0.842 |

从表 3 中的数据可以看出,心理契约违背量表中的 Cronbach's α 值为 0.891,工作满意度的 Cronbach's α 值为 0.888,创新行为的 Cronbach's α 值为 0.842,根据可信度高低与 Cronbach's α 系数对照表中的标准(0.7<Cronbach's α 系数 <0.9,属于常见的很可信)比较,说明这三份量表的信度均达到了研究的要求。

### (三)因子分析

在做因子分析时必须先通过对 KMO 检验和 Bartlett 球形检验,以检验各衡量问项之间是否具有相关性。若球形检验表明各变量间存在显著相关,则进行下一步因子分析。Kaiser 给出了一个 *KMO* 的标准:*KMO* 只有大于 0.7 才是有效的。而 Bartlett 球形检验统计量依据相关系数矩阵的行列式计算得到,如果统计量值较大且对应的伴随概率(*Sig*)值小于给定的显著性水平 α 时,变量之间存在相关关系,适合做因子分析。

**1. KMO 和 Bartlett 球形检验**

表 4 结果显示,心理契约违背量表的 *KMO* 值为 0.732,工作满意度量表的 *KMO* 值为 0.881,创新行为量表的 *KMO* 值为 0.766,三个值均超过 0.7,Bartlett 球形检验的结果 *Sig* 值为 0.000,达到显著水平,证明该三个量表的数据均适合进行因子分析。

**表 4 各量表的 KMO 和 Bartlett 检验**

| 心理契约 | 取样足够度的 *Kaiser-Meyer-Olkin* 度量。 | 0.732 |
|---|---|---|
| Bartlett 球形检验 | 近似卡方 | 318.893 |
| | *Df* | 3 |
| | *Sig.* | 0.000 |
| 工作满意度 | 取样足够度的 Kaiser-Meyer-Olkin 度量。 | 0.881 |
| Bartlett 球形检验 | 近似卡方 | 565.085 |
| | *Df* | 15 |
| | *Sig.* | 0.000 |
| 创新行为 | 取样足够度的 Kaiser-Meyer-Olkin 度量。 | 0.766 |
| Bartlett 球形检验 | 近似卡方 | 301.348 |
| | *Df* | 6 |
| | *Sig.* | 0.000 |

对心理契约违背问卷共 3 个项目进行因子分析,分析方法采用的是主成分因子分析法,因子的主成分特征值大于 1,并采用方差最大法进行旋转。因子分析结果表明,心理契约违背包含 1 个因子,即关系型心理契约,分析结果与原问卷的构思一致。同时,所提取的因子共解释变异 82.218%,可以进行解释。

再对工作满意度问卷中共 6 个项目进行因子分析,分析方法采用的是主成分因子分析法,因子的主成分特征值大于 1,并采用方差最大法进行旋转。因子分析结果表明,工作满意度只含 1 个因子,分析结果与原问卷的构思一致。同时,所提取的因子共解释变异 64.666%可以进行解释。这与原问卷构思一致。

对创新行为中的 4 个项目进行因子分析,在这里采用的分析方法是主成分因子分析法,因子的主成分特征值大于 1,并采用方差最大法进行旋转。因子分析结果表明,创新行为只含 1 因子,分析结果与原问卷的构思一致。同时,所提取的因子共解释变异 68.144%,可以进行解释。

表 5 因子分析结果

| 心理契约题项 | 成分 |
| --- | --- |
| | 1 |
| 组织曾多次未能对我履行义务 | 0.884 |
| 组织很好地履行了对我的义务 | 0.930 |
| 组织对我履行了最重要的义务 | 0.905 |
| 工作满意度题项 | 成分 |
| | 1 |
| 我对我的工作报酬非常满意 | 0.727 |
| 我对我的工作岗位非常满意 | 0.858 |
| 我对我的工作同事非常满意 | 0.784 |
| 我对自己在组织内的晋升情况非常满意 | 0.859 |
| 我对组织给予我的培训非常满意 | 0.789 |
| 我对我的上级领导非常满意 | 0.801 |
| 创新行为题项 | 成分 |
| | 1 |
| 我能优先尝试新观念或新方法 | 0.794 |
| 我能寻找新方法或途径去解决问题 | 0.879 |
| 我能产生与领域相关的突破性想法 | 0.805 |
| 我是一个具有创造性的员工榜样 | 0.822 |

(四)相关性分析

由表 6 可知，知识型员工心理契约违背与工作满意度存在负相关关系，相关系数 $r=-0.674$，$p<0.01$；知识型员工心理契约违背与创新行为存在负相关关系，相关系数 $r=-0.432$，$p<0.01$；工作满意度与创新行为存在正相关关系，相关系数 $r=0.521$，$p<0.01$。

表 6　相关性矩阵

| | 职位级别 | 工作年限 | 本单位工龄 | 年龄 | 年收入总额 | 性别 | 换单位次数 | 心理契约违背 | 工作满意度 | 创新行为 |
|---|---|---|---|---|---|---|---|---|---|---|
| 职位级别 | — | | | | | | | | | |
| 工作年限 | 0.366** | — | | | | | | | | |
| 本单位工龄 | 0.261* | 0.801** | — | | | | | | | |
| 年龄 | 0.390* | 0.793** | 0.704** | — | | | | | | |
| 年收入总额 | 0.451** | 0.602** | 0.575** | 0.634** | — | | | | | |
| 性别 | 0.259** | 0.213* | 0.244* | 0.202** | 0.339** | — | | | | |
| 换单位次数 | −0.136 | −0.354** | −0.014 | −0.166* | −0.131 | −0.028 | — | | | |
| 心理契约违背 | −0.012 | 0.038 | 0.040 | 0.113 | −0.068 | 0.047 | 0.026 | — | | |
| 工作满意度 | −0.083 | −0.010 | 0.031 | 0.072 | −0.113 | −0.004 | 0.104 | −0.674** | — | |
| 创新行为 | −0.179* | −0.120 | −0.019 | −0.057 | −0.174* | −0.135 | 0.104 | −0.432** | 0.521** | — |

注释：* $p<0.05$，表示在 0.05 水平上显著；** $p<0.01$，表示在 0.01 水平上显著

### (五)回归分析

#### 1. 知识型员工心理契约违背对创新行为的影响

为更加深入研究知识型员工心理契约违背对创新行为的影响，可以通过逐步回归分析来验证自变量对因变量的影响，其中自变量为心理契约违背，因变量为创新行为。

表 7　心理契约违背对创新行为的回归分析结果

| 模型 | 因变量 | |
|---|---|---|
| | M1 | M2 |
| | $\beta$值 | $\beta$值 |
| 控制变量 | | |
| 职位级别 | −0.105 | −0.096 |
| 工作年限 | −0.264 | −0.239 |
| 本单位工龄 | 0.246 | 0.249 |
| 年龄 | 0.169 | 0.031 |
| 年收入总额 | −0.148 | −0.056 |
| 性别 | −0.123 | −0.180 |
| 换单位次数 | −0.005 | −0.016 |

续 表

| 模型 | 因变量 | |
|---|---|---|
| | M1 | M2 |
| | β值 | β值 |
| 自变量 | | |
| 心理契约违背 | | −0.389*** |
| *F* | 2.104 | 7.232 |
| *R* | 0.281a | 0.503a |
| *R*方 | 0.079 | 0.253 |
| 调整*R*方 | 0.041 | 0.218 |
| Sig. | 0.000 | 0.000 |

从表7可以看到，加入控制变量后，职位级别、工作年限、本单位工龄、年龄、年收入总额、性别、换单位次数等7个控制变量进入了回归方程，对创新行为进行回归分析。再加入自变量心理契约违背之后，进行第二次回归分析。第二次回归分析解释变差从4.1%增加到21.8%，回归模型质量得到了提升，而且两个模型*Sig*值都为0.000，说明模型的总体回归效果显著。

从表7回归分析结果中可以得出，加入控制变量之后，本单位工龄对创新行为产生影响。控制工龄因素之后，接着加入自变量心理契约违背之后，进入回归方程，对因变量创新行为产生影响。心理契约违背的β值为−0.389，*Sig*水平为0.000。因此得出结论，心理契约违背与创新行为有显著的负相关关系。

**2. 心理契约违背对工作满意度的影响**

为更加深入研究心理契约违背对工作满意度的影响，可以通过逐步回归分析来验证自变量对因变量的影响，其中自变量为心理契约违背，因变量为工作满意度。

**表8 心理契约违背对工作满意度的回归分析结果**

| 模型 | 因变量 | |
|---|---|---|
| | M1 | M2 |
| | β值 | β值 |
| 控制变量 | | |
| 职位级别 | −0.075 | −0.061 |
| 工作年限 | −0.080 | −0.038 |

续 表

| 模型 | 因变量 | |
|---|---|---|
| | M1 | M2 |
| | β值 | β值 |
| 本单位工龄 | 0.038 | 0.044 |
| 年龄 | 0.329 | 0.101 |
| 年收入总额 | −0.235 | −0.084 |
| 性别 | 0.080 | −0.013 |
| 换单位次数 | 0.094 | 0.076 |
| 自变量 | | |
| 心理契约违背 | | −0.643*** |
| *F* | 1.734 | 4.093 |
| *R* | 0.257a | 0.451a |
| *R* 方 | 0.066 | 0.204 |
| 调整 *R* 方 | 0.028 | 0.154 |
| *Sig.* | 0.000 | 0.000 |

从表 8 中可以看到，先以职位级别、工作年限、本单位工龄、年龄、年收入总额、性别、换单位次数等 7 个控制变量对工作满意度进行第一次回归分析，再加入自变量心理契约违背进行第二次回归分析。第二次回归分析解释变差从 2.8%增加到 15.4%，回归模型质量得到了提升，而且两个模型 *Sig* 值都为 0.000，说明模型的总体回归效果显著。

从表 8 回归分析结果中可以得出，加入控制变量之后，年龄对工作满意度产生影响。接着加入自变量心理契约违背之后，进入回归方程，对因变量工作满意度产生影响。心理契约违背的 β 值为−0.643，*Sig* 水平为 0.000。因此得出结论，心理契约违背与工作满意度呈现了显著的负相关关系。

**3. 心理契约违背、工作满意度对创新行为的影响**

为更加深入研究心理契约违背和工作满意度对创新行为的影响，可以通过逐步回归分析来验证自变量对因变量的影响，其中自变量为心理契约违背和工作满意度，因变量为创新行为。分析结果见表 9。

**表 9　心理契约违背、工作满意度对创新行为的回归分析结果**

| 模型 | 因变量 | | |
|---|---|---|---|
| | 创新行为 | 工作满意度 | 创新行为 |
| | M1 | M2 | M3 |
| | β值 | β值 | β值 |
| 控制变量 | | | |
| 职位级别 | −0.105 | −0.061 | −0.074 |
| 工作年限 | −0.264 | −0.038 | −0.225 |
| 本单位工龄 | 0.246 | 0.044 | 0.233 |
| 年龄 | 0.169 | 0.101 | −0.005 |
| 年收入总额 | −0.148 | −0.084 | −0.026 |
| 性别 | −0.123 | −0.013 | −0.175 |
| 换单位次数 | −0.005 | 0.076 | −0.043 |
| 自变量 | | | |
| 心理契约违背 | | −0.643*** | −0.158* |
| 工作满意度 | | | 0.360* |
| *F* | 2.104 | 4.093 | 9.426 |
| *R* | 0.281a | 0.451a | 0.577a |
| *R*方 | 0.079 | 0.204 | 0.333 |
| 调整*R*方 | 0.041 | 0.154 | 0.298 |
| *Sig.* | 0.000 | 0.000 | 0.044 |

在回归线性分析结果表9中可以看到，加入职位级别、工作年限、本单位工龄、年龄、年收入总额、性别、换单位次数等7个控制变量后，对创新行为进行第一次回归分析。接着加入自变量心理契约违背，进行第二次回归分析，再加入自变量心理契约违背对中介变量工作满意度进行第三次回归分析，最后加入自变量心理契约违背对工作满意度和创新行为进行第四次回归分析。回归分析解释变差从4.1%增加到15.4%再到29.8%，回归模型质量得到了提升，而且模型*Sig*值都为0.000，说明模型的总体回归效果显著。

根据Baron & Kenny[16]的中介效应检验程序，某因素成为中介变量必须满足以下三个条件：①自变量和中介变量分别与因变量关系显著；②自变量与中介变量关系显著；③在中介变量进入方程以后，自变量与因变量的关系显著降低（部分中介作用）或者变得不再显著（完全中介作用）。从表9回归分析结果中可以得出，加入控制变量之后，本单位工龄对创新行为产生影响，控制后接着进行回归分析，得出：①心理契约违背关于创新行为的$\beta$值为－0.389，$Sig$水平为0.000，工作满意度关于创新行为的$\beta$值为0.360，$Sig$水平为0.000。因此得出心理契约违背和工作满意度分别与创新行为关系显著；②心理契约违背关于工作满意度的$\beta$值为－0.643，$Sig$水平为0.000。因此得出心理契约违背与工作满意度的关系显著；③中介变量——工作满意度放入方程后，$Sig$水平从0.000上升到0.044，显著性降低。综上得出，工作满意度是心理契约违背能够显著预测创新行为的部分中介变量，同时，心理契约违背也直接对因变量创新行为起到作用。

## 五、结论与启示

### （一）心理契约违背对创新行为影响的讨论

当以创新行为为因变量，心理契约违背为自变量时，回归方程显著，心理契约违背对创新行为有显著的反向预测作用。

本文从学历和专业技能两方面结合来定义知识型员工，大专及以上的学历和专业的知识技能使得他们对自我实现有强烈的需求，因此他们会更加关注组织的关系型心理契约（这也恰好是本次研究对心理契约变量的定义）。当知识型员工感知到组织承诺未履行（其本身的高素质会使他们对组织的期望更高，更容易由于理解不一致造成心理契约违背），他们感受到自己不为组织所重视、所追求的物质及自我价值的实现在该组织中无法获得，因而产生沮丧等情绪或情感反应时，他们的工作绩效必然下降。他们不再那么激情地投身事业，他们无力寻求突破（无论是新技术的引进还是新想法的实施），也会减少其创新行为。一旦知识型员工陷入这样的困境，他们便开始谋求解决方法：要么他们会与组织相关管理人员协商洽谈改变现状，要么离职走人。

本文得出的结果说明，知识型员工对组织心理契约违背的感知会影响其创新行为，具体地说，就是如果组织重视知识型员工的心理契约情况，可以通过履约、合理沟通来减少心理契约违背，从而对员工的创新行为实现控制。这与朱学红、胡艳（2007）以及蔡翔、丰利民[17]等人的研究结果一致。

### （二）心理契约违背对员工满意度影响的讨论

当以员工满意度为因变量，心理契约违背为自变量时，回归方程显著，心理契约违背对员工满意度有显著的反向预测作用。

员工满意度是指一个人对工作的具体情形综合考虑后所得到的感觉。它能体现员工对工作（组织）的满意程度，是组织内一个重要的测量指标。回顾心理契约与员工满意度的文献，它们在研究内容上有所交叉。让员工感到满意或不满意往往是心理契约的重要组成部分。国内外许多学者也证实了心理契约或心理契约违背与员工满意度有关，而这正与本文的研究结果一致。心理契约违背与员工满意度有显著的负相关关系，组织可以通过减少心理契约的违背、维持与员工的心理契约来提高员工满意度，进而保持良好的雇佣关系、减少员工的不满情绪，同时对员工进行适当激励，为组织创造更多的价值。

(三)员工满意度对心理契约违背和创新行为的中介作用的讨论

多数学者都认为知识型员工的心理契约违背会对企业造成更大的影响。知识型员工这一个体对企业的作用往往体现在利用知识和专业技能进行创造性工作，而以往的文献虽然有对以上三者进行研究，但是却很少有学者研究知识型员工心理契约违背对创新行为的具体影响机制。本文则根据 Baron & Kenny[16] 的中介效应检验程序，通过三个步骤对工作满意度进行中介检验，得出了员工满意度是心理契约违背能够显著预测知识型员工创新行为的部分中介变量。

研究结果表明，心理契约违背会对知识型员工的创新行为产生负面影响，即知识型员工对心理契约违背的感知会减少其创新行为。员工与组织之间的心理契约是在企业招聘录用员工时就建立的，虽然有劳动合同的签订与企业制度的规定，但是由于双方就某些职责并未明确说明，容易造成彼此认知不同。在上述情况下，很容易造成心理契约违背。所以在条件允许的情况下，应该就双方应尽的责任、义务(如薪酬、培训、晋升、等方面)进行明确约定，尽量使原本内隐的心理契约外显化，这样就可以通过减少心理契约违背来防止创新行为的减少。

心理契约违背也有可能是因为一方不履行其职责所引起的。企业应该严格执行国家规定的法律法规(如最低工资法、节假日安排、加班工资、福利待遇等方面的相关规定)。企业管理者应该认识到，作为社会物质资源合理配置的一部分，企业不仅仅是为了获利而存在，也有责任主动为员工承担更多的义务。与此同时，员工也应该热爱岗位，敬业职守，保持良好的职业操守与职业道德，高效工作，为企业发展贡献自己的力量。心理契约双方都应该自觉遵守、履行彼此的职责与义务。企业各层次管理者应该真正地把知识型员工视为企业的资本，尊重其个人价值的实现，积极倾听他们的各种建议，鼓励他们参与组织决策，同时，也可以通过一定的提拔或晋升、合理的培训制度，来表示对他们工作能力和绩效的认可。另外，组织管理者应该建立和完善激励机制，从物质和精神两方面来激励知识型员工发挥他们的创造力，只有当他们真正感受到自己为企业所重视时，他们的满意度和忠诚度才会提高，因此创新行为也会合理增加。长此以往，企业内部不仅可以营造一种良好的创新氛围，让知识型员工毫无后顾之忧地进行创新、思考，这一切也将为企业的长远发展提供更敦实的保障。

**参考文献**

[1] ROBINSON S L, KRAATZ M S, ROUSSEAU D M. Changing obligations and the psychological contract: A longitudinal study[J]. Academy of Management Journal, 1994, 37(1): 137-152.

[2] ROBINSON S L, MORRISON E W. Psychological contracts and OCB: The effect of unfulfilled obligations on civic virtue behavior[J]. Journal of Organizational Behavior, 1995, 16(3): 289-298.

[3] Robinson S L, Rousseau D M. Violating the psychological contract: Not the exception but the norm[J]. Journal of Organizational Behavior, 1994, 15(3): 245-259.

[4] CHROBOT-MASON D L. Keeping the promise: Psychological contract violations for minority employees[J]. Journal of Managerial Psychology, 2003, 18(1): 22-45.

[5] JANSSEN O. Job demands, perceptions of effort-reward fairness and innovative work behaviour[J]. Journal of Occupational and Organizational Psychology, 2000, 73(3): 287-302.

[6] THOMPSON M, HERON P. The difference a manager can make: organizational justice and knowledge worker commitment[J]. The International Journal of Human Resource Management, 2005, 16(3): 383-404.

[7] PIETERSE A N, VAN KNIPPENBERG D, SCHIPPERS M, et al. Transformational and transactional leadership and innovative behavior: The moderating role of psychological empowerment[J]. Journal of Organizational Behavior, 2010, 31(4): 609-623.

[8] TURNLEY W H, FELDMAN D C. Re-examining the effects of psychological contract violations: unmet expectations and job dissatisfaction as mediators[J]. Journal of Organizational Behavior, 2000, 21(1): 25-42.

[9] THOMPSON M, HERON P. Knowledge Creation and the Employment Relationship[C]// Proceedings of the Academy of Management Conference. 2003.

[10] THOMPSON M, HERON P. Relational quality and innovative performance in R&D based science and technology firms[J]. Human Resource Management Journal, 2006, 16(1): 28-47.

[11] NG T W H, FELDMAN D C, LAM S S K. Psychological contract breaches, organizational commitment, and innovation-related behaviors: a latent growth modeling approach[J]. Journal of Applied Psychology, 2010, 95(4): 744.

[12] CHANG H T, HSU H M, LIOU J W, et al. Psychological contracts and innovative behavior: a moderated path analysis of work engagement and job resources[J]. Journal of Applied Social Psychology, 2013, 43(10): 2120-2135.

[13] ROUSSEAU. New hire perspectives of their own and their employer's obligations: A study

of psychological contracts[J]. Journal of Organizational Behavior,1990,(11):389-401.

[14] TURNLEY W H,BOLINO M C,LESTER S W,et al. The impact of psychological contract fulfillment on the performance of in-role and organizational citizenship behaviors[J]. Journal of Management,2003,29(2): 187-206.

[15] CAVANAUGH M A,NOE R A. Antecedents and consequences of relational components of the new psychological contract[J]. Journal of Organizational Behavior, 1999, 20(3): 323-340.

[16] BARON R M, KENNY D A. The moderator-mediator variable distinction in social psychological research: Conceptual, strategic, and statistical considerations[J]. Journal of Personality and Social Psychology,1986,51(6): 1173.

[17] 蔡翔,丰利民. 科研团队中心理契约与创新行为的关系研究[J]. 科技广场,2012,(4): 201-203.

[18] 王路,王林雪. 心理契约与应届毕业生员工离职关系研究[J]. 西安电子科技大学学报(社会科学版),2007,(5):55-62.

[19] 唐泳玲. "80后"企业员工心理契约、工作满意度与离职意向的现状及关系研究[D]. 福州:福建师范大学,2008.

[20] 周兴. 心理契约与企业员工工作满意度关系的研究[D]. 长春:吉林大学,2008.

[21] 杜鹏程,孔德玲. 科技人力资源创新行为影响因素分析——基于合肥地区的调查数据[J]. 科技与经济,2012,(2):81-85.

[22] 李霞. 知识型员工工作满意度与创造力的关系研究[D]. 北京:北京交通大学,2008.

# 营销篇 YING XIAO PIAN

# 消费者混淆对顾客满意的影响研究

吕筱萍　毛时行

（浙江工商大学工商管理学院，浙江杭州　310018）

**摘　要**：随着技术的快速革新、市场竞争的日益激烈，消费者在市场中不得不面对过多的选择、内部差异日益减少的产品、各种复杂的技术和模糊的信息，消费混淆的现象日益普遍。如何应对消费者混淆以减少或避免顾客不满已得到学者的关注，但消费者混淆对顾客满意的影响是一个复杂的过程。本文以消费者混淆与顾客满意的关系为理论框架基础，引入购物价值为中间变量，从相似性混淆、过载性混淆和模糊性混淆这三个维度出发，以功能性购物价值和享乐性购物价值为中间变量，深入探讨消费者混淆对顾客满意的影响过程，并以消费者购买智能手机为例，通过问卷调研收集数据，通过运用结构方程模型进行分析。研究结果表明：消费者混淆的三个维度中，过载性混淆和模糊性混淆对功能性购物价值存在显著的负向影响，而相似性混淆对功能性购物价值不存在显著影响，同时，消费者混淆三个维度均对享乐性购物价值存在显著的负向影响；功能性购物价值和享乐性购物价值均对顾客满意存在显著的正向影响。因此企业和商家应针对不同的混淆类型采取相应的营销策略，提高顾客的购物价值并最终改善顾客满意。

**关键词**：消费者混淆　购物价值　顾客满意

## 一、引言

天猫商城是亚洲最大的综合性购物平台，拥有 2000 多个品类，70000 多个品牌，每一品种商品平均有 500 多个品牌；以饮料为例，商场货架上摆满了饮料，不但品牌多，口味也多，而且市场上不断推出各种新品，但是这些饮料同质化现象非常严重，要么在瓶身设计和包装颜色上高度相似，要么名称完全相同或相近；手机市场中，从早期的只有摩托罗拉的“黑金刚”可以选择到现在每个手机供应商可提供数十款可供选择的产品，尤其是随着智能手机的技术革新，手机品牌和种类更是数量激增，并且手机之间的外观和功能也越来越相似……

随着市场竞争的日益激烈、技术的不断革新，几乎所有的产品市场都面临着产品种类的日益丰富、产品同质化程度越来越高等现象，但往往使得消费者不知如何决策，造成混淆。Snider在对信息时代消费者的研究中指出，混淆几乎存在于消费者所做出的每个决定中。[1]已有研究也表明，消费者混淆存在于很多的产品市场中：如手表、手机、时装、电信、洗衣机、保险、财务服务、PC、网上酒店预订，甚至出现在高等教育中。[2]

已有研究表明，消费者混淆，不仅使消费者不能有效地完成购物，还会使之产生焦虑、沮丧的负面情绪，影响顾客满意，并最终不利于企业和商家的价值获取。但是本文在对国内外相关研究梳理的过程中发现，以往学者关于消费者混淆对顾客满意影响的研究基本都是针对这两者之间直接的关系，关于消费者混淆对顾客满意影响的过程并没有做出很好的诠释。

本文以消费者混淆与顾客满意的关系为理论框架，引入购物价值为中间变量，从相似性混淆、过载性混淆和模糊性混淆这三个维度出发，以功能性购物价值和享乐性购物价值为中间变量，深入探讨消费者混淆对顾客满意的影响过程，以期为企业和商家减少消费者混淆提供营销策略参考。

## 二、文献回顾和研究假设

### （一）文献回顾

#### 1. 消费者混淆

消费者混淆是消费者在购物过程中由于受到过于相似的、过多的或过于模糊的市场和产品信息的刺激而难于对备选产品进行比较、评价或选择，进而产生的一种负面的情绪状态。[3]Mitchell & Papavassilio在对消费者混淆的研究中，提出了消费者混淆的三个主要来源：产品和商店的选择过多，产品的相似性和市场交流中模棱两可的、误导性的或不完全、不充分的信息。[4]Mitchell et al.基于前人研究首次明确并定义了消费者混淆的三种类型，即相似性混淆、过载性混淆和模糊性混淆。[5]其中，相似性混淆（similarity confusion）是指由消费者对产品或服务的物理性相似的感知所引起的消费者理解匮乏、选择的转变以及错误的品牌评价；过载性混淆（overload confusion）为当消费者面对过多信息的市场环境时，由于缺乏充足的时间处理信息，使得自己不能对购物环境充分理解并产生自信，进而引起的理解匮乏；模糊性混淆（ambiguity confusion）是指消费者在处理不清晰的、误导性的及模糊性的产品信息或广告时产生的不耐受性。这也是被后来学者普遍引用的、最认可的三种类型。[6][7][8]

**2. 购物价值**

购物价值是从消费者行为视角感知的价值，可以视为从购物体验中所感知到的各种定性、定量、主观与客观消费者购物体验的组合，是顾客价值理论在零售购物环境下的延伸与应用。[9] Babin et al.（1994）使用文献研究和焦点小组访谈的方法开发了测量享乐主义和功利主义购物价值的量表，证实了购物价值包括功能性购物价值（utilitarian shopping value）和享乐性购物价值（hedonic shopping value）。[10] 功能性购物价值包括更多的态度认知，如经济的货币价值、判断方便及节省时间等，它意味着消费者以一个审慎的、有效的方式购买产品，完成一些预定的购物任务和目标。享乐性购物价值更多地来自于与购买过程相联系的乐趣，反映了购物过程给消费者带来的情感体验。

（二）研究假设

**1. 消费者混淆与购物价值的关系假设**

Hyun 在其研究中指出，广告中过多、过于复杂的信息使得消费者产生的混淆通过愉悦性这一情感反应的中介作用对享乐性价值和功能性价值产生了负面影响。[11] Garaus et al. 在认知匹配、消费者混淆和购物价值之间关系的研究中通过实证得出了消费者混淆负面影响购物价值的两个方面——功能性购物价值和享乐性购物价值。[12] 另外，消费者混淆会使消费者在购物过程产生决策延迟甚至是放弃购买已被很多学者证实。[13][14][15] 同时也有很多学者表明，消费者被混淆时，他们会经历不愉悦的情绪状态，例如沮丧、生气、焦虑，甚至是愤怒。[6][7][16] 而功能性购物价值只有当消费者成功、快速地完成一项购买任务时才会感受到购物的价值，享乐性购物价值是消费者在购物过程中体验到的愉悦感，由源自个体对购物体验过程中的直接性的情感利益和娱乐的满足所导致。[10] 因此，本文提出如下假设：

H1a：相似性混淆（SC）对功能性购物价值（USV）有显著的负向影响。

H1b：过载性混淆（OC）对功能性购物价值（USV）有显著的负向影响。

H1c：模糊性混淆（AC）对功能性购物价值（USV）有显著的负向影响。

H2a：相似性混淆（SC）对享乐性购物价值（HSV）有显著的负向影响。

H2b：过载性混淆（OC）对享乐性购物价值（HSV）有显著的负向影响。

H2c：模糊性混淆（AC）对享乐性购物价值（HSV）有显著的负向影响。

**2. 购物价值与顾客满意的关系假设**

购物价值作为顾客价值理论在零售购物环境下的延伸与应用，[9] 体现了消费者对购物体验综合的主观评价，它是囊括了功能与情感要素的多维度概念体系。[17] 购物价值对顾客满意的影响已得到很多学者证实，[18][19][20] Chang 和 Fang 也指出，在零售商店中，功能性购物价值和享乐性购物价值均会正向影响顾客满意。[21] Chebat et al. 在其研究中也得出功能性购物价值和享乐性购物价值均会对顾客满意起到正向影响的作用。[22] 另外，国内学者李海英和林柳在平台式网购情境中也证实了功能性购物价值和享乐性购物价值均会正向影响顾客满意。[23] 因此，本研究提出如下假设：

H3a：功能性购物价值（USV）对顾客满意（CS）有显著的正向影响

H3b：享乐性购物价值（HSV）对顾客满意（CS）有显著的正向影响

综上所述，本研究构建概念模型，见图 1。本研究认为，消费者的三个维度——相似性混淆、过载性混淆和模糊性混淆，会通过影响功能性购物价值和享乐性购物价值，进而影响顾客满意。

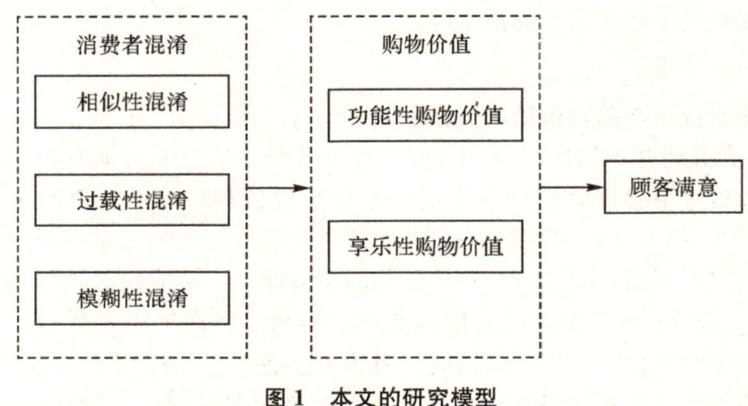


**图 1　本文的研究模型**

## 三、调研方案设计

### （一）问卷设计

本研究以调查问卷为测量工具，共设计三大类六个变量，其中自变量消费者混淆三个变量、中间变量购物价值两个变量与因变量顾客满意，采用李克特 5 点量表对变量进行测量，其范围从“非常不同意”至“非常同意”分别给予 1，2，3，4，5 的分数。

根据研究模型及研究假设设计本研究问卷，共分为四个部分：首先是关于消费者混淆，本文参考了 Walsh 和 Schweizer 等的研究，[2][24] 三个变量相似性混淆、过载性混淆和模糊性混淆共 14 个测量题项；其次是关于购物价值，本文根据 Babin 和李玉峰等的研究，[10][17] 两个变量功能性购物价值和享乐性购物价值共 11 个测量题项；再次是对顾客满意的测量，本研究参考了 Janda 和盛天翔等的研究，[25][26] 包含 5 个测量题项；最后是被调查者个人基本情况，包括性别、年龄、受教育程度、购买智能手机的渠道以及此前购买智能手机的次数。

本次调查是针对消费者对智能手机的购买进行的，选择智能手机主要是因为快速的技术革新和剧烈的市场竞争使得各类智能手机品牌在产品属性、风格、设计和操作系统等方面呈现出巨大的相似性，各大手机厂商频繁推出新品，种类繁多，并且作为复杂产品，它们有着更复杂的产品特点，因此在消费者决策过程中更有可能经历相似性混淆、过载性混淆和模糊性混淆，并且混淆的程度是很高的。[7][27][28]所以，本研究选取有过购买智能手机经历的普通消费者作为调研对象。

本次调查还特别设置了一个问项为“您在最近 6 个月内是否有过购买智能手机的经历？（ ）A. 有 B. 无”，为确保调研对象的有效性，选择“无”的被调查者就不是本研究的调研对象。

### （二）正式问卷发放与回收

本研究共进行了两次预调研，第一次前测是为了检验问卷中各个测量项目的含义是否明晰、措辞是否准确等。为此，本研究共邀请了 5 位在最近 6 个月内有过购买智能手机经历的研究生作为样本，对问卷的内容、指标进行评价，并征询了他们的意见，对部分字词进行了修改，使得问卷设计更加清晰明了。第二次预调研是通过小样本数据来检验量表的信度和效度，以保证问卷设计的内容一致性和稳定性，剔除部分题项，从而得出精简有效的最终问卷。正式问卷调查样本是通过在网上发放调查问卷与实地询问发放问卷相结合的方式获得，其中网上发放主要借助“问卷星”网站有偿地选取目标人群发放问卷并回收，实地发放主要是在杭州银泰百货商场以及宝龙城市广场两个人流量较大的地方进行的。

本次调查收回的问卷数是 355 份，由于部分问卷信息填写不完整或者不是本论文的研究对象使得问卷无效，最终有效问卷共 299 份，有效回收率为 84.23%。样本中，男女比例相当；年龄主要集中在 18—35 岁之间，可见 18 岁到 35 岁这个年龄段的受访者较为集中，占到样本总量的 71.2%；从学历上来看，本科学历的受访者较多，占到样本总量的 41.8%，而高中及以下学历的受访者只占到 16.4%；本次受访者中，大多数人是通过传统的实体店购买智能手机，占到样本总量的 61.9%；对于购买次数，样本中，此次购买之前有过 2—3 次购买智能手机经验的受访者较多，占到样本总量的 41.8%，有过 5 次以上购买经验的受访者较少，只有 11.0%。

## 四、数据分析和假设检验

### （一）信度与效度分析

通过 SPSS19.0 对消费者混淆、购物价值和顾客满意各度量指标逐个进行信度和效度分析，结果见下表 1。

表 1　各变量的信度与效度检验

| 变量 | 维度 | 题项 | Cronbach's α 值 | 因子载荷取值范围 |
| --- | --- | --- | --- | --- |
| 消费者混淆 | 相似性混淆 | 5 | 0.823 | 0.663—0.836 |
| | 过载性混淆 | 4 | 0.845 | 0.697—0.803 |
| | 模糊性混淆 | 5 | 0.813 | 0.620—0.722 |
| 购物价值 | 功能性购物价值 | 5 | 0.868 | 0.696—0.846 |
| | 享乐性购物价值 | 6 | 0.909 | 0.726—0.861 |
| 顾客满意 | | 5 | 0.929 | 0.867—0.898 |

由表 1 可见，所有测量维度的 Cronbach's α 值都大于 0.8，说明各变量相关量表有着较高的内在信度。消费者混淆量表的 *KMO* 值为 0.923，Bartlett 球形检验显著性概率为 0.000，说明适合进行因子分析。对消费者混淆变量的 14 个题项进行探索性因子分析，共得到 3 个因子，且其方差解释率为 61.909%，因子载荷均超过 0.6，这说明本研究所提出的消费者混淆的 3 个变量之间相互独立，即消费者混淆的效度符合要求。同理，本研究所构建的购物价值和顾客满意量表的效度符合要求。

(二)结构方程模型修正与分析

在建立与识别结构方程模型后，利用 AMOS17.O 软件对初始结构方程模型 Ml 进行估计与检验。模型 M1 的卡方值与自由度的比率(*CMIN/DF*)为 3.170，小于 5，可以认为整体结构方程模型 Ml 的拟合程度是可以接受的。然而模型的拟合优度并不是很好，从而依据 AMOS 中输出的修正指数(Modification Indices，MI)对模型 M1 进行修正得到修正后的模型 M2。

经过多次修正，从模型 M2 的估计结果表明，模型的拟合程度都有所提高。其中，模型的卡方与自由度之比 *CMIN/DF* 改善程度最明显，由原来的 3.170 降为 2.043，小于 3，有比较显著的变化；近似误差均方根(*RMSEA*)由原来的 0.103 降为 0.079，表明模型的拟合程度有所提高。另外，其他的拟合优度指标也均有所改善。因此可以认为，修正模型 M2 相对原模型 M1 更加有效，本研究将修正后的模型 M2 作为最终模型。

运用 AMOS17.0 软件对修正模型 M2 进行回归系数分析，得到的路径系数及分析结果如表 2 所示。

**表 2　路径系数回归结果**

| 回归 | | | C. R. | 显著性水平 | 标准回归系数 | 检验结果 |
|---|---|---|---|---|---|---|
| USV | <— | SC | −1.856 | 0.052 | −0.181 | 影响不显著 |
| HSV | <— | SC | −3.750 | *** | −0.175 | 影响显著 |
| USV | <— | OC | −12.443 | *** | −0.505 | 影响显著 |
| HSV | <— | OC | −6.764 | *** | −0.449 | 影响显著 |
| USV | <— | AC | −14.660 | *** | −0.666 | 影响显著 |
| HSV | <— | AC | −7.389 | *** | −0.666 | 影响显著 |
| CS | <— | USV | 2.272 | 0.023 | 0.212 | 影响显著 |
| CS | <— | HSV | 3.894 | *** | 0.327 | 影响显著 |

注：＊＊＊表示显著性水平小于 0.001

从表 2 可以看到，相似性混淆对享乐性购物价值的影响显著，回归系数为 −0.175($p<0.01$)；过载性混淆对功能性购物价值的影响显著，回归系数为 −0.505($p<0.01$)；过载性混淆对享乐性购物价值的影响显著，回归系数为 −0.449($p<0.01$)；模糊性混淆对功能性购物价值的影响显著，回归系数为 −0.666($p<0.01$)；模糊性混淆对享乐性购物价值的影响显著，回归系数为 −0.666($p<0.01$)；功能性购物价值对顾客满意的影响显著，回归系数为 0.212($p=0.023$)；享乐性购物价值对顾客满意的影响显著，回归系数为 0.327($p<0.01$)。其中，相似性混淆对功能性购物价值的影响不显著，回归系数为 −0.181($p>0.05$)。所以除了假设 H1a 不成立，H1b，H1c，H2a，H2b，H2c，H3a 和 H3b 均被证实。

### (三)数据分析结果与讨论

#### 1. 消费者混淆与功能性购物价值

模型修正后数据分析显示，消费者混淆的三个维度中，过载性混淆和模糊性混淆均对功能性购物价值有显著的负向影响，而相似性混淆对功能性购物价值的负向影响不显著。另外，通过比较标准化系数的大小可以发现，消费者混淆的三个维度中，模糊性混淆对功能性购物价值的负向影响最大，标准化回归系数达到了 −0.666。

以往众多研究表明，消费者在购物过程中经历混淆，会使得消费者花更多的时间处理信息，进而产生了购买延迟甚至是放弃购买，这对消费者的功能性购物价值产生了负面的影响。但是本文研究结果显示，相似性混淆对功能性购物价值并没有显著的负向影响。Walsh et al. 在其研究中指出，消费者在购物过程中其实并不愿意延迟购买，当他们感知到不同的品牌或产品在很多方面都很相似，他们会将这些品牌或产品视为互为替代品，因此他们会立即购买，而并不是延迟决策。所以，这较好地解释了相似性混淆对功能性购物价值并不产生显著的负向影响。另外，对于过载性混淆和模糊性混淆对功能性购物价值的负向影响在本文得到了证实，即过载性混淆或模糊性混淆程度越高，他们的购物效率就越低，完成购买任务越慢。这一结论也与 Hyun et al.（2011）和 Garaus et al.（2014）的研究结论相一致。

**2. 消费者混淆与享乐性购物价值**

数据分析表明，消费者混淆的各维度，即相似性混淆、过载性混淆和模糊性混淆均对享乐性购物价值存在显著的负向影响。并且，通过比较标准化系数的大小可以发现，消费者混淆的三个维度中，对享乐性购物价值的负向影响最大的，同样是模糊性购物价值，标准化回归系数达到了－0.666，其次是过载性混淆，系数为－0.449。

在购物过程中经历混淆，会使消费者产生消极的情绪状态，进而影响到消费者整个购物过程中的愉悦性，这对消费者的享乐性购物价值产生了负面的影响。本研究证实了这一结论，即消费者混淆负向影响享乐性购物价值，这说明消费者在购物过程中经历的相似性混淆、过载性混淆或模糊性混淆程度越高，他们在购物过程中体验到的愉悦性就越低。这一结论同样与 Hyun et al.（2011）和 Garaus et al.（2014）的研究结论相一致。

**3. 购物价值与顾客满意**

据统计分析可知，购物价值的两个维度，即功能性购物价值和享乐性购物价值均对顾客满意有显著的正向影响。

根据以往理论研究，消费者购物时，完成购买的任务越快，购物效率越高以及购物过程中体验到的愉悦性越高，则消费者的满意度就会越高。本文也进一步证实了这一结论，即功能性购物价值和享乐性购物价值对顾客满意均有显著的正向影响。另外，通过比较标准化系数的大小可以发现，购物价值的两个维度中，享乐性购物价值对顾客满意的正向影响要大于功能性购物价值，这一观点也跟国外学者 Chang & Fang et al.（2007）的研究结论相一致，这说明如果要提高顾客满意度，相当于要让顾客高效地完成购买，让其体验到购物过程中愉悦性更重要。

## 五、研究结论与建议

伴随着中国市场经济的发展、技术的快速革新，市场中商品种类也日益繁杂、同质化现象日益严重，这使得消费者在购物过程中产生混淆，并对其消费满意度产生影响。本研究以购物价值作为中间变量，实证分析了消费者混淆的三个维度对顾客满意的影响，让企业和商家清楚地认知消费者混淆对顾客满意影响的过程，从而为企业和商家改善顾客满意提供一定的指导。基于本文的研究结论，提出如下营销管理建议：

(一)清晰的品牌定位和产品差异化策略，凸显品牌和产品个性

企业要对自己的品牌有清晰的定位，使自己的品牌具有独特的文化取向和个性差异，打造强势品牌，凸显与竞争者之间的差异。另外，企业还需不断创新，发展产品差异化策略，并应全面体现在功能、包装、价格、广告、促销方式和产品名称等方面，在强化与竞争者之间差异的同时，自己品牌内部的产品也应根据不同的细分市场各具特色，便于不同需求的消费者选择产品。总之，企业应着眼于长期发展有自己独特的品牌特色和产品特点，便于消费者将其与其他竞争者的品牌与产品区别开来，而不是简单地模仿竞争者。

(二)缩减产品线，优化产品数量，降低消费者的选择过载

产品制造商应不断优化产品组合，适当缩减产品线，避免过多的品牌和产品对消费者的选择产生困扰。另外，传统的观点认为零售店中产品的数量越多，越能更好地迎合消费者的需求。众多的产品数量增加了消费者寻找到他们理想产品的可能性及灵活性，但是过多的产品数量却会使得消费者产生混淆。已有研究也表明较少的产品数量并不会对销售额产生负面影响，反而会让消费者产生积极的反应。[29]所以对于零售商，应优化产品构成，求精而不求多，使得在满足消费者需求的同时避免或减少消费者因选择过多而产生混淆。

(三)简化广告，精简店面布局，降低消费者感知到的信息过载

广告需在非常有限的时间内展现给消费者，所以广告内容应简洁明了、突出重点，围绕某一核心卖点进行叙述，避免因展现的内容过多使消费者无法处理这些信息而产生过载性混淆。另外，实体店或线上网店在管理和设计店面或网站页面时，应考虑怎样在有限的店面和网页内合理地分配商品及其他大量的信息，生成简约的店面布局，使得消费者关注的信息得以清晰展示的同时又不会使得消费者因感知到的信息过多而混淆。例如，在实体店中可以对商品进行更合理的分类摆放和区域划分；网店需对文字和图片的数量、大小、区域进行合理的适配等。

(四)市场信息应清晰明确，减少消费者的不确定性

企业和零售商在营销活动中传达给消费者的信息应准确、清晰，便于消费者理解，如各种促销宣传信息、价格信息及其他与产品相关的信息等。对于促销宣传信息，应简单、明确，避免“买一送一”之类模棱两可的促销语句；对于价格信息，应直观、明确，避免价格区间及其他不清晰的价格信息的提供；产品标识或标签上的信息应清晰、全面，避免含糊不清的产品说明；另外，店内服务人员传达给消费者的信息也应清晰明确、通俗易懂，避免使用误导性的、模糊性的语言诱导消费者。总之，

企业和商家传递给消费者的各种信息应清晰明确，减少或避免消费者因不确定性而产生模糊性混淆。

（五）本研究仍有许多不足之处

如在数据收集方面，由于本研究采取随机调查的方式进行数据收集，无法控制填答者的质量；在研究对象方面，本研究的研究对象是在近6个月内有过购买智能手机经历的消费者，但是智能手机与其他产品相比有其自身独特的产品特点，并不能代表其他产品，所以本文的研究结论是否具有普适性还需进一步证实；在测量量表方面，本研究在总结了前人选取的维度和测量指标的基础上，结合消费者购买智能手机的特殊性，设计了消费者混淆、购物价值和顾客满意三个维度和测量量表，其适用性和有效性还需进一步验证。尤其是国内对消费者混淆的研究还刚起步，其量表在国内情境下的适用性更需进一步验证。针对研究的局限性，对消费者混淆的研究还可以进一步完善，具体可从以下三个方面进行：(1)开展实验研究，实验研究能够减少主观性，从而有效验证各变量间的因果关系，因此，未来的研究可通过实验研究来验证本研究中各变量之间的因果关系。(2)提高样本的代表性，未来研究可以针对不同类型的产品分别考察消费者混淆对顾客满意的影响，提高研究结论的精确性和适用性。(3)提高测量量表的准确性，未来的研究可以在广泛调查的基础上验证其适用性和有效性，尤其是对消费者混淆量表的检验应引起国内学者足够的重视。

**参考文献**

[1] SNIDER, JAMES H. Consumers In The Information Age[J]. The Futurist, 1993, 15-19.

[2] WALSH G, HENNIG-THURAU T, MITCHELL V W. Consumer confusion proneness: scale development, validation, and application[J]. Journal of Marketing Management, 2007, 23(7-8): 697-721.

[3] LAKOTTA D K J. Customer confusion in Service-to-Business Markets-Foundations and First Empirical Results [M]. Gabler, 2009.

[4] MITCHELL V W, PAPAVASSILIOU V. Marketing causes and implications of consumer confusion[J]. Journal of Product & Brand Management, 1999, 8(4): 319-342.

[5] MITCHELL V W, WALSH G, YAMIN M. Reviewing and redefining the concept of consumer confusion[J]. Presentation at University of Queensland, Australia, March, 2004.

[6] WALSH G, MITCHELL V W. The effect of consumer confusion proneness on word of mouth, trust, and customer satisfaction[J]. European Journal of Marketing, 2010, 44(6): 838-859.

[7] WANG Q, SHUKLA P. Linking sources of consumer confusion to decision satisfaction: the role of choice goals[J]. Psychology & Marketing, 2013, 30(4): 295- 304.

[8] TJIPTONO F, ARLI D, BUCIC T. Consumer confusion proneness: insights from a developing economy[J]. Marketing Intelligence & Planning,2014,32(6):722-734.

[9] SEO S,LEE Y. Shopping values of clothing retailers perceived by consumers of different social classes[J]. Journal of Retailing and Consumer Services,2008,15(6):491-499.

[10] BABIN B J,DARDEN W R,GRIFFIN M. Work and/or fun: measuring hedonic and utilitarian shopping value[J]. Journal of Consumer Research,1994:644-656.

[11] HYUN S S,KIM W,LEE M J. The impact of advertising on patrons' emotional responses, perceived value,and behavioral intentions in the chain restaurant industry: The moderating role of advertising-induced arousal[J]. International Journal of Hospitality Management, 2011,30(3):689-700.

[12] GARAUS M,WAGNER U,KUMMER C. Cognitive fit, retail shopper confusion, and shopping value: Empirical investigation[J]. Journal of Business Research,2014.

[13] IYENGAR S S,LEPPER M R. When choice is demotivating: Can one desire too much of a good thing? [J]. Journal of Personality and Social Psychology,2000,79(6):995.

[14] CHERNEV A. When more is less and less is more: The role of ideal point availability and assortment in consumer choice[J]. Journal of Consumer Research,2003,30(2):170-183.

[15] JACOBY J,MORRIN M. "Not Manufactured or Authorized by...": Recent Federal Cases Involving Trademark Disclaimers [J]. Journal of Public Policy & Marketing, 1998: 97-107.

[16] MATZLER K, STIEGER D, FULLER J. Consumer confusion in internet-based mass customization: Testing a network of antecedents and consequences [J]. Journal of Consumer Policy,2011,34(2):231-247.

[17] 李玉峰,吕巍,柏佳洁. 不同购物环境下消费者享乐主义/功利主义态度测评[J]. 管理科学,2008,21(1):58-64.

[18] YOO W S,LEE Y,PARK J K. The role of interactivity in e-tailing: Creating value and increasing satisfaction[J]. Journal of Retailing and Consumer Services,2010,17(2):89-96.

[19] 贾薇,张明立,王宝. 顾客价值在顾客参与和顾客满意关系中的中介效应研究[J]. 中国工业经济,2009 (4):105-115.

[20] 雷婷,李存林. B2C电子商务交易平台顾客感知价值、顾客满意与顾客忠诚关系的实证研究[J]. 技术与创新管理,2012(06):642-646,654.

[21] CHANG H H,FANG W. The effects of shopping value on retail outcomes: a comparison between department stores and hypermarkets[J]. The Service Industries Journal,2012,32 (14):2249-2263.

[22] CHEBAT J C,MICHON R,HAJ-SALEM N,et al. The effects of mall renovation on shopping values,satisfaction and spending behaviour[J]. Journal of Retailing and Consumer Services,2014,21(4):610-618.

[23] 李海英,林柳. 交易经验在平台式网购顾客满意度评价中的调节作用[J]. 软科学,2012,25

(12)：137-142.

[24] SCHWEIZER M. Consumer confusion im Handel：ein umweltpsychologisches Erklärungsmodell [D]. Schesslitz ：Universität St. Gallen，2004.

[25] JANDA S，TROCCHIA P J，GWINNER K P. Consumer perceptions of Internet retail service quality[J]. International Journal of Service Industry Management，2002，13(5)：412-431.

[26] 盛天翔，刘春林. 网上交易服务质量四维度对顾客满意及忠诚度影响的实证分析[J]. 南开管理评论，2008，6：37-41.

# 消费者环境敏感度对绿色消费意向的影响研究:基于计划行为理论

吕筱萍　段丽君

(浙江工商大学工商管理学院,浙江杭州　310018)

**摘　要:**近年来,我国经济高速发展,环境问题也越来越突出。改变消费者的消费方式,推动绿色消费已成为新常态下经济发展的新任务,推进生态文明建设的新要求。本文以计划行为理论为框架基础,构建了环境敏感度、绿色消费态度、绿色消费主观规范、绿色消费知觉控制与绿色消费意向的理论模型,并引入自我效能感作为调节变量,深入探讨消费者环境敏感度对绿色消费意向的影响过程,通过调研问卷收集数据,通过运用结构方程模型进行分析。研究结果表明,消费者环境敏感度其对绿色消费意向有显著的正向影响,其中绿色消费态度、绿色消费主观规范、绿色消费知觉控制对消费者环境敏感度与绿色消费意向的关系起到中介作用。自我效能感对消费者环境敏感度与绿色消费态度、绿色消费知觉控制的关系起到正向调节作用,而对消费者环境敏感度与绿色消费主观规范的关系调节作用并不显著。因此,政府和企业应针对消费者不同的环境敏感度采取相应的营销管理策略,从而提高消费者的绿色消费意向。

**关键词:**计划行为理论　环境敏感度　自我效能感　绿色消费意向

## 一、引言

近年来,打开手机软件查看当天的环境指数,出门戴口罩,回家开空气净化器……这些正悄然成为中国人每日的习惯。"生态危机"已切切实实地影响到了人们的生活,雾霾、水污染、土地污染等直接危及人类生活。为了摆脱目前面临的困境,人类必须重新审视和选择自己的日常生活方式,从追求享乐的消费主义生活方式转向人与自然和谐相处的绿色消费方式。随着人们环境保护意识的日益增强,消费者的绿色消费行为也成为了市场营销研究的重要内容。[1]

环境敏感度这一概念最先在环境教育学领域被提出，国外和我国台湾的学者对该变量做了深入的研究，认为环境敏感度是影响环境行为形成的重要前提。[2][3]正如 Vining & Ebreo et al. 学者所发现的那样，仅仅考察环境信念对环境行为的影响是不够的，环境敏感度有助于提高对绿色消费意向的预测力，而这个因素在以往的研究中往往是被忽视的。[4][5][6]

本研究首先参考计划行为理论，构建了消费者环境敏感度影响绿色消费意向的模型，以绿色消费态度、绿色消费主观规范和绿色消费知觉控制为中介变量，并加入自我效能感作为调节变量，深入探讨了变量间的关系，以期为政府和企业提高消费者绿色消费意向提供营销策略参考。

## 二、文献回顾

### (一)绿色消费

绿色消费概念是 1988 年由英国学者 Elkington & Hailes 在《绿色消费者指南》一书中首次提出，之后理论界又相继提出了"适度消费""可持续消费""生态消费""低碳消费"等相关概念。[7]经过不断完善，目前国际上普遍认可的是绿色消费的"5R"原则即：节约资源、减少污染(reduce)；绿色生活、环保选购(revaluate)；重复使用、多次利用(reuse)；分类回收、循环再生(recycle)；保护自然、万物共存(rescue)。[8]国内对绿色消费较为权威的界定是中国消费者协会对绿色消费的定义：一是倡导消费者在消费时选择未被污染或有助于公众健康的产品；二是在消费过程中注意节水、节电，加强对垃圾的处理，不造成污染；三是在思想意识上，要求消费者转变消费观念，崇尚自然、追求自然、追求健康，在追求生活舒适的同时，注重环保，节约资源和能源，实现消费领域的可持续发展。[9]

### (二)环境敏感度

环境敏感度这一概念最先在环境教育学领域被提出，该领域的学者们对该变量做了较为深入的研究。Sia，Hungerford & Tomera 在对环境行为的研究中将环境敏感度定义为个人对环境的同情程度，包括能够感受和在意环境的程度。[10]我国台湾学者郑时宜通过实证研究检验了台湾环保人员的行为与态度变量之间的关系，她认为环境敏感度是导致个体承认环境具有内在价值的情感特质，即对环境的发现、欣赏和同情。[3]孙岩认为环境敏感度是个体看待环境的情感特质，是个体对环境的发现、欣赏、探索和关心。[11]台湾学者许世璋在他的研究中指出，个人的环境敏感度主要受以下因素的影响：户外活动；经常接触自然环境；父母、师长和书籍的影响；目睹居住地环境的变化等环境教育(包括家庭、社会的教育和个体的自我教育)。[12]

### (三)自我效能感

自我效能感概念是1977年由美国心理学家 Bandura 在《自我效能:关于行为变化的综合理论》中最早提出的。[13] Bandura 认为,自我效能感是指个体应付或处理环境事件的效验或有效性,即人们自身能否利用所拥有的技能完成某项工作的自信程度。Judge et al. 基于前人研究提出,自我效能感是个体对自己能否应对、执行和能否成功的基本能力的评估,是个体对自己能否有效处理各种情况的信心判断。[14] 在 Bandura 的研究中,他指出自我效能感不仅是个体对某一行为活动效果的事先估计,而且直接影响到个体在活动中的心理功能发挥,自我效能感通过影响个体的选择过程、认知过程、动机过程和情感过程作用于个体的行为。并且,直接经验、替代学习、言语劝导和身心状态这四种因素对自我效能感的形成产生重要影响。[13]

通过对文献的整理与回顾发现,目前关于绿色消费影响因素的研究中,大多为抽象的理论分析和宏观的政策建议,相关的实证分析和影响因素之间的关系研究较少。尽管许多国外和台湾学者认为环境敏感度是影响环境行为的主要变量之一,但大陆在这方面的研究相对匮乏。郭本禹等学者提出自我效能感除直接影响绿色消费意向外,还可能对其他因子与环境行为之间的关系起到调节作用。[15] 因此,本研究将环境敏感度纳入研究的变量中,并引入自我效能感作为调节变量,来探讨环境敏感度对绿色消费意向的影响过程。

## 三、研究假设与概念模型

Ajzen 将理性且非个人意志可完全控制的行为模式归纳为计划行为。该理论认为,人的行为态度、主观规范和知觉行为控制共同影响了人的行为意向进而决定了人的行为。[16][17] 很多学者认同绿色消费行为的理性和受客观环境和条件限制的特征,并运用计划行为理论来研究绿色消费行为,如国外学者 Kalafatis 以计划行为理论为基础对比研究了英国与希腊消费者购买环境友好产品的意向和行为。[18] 陈凯借鉴计划行为理论构建了绿色出行心理因素的概念模型。[19] 因此,本文以计划行为理论模型为基础构建了绿色消费意向的研究模型。

### (一)环境敏感度与计划行为理论各变量的关系假设

郑时宜的实证研究表明了个体环境行为中存在着“环境敏感度→环境态度→环境行为”的逻辑关系。[3] 陈素琴也指出环境敏感程度高的个体更容易察觉和接受来自周边人群环境行为规范的压力,减少对环境行为执行难的认知。[20] 于伟针对山东省内大中城市居民的调查结果表明,环境知识影响居民的环境敏感度,环境敏感度则通过外部规范压力、内在态度和行为控制感影响环境行为意图。[21] Chan 在对居民的绿色消费行为研究中发现，环境敏感度对居民的绿色消费行为有着显著的影响。[22]因此，本文在所整理文献的基础上，提出如下假设：

H1a：环境敏感度（ES）对绿色消费态度（AB）有显著的正向影响。

H1b：环境敏感度（ES）对绿色消费主观规范（SN）有显著的正向影响。

H1c：环境敏感度（ES）对绿色消费知觉控制（PBC）有显著的正向影响。

H1d：环境敏感度（ES）对绿色消费意向（GCI）有显著的正向影响。

### （二）绿色消费态度、主观规范、知觉控制与绿色消费意向的关系假设

计划行为理论三大要素（态度、主观规范和知觉行为控制）对行为意向的解释力已被很多研究证实。罗丞、郃秀军等对绿色食品的研究表明，消费者对绿色消费的态度、主观规范、知觉行为控制正向地影响着消费者的绿色消费意向和行为[23]。但也有学者的研究表明态度、主观规范、知觉行为控制对消费意向并没有显著的影响，如陆莹莹和赵旭以旧家电回收为对象的研究表明，虽然消费者绿色消费的态度和知觉行为控制对绿色消费行为影响显著，但是主观规范对绿色消费行为影响不显著。[24]劳可夫、吴佳构建了绿色消费行为影响机制的模型，研究结果表明，绿色消费主观规范和绿色消费知觉控制对绿色消费意向影响显著，但是绿色消费态度对绿色消费意向的直接影响并不显著。[25]因此，本文在所整理文献的基础上，提出如下假设：

H2a：绿色消费态度（AB）对绿色消费意向（GCI）有显著的正向影响。

H2b：绿色消费主观规范（SN）对绿色消费意向（GCI）有显著的正向影响。

H2c：绿色消费知觉控制（PBC）对绿色消费意向（GCI）有显著的正向影响。

### （三）绿色消费态度、绿色消费主观规范和绿色消费知觉控制的中介作用假设

特定变量对行为意向的影响应该受到计划行为理论三大要素（态度、主观规范和知觉行为控制）的中介作用（Ajzen，1991；Conner & Armitage，1998），[16][26]运用到绿色消费上，我们假设计划行为理论三大要素能够在环境敏感度对绿色消费意向的影响中发挥中介作用。因此，本文提出如下假设：

H3a：绿色消费态度（AB）在环境敏感度（ES）和绿色消费意向（GCI）之间起中介作用。

H3b：绿色消费主观规范（SN）在环境敏感度（ES）和绿色消费意向（GCI）之间起中介作用。

H3c：绿色消费知觉控制（PBC）在环境敏感度（ES）和绿色消费意向（GCI）之间起中介作用。

### （四）自我效能感的调节作用假设

Bandura 指出自我效能感是指个体在特定情境中对自己某种行为能力的自信

程度。[27] Marcinkowski 发现，团队效能感与个人效能感能解释 2.6%～5.1%的环境友好行为的变异量，除直接影响外，效能感还可能对其他因子与环境行为之间的关系起到调节作用[28]。因此，本文提出如下假设：

H4a：自我效能感（SE）对消费者环境敏感度（ES）和绿色消费态度（AB）的关系具有调节作用。

H4b：自我效能感（SE）对消费者环境敏感度（ES）和绿色消费主观规范（SN）的关系具有调节作用。

H4c：自我效能感（SE）对消费者环境敏感度（ES）和绿色消费知觉控制（PBC）的关系具有调节作用。

综上所述，本研究构建概念模型，见图 1。本研究认为，消费者环境敏感度，会通过影响绿色消费态度、绿色消费主观规范和绿色消费知觉控制，进而影响绿色消费意向。消费者的自我效能感对环境敏感度与绿色消费态度、绿色消费主观规范和绿色消费知觉控制的关系具有调节作用。

## 四、调研方案设计

### （一）问卷设计

本研究以调查问卷为测量工具，共设计三大类六个变量，其中自变量为消费者环境敏感度，调节变量为自我效能感，中间变量为绿色消费态度、绿色消费主观规范、绿色消费知觉控制，因变量为绿色消费意向，采用李克特 5 点量表对各变量进行测量，其范围从“非常不同意”至“非常同意”分别给予 1，2，3，4，5 的分数。

根据研究模型及研究假设设计本研究问卷，共分为四个部分：首先关于环境敏感度，本文参考了 Tanner & Kast 和郑时宜等的研究，[29][3]包含 4 个测量题项；其次是关于自我效能感，本文根据 Schwarze 一般自我效能感量表，中文版王才康翻译，[30]共 10 个测量题项；再次是对计划行为理论各变量的定义与测量，主要参考了 Ajzen 和劳可夫、吴佳等的研究，[16][25]四个变量，绿色消费态度、绿色消费主观规范、绿色消费知觉控制和绿色消费意向共 17 个测量题项；最后是被调查者个人基本情况，包括性别、年龄、婚姻、家中是否有儿童、受教育程度、职业、月可支配收入等。

### （二）正式问卷发放与回收

经过两次预调研和问卷修正，正式问卷调查是通过在网上随机取样发放调查问卷与实地询问发放问卷相结合的方式获得，其中网上发放主要借助“问卷星”网站等发放并回收，实地发放主要是在杭州图书馆以及宝龙城市广场两个人流量较大的地方询问发放。

本次调查最终收回的问卷数是 332 份，有效问卷共 276 份，有效回收率为 83.13%。样本中，男女比例相当；年龄主要集中在 25—34 岁之间，占到样本总量的 40.2%；从学历上来看，研究对象受教育程度主要集中在大专及大学和研究生，分别占 44.9%和 35.1%，整体样本受教育程度较高；职业方面，学生群体和企业管理人员所占比例最大，分别为 30.4%和 18.5%，其次为党政机关工作人员，占 12.7%，从职业类型分布来看，职业构成较为全面。从月可支配收入来看，大部分集中在 1001—3000 元和 3001—5000 元这两个收入段，分别占样本的 36.6%和 26.4%。整体来讲，总体样本呈现的特征是以 25—34 岁受过高等教育的学生和企事业单位人员为主。

## 五、数据分析和假设检验

### (一)信度与效度分析

SPSS19.0 软件对消费者环境敏感度、自我效能感和计划行为理论各变量的度量指标逐个进行信度和效度分析结果见下表 1。

**表 1 各变量的信度与效度检验**

| 变量 | 题项 | Cronbach's α 值 | 因子载荷取值范围 |
|---|---|---|---|
| 环境敏感度 | 4 | .811 | 0.779—0.829 |
| 自我效能感 | 10 | .924 | 0.715—0.816 |
| 绿色消费态度 | 4 | .826 | 0.550—0.764 |
| 绿色消费主观规范 | 4 | .782 | 0.554—0.801 |
| 绿色消费知觉控制 | 4 | .787 | 0.637—0.726 |
| 绿色消费意向 | 5 | .857 | 0.762—0.840 |

由表 1 可见，所有测量维度的 Cronbach's α 值都大于 0.8，说明各变量量表之间有着较高的内在信度。

### (二)结构方程模型修正与分析

在对结构方程模型建立与识别后，利用 AMOS17.O 软件对初始结构方程模型 Ml 进行估计与检验。模型 M1 的卡方值与自由度的比率(*CMIN/DF*)为 2.266，小于 3，认为整体结构方程模型 Ml 的拟合程度是可以接受的。然而模型的拟合优度并不是很好，从而依据 AMOS 中输出的修正指数(Modification Indices，MI)对模型 M1 进行修正得到修正后的模型 M2。

经过多次修正，从模型 M2 的估计结果表明，模型的各项拟合程度都有所提高。其中,模型的卡方与自由度之比 *CMIN/DF* 改善程度最明显,由原来的 2.266 降为 1.720;近似误差均方根(*RMSEA*)由原来的 0.068 降为 0.051,表明模型的拟合程度有所提高;并且 *NFI*,*TLI* 和 *CFI* 均超过了 0.9,达到了理想标准。另外,其他的拟合优度指标也均有所改善。因此可以认为,修正模型 M2 相对原模型 M1 是更加有效的,可以进行相应的检验和路径分析,并将其确定为本研究的最终模型。

运用 AMOS17.0 软件对修正模型 M2 进行回归系数分析,得到的路径系数及分析结果如表 2 所示。

**表 2 路径系数回归结果**

| 假设路径 | | | *C.R.* | 显著性水平 | 标准回归系数 | 检验结果 |
|---|---|---|---|---|---|---|
| *AB* | <— | *ES* | 9.305 | *** | 0.832 | 影响显著 |
| *SN* | <— | *ES* | 7.827 | *** | 0.697 | 影响显著 |
| *PBC* | <— | *ES* | 8.096 | *** | 0.752 | 影响显著 |
| *GCI* | <— | *ES* | 3.606 | *** | 0.476 | 影响显著 |
| *GCI* | <— | *AB* | 2.727 | 0.006 | 0.334 | 影响显著 |
| *GCI* | <— | *SN* | 2.319 | 0.020 | 0.316 | 影响显著 |
| *GCI* | <— | *PBC* | 3.861 | *** | 0.425 | 影响显著 |

注:* * * 表示显著性水平小于 0.001

由表 2 可见,回归结果显示,环境敏感度对绿色消费态度、绿色消费主观规范、绿色消费知觉控制和绿色消费意向有正向影响,绿色消费态度、绿色消费主观规范、绿色消费知觉控制对绿色消费意向均有正向影响。从显著性水平上看,所有变量显著性水平均小于 0.05,故 H1a,H1b,H1c,H1d,H2a,H2b,H2c 均被证实,假设 H1,H2 成立。

### (三)中介效应分析

在结构方程模型中,本文已经验证了环境敏感度对绿色消费态度、绿色消费主观规范和绿色消费知觉控制以及环境敏感度对绿色消费意向的影响,接下来只需利用回归分析对最后一个条件进行验证,亦即同时将自变量环境敏感度和中介变量绿色消费态度、绿色消费主观规范和绿色消费知觉控制分别放入回归方程,验证绿色消费态度、绿色消费主观规范和绿色消费知觉控制的中介作用。验证结果如表 3 所示。

**表 3　强制进入回归的回归系数与显著性系数检验表**

| 变量 | 模型一 | | | 模型二 | | |
|---|---|---|---|---|---|---|
| | 标准回归系数 | *t* | *Sig.* | 标准回归系数 | *t* | *Sig.* |
| 环境敏感度 | 0.574 | 11.613 | 0.000 | 0.344 | 6.276 | 0.000 |
| 绿色消费态度 | | | | 0.407 | 7.422 | 0.000 |
| 环境敏感度 | 0.574 | 11.613 | 0.000 | 0.385 | 7.525 | 0.000 |
| 绿色消费主观规范 | | | | 0.395 | 7.718 | 0.000 |
| 环境敏感度 | 0.574 | 11.613 | 0.000 | 0.382 | 7.552 | 0.000 |
| 绿色消费知觉控制 | | | | 0.406 | 8.015 | 0.000 |

由表 3 可见，在绿色消费态度对环境敏感度与绿色消费意向之间中介效应的检验中，加入绿色消费态度这一中介变量之后，绿色消费态度对绿色消费意向有显著的正向影响，而环境敏感度对绿色消费意向虽仍有显著的正向影响，但是标准回归系数从 0.574 下降到 0.344，所以绿色消费态度对环境敏感度与绿色消费意向的关系具有部分中介作用。在绿色消费主观规范对环境敏感度与绿色消费意向之间中介效应的检验中，加入绿色消费主观规范这一中介变量之后，绿色消费主观规范对绿色消费意向有显著的正向影响，而环境敏感度对绿色消费意向虽仍有显著的正向影响，但是标准回归系数从 0.574 下降到 0.385，所以绿色消费主观规范对环境敏感度与绿色消费意向的关系具有部分中介作用。在绿色消费知觉控制对环境敏感度与绿色消费意向之间中介效应的检验中，在加入绿色消费主观规范这一中介变量之后，绿色消费知觉控制对绿色消费意向有显著的正向影响，而环境敏感度对绿色消费意向虽仍有显著的正向影响，但是标准回归系数从 0.574 下降到 0.382，所以绿色消费知觉控制对环境敏感度与绿色消费意向的关系具有部分中介作用。因此，本研究之前的假设 H3a，H3b，H3c 成立。

（四）调节效应分析

在检验自我效能感对环境敏感度与绿色消费态度、绿色消费主观规范和绿色消费知觉控制之间关系的调节作用上，本研究使用 Aiken & West 的分析方法，分为两步进行调节分析：第一步加入自变量（环境敏感度）和调节变量（自我效能感）；第二步回归加入了自变量与调节变量的交互项。验证结果如表 4 所示。

**表 4　自我效能感调节效应检验表**

| 因变量 / 自变量 | 绿色消费态度 | | 绿色消费主观规范 | | 绿色消费知觉控制 | |
|---|---|---|---|---|---|---|
| | 模型一 | 模型二 | 模型三 | 模型四 | 模型五 | 模型六 |
| 环境敏感度(X) | 0.508*** | 0.485*** | 0.410*** | 0.398*** | 0.391*** | 0.370*** |
| 自我效能感(W) | | | | | | |
| 交互项 XW | | 0.148* | | 0.079 | | 0.139** |
| $F$ | 68.274*** | 49.829*** | 45.202*** | 31.022*** | 45.648*** | 33.426*** |
| 调整 $R^2$ | 0.329 | 0.348 | 0.243 | 0.247 | 0.245 | 0.261 |
| $\triangle R^2$ | 0.333*** | 0.021** | 0.249*** | 0.006 | 0.251*** | 0.019** |

注：*** 表示 $p<0.001$，** 表示 $p<0.01$，* 表示 $p<0.05$

由表 4 可见，在自我效能感对环境敏感度与绿色消费态度之间关系的调节效应检验中，加入交互项之后(模型二)，$R^2$ 的变化相对于模型一是十分显著的(显著性水平为 0.01)，同时交互项对结果变量(绿色消费态度)的正向影响也十分显著(*Sig.* 值为 0.03<0.05)，说明自我效能感对环境敏感度与绿色消费态度的关系起到正向的调节作用。在自我效能感对环境敏感度与绿色消费主观规范之间关系的调节效应检验中，加入交互项之后(模型四)，$R^2$ 的变化相对于模型三是不显著的，同时交互项对结果变量(绿色消费主观规范)的正向影响也不显著(*Sig.* 值为 0.135>0.05)，说明自我效能感对环境敏感度与绿色消费主观规范的关系没有起调节作用。在自我效能感对环境敏感度与绿色消费知觉控制之间关系的调节效应检验中，加入交互项之后(模型六)，$R^2$ 的变化相对于模型五是十分显著的(显著性水平为 0.01)，同时交互项对结果变量(绿色消费知觉控制)的正向影响也十分显著(*Sig.* 值为 0.009<0.05)，说明自我效能感对环境敏感度与绿色消费知觉控制的关系起到正向的调节作用。因此本研究之前的假设 H4a，H4c 成立，H4b 不成立。

## 六、研究结论与启示

### (一)研究结论

**1. 环境敏感度与计划行为理论各变量**

根据修正后模型数据分析显示，消费者环境敏感度对绿色消费态度、绿色消费主观规范、绿色消费知觉控制和绿色消费意向均有显著的正向影响，其中环境敏感度对绿色消费态度的影响程度最大。即假设 H1a，H1b，H1c，H1d 都得到验证，消费者环境敏感度越高，绿色消费态度就越积极，个体更容易察觉和接受来自周边人群环境行为规范的压力，觉得绿色消费越容易，进行绿色消费的意向也越强。这一结论与 Chan、陈素琴、庄博闵等学者的研究结论相一致。[22][20][31]

**2. 绿色消费态度、主观规范、知觉控制与绿色消费意向**

根据修正后模型数据分析显示，绿色消费态度、绿色消费主观规范、绿色消费知觉控制对绿色消费意向均有显著的正向影响，其中绿色消费知觉控制的影响作用最大，即假设 H2a，H2b，H2c 均被证实。在以往的研究中，Michael 和陈凯等多数研究者认为计划行为理论系统中，行为态度对行为意向的影响作用最大。[32][19]但是在本研究中，知觉控制的影响作用最大，这可能与我国注重勤俭节约，绿色产品并不普及且价格相对较高的情况有关，消费者进行绿色消费有一定的经济负担和不便性。

**3. 绿色消费态度、绿色消费主观规范和绿色消费知觉控制的中介作用**

研究结果表明，绿色消费态度、绿色消费主观规范和绿色消费知觉控制在环境敏感度与绿色消费意向的关系中均起了部分中介作用。即假设 H3a，H3b，H3c 均被证实，这说明消费者的环境敏感度在一定程度上通过影响绿色消费态度、绿色消费主观规范和绿色消费知觉控制影响其绿色消费意向，环境敏感度越强，态度越正向，主观规范和知觉控制越强，进而行为意向也越强。

**4. 自我效能感的调节作用**

回归结果显示，自我效能感对消费者环境敏感度和绿色消费态度、绿色消费知觉控制的关系具有调节作用成立，假设 H4a，H4c 成立。这在一定程度上证实了 Marcinkowski 的研究推论[28]。但是回归结果显示自我效能感对消费者环境敏感度和绿色消费主观规范的关系不具有调节作用，即假设 H4b 不成立。其中的原因可能是高自我效能感的个体面对问题具有较高的自信程度，不易受到他人的行为规范压力的影响，或者样本人群大多为受过高等教育的学生和企事业单位人员，他们具有某些相似的特质，例如自主性高，不太受别人的影响。

## （二）管理启示

（1）提高消费者环境敏感度，注重环境教育。我国环境教育虽然提出很早，但是更多的是通过书本、课堂等方式传授的，环境教育更偏重于理论而非应用。因此，各地政府应该加强和改善学校与社会在环境保护实践方面的教育。企业的宣传手段须改进，利用消费者较高的环境敏感度，从关爱环境的实际行动出发，使消费者关注绿色企业、绿色产品。

（2）加强消费者自我效能感，增强消费者解决环境问题的信心。环境问题的解决不可能“一蹴而就”，更不可能凭借一己之力完成，但是“千里之行，始于足下”，保护环境，可以从身边的小事做起。政府应该鼓励消费者在日常生活中多使用公共交通工具，垃圾分类回收，重复利用，选择低碳环保产品等，这些行为极易完成，但能有效增加消费者的成功经验。企业可以营造自身“低碳先驱者”的形象，重视示范效应，可通过宣传片、宣传手册或亲身示范等形式，增强消费者解决环境问题的信心。

(3)转变消费者态度，树立良好的绿色形象。政府及有关部门应引导消费者的生活方式和消费模式向勤俭节约、绿色低碳、文明健康的方向转变，形成积极的绿色消费态度；采取减免税收、政府采购等措施鼓励绿色产品的生产，使消费者可接触到日趋丰富的绿色产品。对企业管理者而言，企业应对环保绿色产品多多宣传，让消费者意识到绿色产品较一般产品的优势，购买这类产品能够给自己带来健康，为改善环境和可持续发展做贡献等，这些信念的传播有助于消费者培养积极的绿色消费态度。注重口碑传播，消费者的家庭、朋友及邻居的态度和行为都会影响消费者对绿色产品的购买意愿。此外，企业还要降低绿色产品的成本、提高绿色消费服务质量，从而提高消费者的绿色消费意向。

本研究仍有许多不足之处，如在数据收集方面，调查的样本量较少，覆盖的范围也较为局限；在测量量表方面，目前国内没有完善的消费领域的自我效能感衡量变量可参考，本研究采用了一般自我效能感量表；在变量选取方面，本文选取环境敏感度、消费者态度、消费者主观规范和消费者知觉控制作为影响因素进行研究，而影响绿色消费意向的因素还有很多。针对研究的局限性，对绿色消费的研究还可以进一步完善，具体可从以下三个方面进行：(1)提高样本的代表性，扩大调研的范围，对不同区域、不同年龄的消费者加以调查。(2)提高测量量表的准确性，未来的研究可在广泛调查的基础上编制出针对消费领域的自我效能感衡量量表。(3)探索其他的影响因素，对绿色消费意向的影响因素还有很多，如环境知识、环境价值观、群体压力、环保习惯等，未来研究可引入更多的因素，从而更透彻地理解绿色消费意愿的产生过程。

**参考文献**

[1] 劳可夫. 消费者创新性对绿色消费行为的影响机制研究[J]. 南开管理评论，2013，16(4)：106-113.

[2] HUNGERFORD H R，VOLK T L. Changing learner behavior through environmental education[J]. The Journal of Environmental Education，1990，21(3)：8-21.

[3] 郑时宜. 影响环保团体成员三种环境行为意向之因素的比较[D]. 台北：中国台湾中山大学，2004.

[4] VINING J，EBREO A. What makes a recycler? A comparison of recyclers and nonrecyclers[J]. Environment and Behavior，1990，22(1)：55-73.

[5] KAISER F G, WÖLFING S, FUHRER U. Environmental attitude and ecological behaviour [J]. Journal of Environmental Psychology, 1999, 19(1): 1-19.

[6] CHAN R Y K. Determinants of Chinese consumers' green purchase behavior[J]. Psychology & Marketing, 2001, 18(4): 389-413.

[7] 俞海山. 开放条件下的循环经济与可持续消费[M]. 北京:新华出版社,2006 .

[8] 耿莉萍. 生存与消费——消费、增长与可持续发展问题研究[M]. 北京:经济管理出版社,2004.

[9] 中国消费者协会,中国消费者协会"绿色消费"年主题宣传提纲[M]. 北京:中国工商出版社,2001.

[10] SIA A P, HUNGERFORD H R, TOMERA A N. Selected predictors of responsible environmental behavior: An analysis[J]. The Journal of Environmental Education, 1986, 17(2): 31-40.

[11] 孙岩. 居民环境行为及其影响因素研究 [D]. 大连: 大连理工大学,2006.

[12] 许世璋. 影响花莲环保团体积极成员其环境行动养成之重要生命经验研究[J]. 台湾科学教育学刊,2003,11(2): 121-121.

[13] BANDURAA. Self-efficacy: toward a unifying theory of behavioral change [J]. Psychological review, 1977, 84(2): 191.

[14] JUDGE T A, BONO J E. Relationship of core self-evaluations traits—self-esteem, generalized self-efficacy, locus of control, and emotional stability—with job satisfaction and job performance: A meta-analysis[J]. Journal of applied Psychology, 2001, 86(1): 80.

[15] 郭本禹,姜飞月. 自我效能理论及其应用[M]. 上海:上海教育出版社,2008.

[16] AJZEN I. The theory of planned behavior[J]. Organizational behavior and human decision processes, 1991, 50(2): 179-211.

[17] AJZEN I, DRIVER B L. Prediction of leisure participation from behavioral, normative, and control beliefs: An application of the theory of planned behavior[J]. Leisure Sciences, 1991, 13(3): 185-204.

[18] KALAFATIS S, POLLARD M. Green Marketing and Adjen's Theory of Planned Behavior: A Cross. market Examination[J]. Journal of Consumer Marketing, 1999, 16(65): 441-460.

[19] 陈凯,李华晶,郭芬. 消费者绿色出行的心理因素分析[J]. 华东经济管理,2014,28(6): 129-134.

[20] 陈素琴. 生态旅游者环境行为模式之探讨[D]. 高雄:高雄应用科技大学,2007.

[21] 于伟. 基于计划行为理论的居民环境行为形成机理研究:基于山东省内大中城市的调查[J]. 生态经济,2010,226(6):1671-4407.

[22] Chan R Y K. Determinants of Chinese consumers' green purchase behavior[J]. Psychology & Marketing, 2001, 18(4): 389-413.

[23] 罗丞,郃秀军,郑庆昌. 消费者对安全食品购买倾向的实证研究[J]. 西安交通大学学报, 2009(11):1008-245X .

[24] 陆莹莹，赵旭．基于 TPB 理论的居民废旧家电及电子产品回收行为研究[J]．管理评论 2009(8)：1003-1952.

[25] 劳可夫，吴佳．基于 Ajzen 计划行为理论的绿色消费行为的影响机制[J]．财经科学，2013，2：12.

[26] CONNER M，ARMITAGE C J. Extending the theory of planned behavior：A review and avenues for further research[J]. Journal of Applied Social Psychology，1998(28)：1429-1464.

[27] BAMBERG S. How does environmental concern influence specific environmentally related behaviors? A new answer to an old question[J]. Journal of environmental psychology，2003，23(1)：21-32.

[28] MARCINKOWSKI T J. An analysis of correlates and predictors of responsible environmental behavior[M]. 1988.

[29] TANNER C，WÖLFING KAST S. Promoting sustainable consumption：Determinants of green purchases by Swiss consumers[J]. Psychology & Marketing，2003，20(10)：883-902.

[30] 王才康，胡中锋，刘勇．一般自我效能感量表的信度和效度研究[J]．应用心理学，2001，7(1)：37-40.

[31] 庄博闵，曾治干，黄祯贞，等．北县某国中学生绿色消费与环境敏感度之调查研究[J]．学校卫生，2011(58)：27-44. 3.

[32] MICHAEL JAY POLONSK. Planned and self-expensive behavior[J]，Journal of Environmental Psycology，2011(24)：227-236.

# C2B 情境下顾客价值创造对顾客满意度的影响实证研究

## ——产品特征的调节效应

俞荣建　吴轶加　项丽瑶　孙家胜

（浙江工商大学工商管理学院，浙江杭州　310018）

**摘　要**：文章从消费者角度出发论述了 C2B 情境下顾客价值创造对顾客满意度的影响。本文在对相关文献整理的基础上，建立了一个以 C2B 顾客价值为自变量、顾客满意度为因变量、产品特征为调节变量的模型，通过发放问卷的形式进行研究论证。研究结果发现：(1)C2B 情境下顾客价值子维度中的产品价值、互动性价值、个性化价值、安全性价值对顾客满意度显著正相关，而及时性价值对顾客满意度显著负相关；(2)C2B 情境下产品类型在顾客价值对顾客满意度的影响中存在着部分调节效应；(3)C2B 情境下产品价格部分调节顾客价值与顾客满意度的作用关系。

**关键词**：C2B 情境　顾客价值　顾客满意度　产品类型　产品价格

## 一、引言

现阶段，电子商务的研究更多侧重于从企业的角度来研究电商的盈利或应用模式，从消费者角度出发的行为、价值等研究则相对较少。随着 C2B 电子商务的崛起，以消费者为导向的营销理念开始崭露头角。C2B 情境下顾客价值研究必将成为日后研究的重点及热点。

就目前而言，基于 C2B 价值的研究还处在理论探索阶段，在其概念模型及基于模型的客户细分领域研究较多，而在 C2B 价值度量及量化评价方面的研究较少。对于如何衡量客户的非货币价值，至今未形成一致的认识。[1]在中国这个新兴大国环境下，C2B 具有很好的生长土壤，具备很大的发展潜力。远瞻性的研究 C2B 情境下的顾客价值，有助于电商企业更好把握顾客心理，为顾客提供优质服务。

现有文献还停留在比较成熟的 B2C 电子商务领域，对 C2B 电子商务的研究较浅,鲜有探讨 C2B 情境下顾客价值各维度对顾客满意度的作用机理。综合上述分析,本文基于 C2B 情境研究顾客价值对顾客满意度的影响以及产品特征在顾客价值与顾客满意度之间的调节作用。由于产品特征的多样性,本研究选取产品特征中具有代表性的产品价格与产品类型作为调节变量。

## 二、相关文献综述

### (一)C2B 情境下的顾客价值

C2B 情境下顾客价值的研究仍是有待挖掘的领域,现今来说研究还比较分散,没有形成完整的体系。本文为了研究需要,在借鉴前人定义的基础之上给出了 C2B 顾客价值定义,即 C2B 情境下顾客价值是消费者对电商企业提供的产品或服务的满足程度所做出的价值感知,是在 C2B 情境下顾客对卖方所提供产品或服务的效用期望和为得到卖方所提供产品或服务所付出代价做出权衡后进行的总体评价。[2]

C2B 情境下的电子商务模式具有预见性:企业准确知道消费者个人的偏好和购买需求后,做出最能满足需求的决策。在 C2B 情境下消费者根据自身需求,通过互联网等电子手段,以影响、参与或主导产品的设计、生产、定价、交付等来实现个性化需求。决定消费者是否购买 C2B 定制产品的因素主要包括价格、产品本身、风险回报比、服务规范度、感知匹配度以及吸引力等。[3][4]本文综合上述分析,将顾客价值维度初步划分为产品价值、及时性价值、互动性价值、个性化价值与安全性价值。其中大多数学者对 C2B 情境下顾客价值中的产品价值、及时性价值、安全性价值都有了相对一致的认同(范荣寿,2010;梁群英,2014)。而 C2B 作为以消费者为主导的电子商务模式,互动更加频繁,对个性化的要求也越来越高。因此,本文在此基础之上同时引入互动性价值(Doney 和 Cannon,1997;查金祥,2006)与个性化价值(Lee,1999;查金祥,2006)。

### (二)C2B 情境下的顾客满意度

C2B 情境下顾客满意度是顾客对卖家在销售过程中提供的产品或服务等满意程度的量化描述,是顾客的期望与顾客在购物过程中,以及购物后感知的相对比较过程。[5]C2B 电子商务模式由消费者驱动,满足消费者需求并提供适当顾客价值,是获得顾客满意度的重要途径。而 C2B 情境下顾客满意度是顾客心理的感知比较过程,难以精确度量,但能找到合适的判断标准。顾客可从购物中和购物后感知比较将顾客满意度分为完全不满意、不满意、有点不满意、一般、有点满意、满意、完全满意等 7 个判断指标进行相对比较。由于 C2B 以消费者为主导的特殊性,要想获得顾客满意相对来说难度更大。而获得顾客满意又是进一步获得市场份额、扩大竞争优势的关键。因此，研究 C2B 情境下顾客满意度影响有其迫切的现实需求。

(三)产品特征

**1. 产品类型**

Nelson 通过对顾客需求的差异的研究，将产品划分为功能型产品和享乐型产品，并根据产品属性划分出产品的功能属性和享乐属性，而两类属性差异取决于两类属性之间的相对平衡。在特定情境下，顾客的产品需求可能会发生变化，促使部分产品从功能型产品转化为享乐型产品。

现阶段 C2B 模式主要包括聚合需求模式、要约形式、个性化定制等。聚合需求模式更多是满足大部分人的需求，得到的更多是功能性产品，而个性化定制是为少数人服务，更多是为了享乐型的需要。要约形式则介于两者之间。本文因此将 C2B 情境下产品类型划分为功能型产品与享乐型产品。

**2. 产品价格**

C2B 情境下顾客购买决策过程是顾客根据自身经济情况、个人喜好选择定制产品的过程。[6]C2B 模式中聚合需求模式讲求聚合大众需求以得到最实惠的产品；要约模式则是以顾客心目中价格来决定是否成交的过程；而个性化定制则要求顾客花费更多的金钱以得到个性化的产品。产品价格的高低会影响顾客的购买决策过程，是影响顾客感知价值的重要因素；同时，产品价格也是影响顾客满意度的重要因素。

## 三、理论假设与模型构建

(一)**C2B** 情境下顾客价值与顾客满意度

现阶段针对顾客价值与满意度的研究很多，得到的结论也有许多相似之处。薄湘平、尹红认为，准确认知顾客价值是让消费者满意的基础，要提升服务企业消费者满意度，就必须注重消费者知识获取，准确量化顾客价值，建立基于顾客价值的企业文化。[7]顾客价值是顾客满意度的重要驱动因素，想要提高顾客满意度有赖于创造更多的顾客价值。[8]查金祥等人也在实证研究中证明了在互联网情境下购物顾客的感知价值与网络顾客满意度存在着正向相关关系。[9]

本文鉴于 C2B 情境的特殊性，在前人研究的基础上，给出了 C2B 情境下顾客价值与顾客满意度间的相关关系。具体如表 1 所示。

表 1　从普通商品交易到 C2B 定制商品交易消费者角色的变化

| 变化内容 | 普通商品交易 | C2B 定制商品交易 |
|---|---|---|
| 消费者与产品的关系 | 被动选择 | 主动定制 |
| 消费者与企业的关系 | 多对一 | 一对一 |
| 消费者享受到的服务 | 及时服务 | 延时服务 |
| 消费者市场 | 统一市场 | 离散市场 |
| 消费者与企业的联系 | 交易结束,联系中断 | 交易结束,联系保持 |

根据表 1 所示,在消费者主导的 C2B 情境下,消费者角色已经发生了很大的变化。卖家要想获取竞争优势,必须满足消费者对定制的要求,即给予消费者更多的自由包括对产品定价的要求、对产品及时性的要求、对互动性的需求、对产品个性化的需求以及对安全性的需求等。其中在 C2B 模式下的聚合需求模式需要聚合足够的人数来降低产品价格,个性化定制需要商家花费更多的时间来尽可能地满足消费者的需求等。因此,在客户可以容忍的时间范围内,产品交付时间越晚,消费者对产品的满意度越高。基于此,本文提出如下假设:

H1:C2B 情境下顾客价值与顾客满意度存在显著相关关系,其中:

H1a:C2B 情境下产品价值与顾客满意度显著正相关。

H1b:C2B 情境下及时性价值与顾客满意度显著负相关。

H1c:C2B 情境下互动性价值与顾客满意度显著正相关。

H1d:C2B 情境下个性化价值与顾客满意度显著正相关。

H1e:C2B 情境下安全性价值与顾客满意度显著正相关。

### (二)C2B 情境下顾客价值、产品类型、顾客满意度

产品类型是指某一产品类别,具体指把产品进行归类。Mitra, Reiss 及 Capella(1999)曾对搜寻品、享乐品和信任品进行研究,探讨消费者在购买不同类别的服务时,信息搜寻以及行为意图之间的差异。他们发现,从搜寻品到享乐品,再到信任品的购买决策过程中,消费者的感知风险依次升高,信任程度依次降低,所进行的信息搜寻越来越多。因此,不同产品类型对顾客感知是存在差异的。

根据 C2B 模式的差异,本文将 C2B 情境下产品分为享乐型和功用型。前者更多是为了得到精神上的满足,后者更多是为了产品功能的好坏(Dhar, Wertenbroch, 2000; Voss, Spangenberg 和 Grohmann, 2003)。由于 C2B 电子商务网站的特殊性,消费者无法接触产品,合理的产品分类有助于顾客获取所需的感知价值,提高顾客满意度。C2B 情境下不同类型产品会影响顾客感知价值;同时由于消费者追求产品类型不同,对产品要求的主观判断也会有差异。基于此,本文提出

如下假设：

H2：C2B 情境下产品类型在顾客价值和顾客满意度间起调节作用。

**(三)C2B 情境下顾客价值、产品价格、顾客满意度**

产品价格是影响顾客感知价值与顾客满意度的重要因素。现今学术界对于消费者行为的假设都是建立在顾客信息充分的基础之上。而在现实电子商务情境中购物环境复杂多变，因此顾客在进行择优购买时会考虑产品价格。产品价格包含了客观价格与主观感知价格，是消费者对某项产品或服务的价格公平性或价格优势的感知。产品价格是衡量产品功能、品质等价值的货币表现，也是顾客选购产品的首要考虑因素。因而在一般情况下，它是衡量顾客购买总价值大小的关键因素。同时，产品价格也是影响顾客满意度的重要因素。

在 C2B 情境下，顾客购买决策过程是顾客根据自身经济情况、个人喜好选择定制产品的过程；当消费者对产品定制要求发生差异时，消费者对产品感知价值就会产生差异，同时也会影响消费者对产品的满意度。基于此，本文提出如下假设：

H3：C2B 情境下产品价格对顾客价值和顾客满意度具有正向的调节作用。

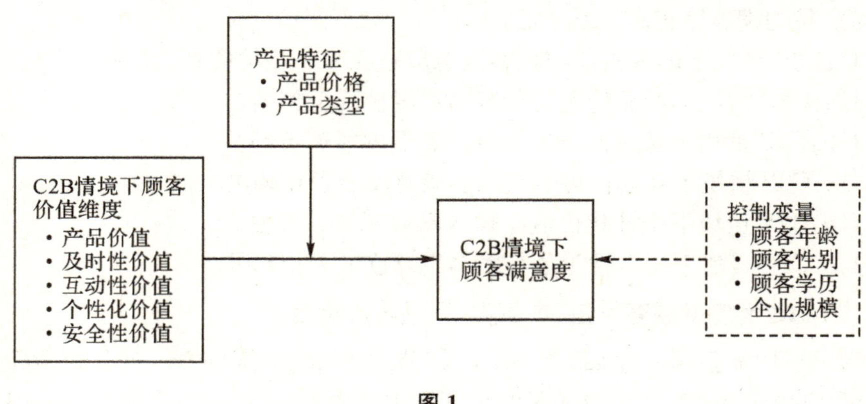


**图 1**

## 四、研究设计和数据收集

根据以往相关研究成果和顾客价值的基本概念以及电子商务情境下顾客价值的特征，本文通过专家访谈、消费者深度访谈、二手资料获取等方法得出 C2B 顾客价值构成的初始要素集合，然后通过问卷调查得到初始数据，并应用探索性因子分析，从顾客价值要素构成的初始要素集合中，删除无关紧要的要素项，对分析中显著的要素项归纳总结，得出 C2B 顾客价值要素结构。建立 C2B 电子商务情境下顾客价值维度构成，并在此基础之上验证论文假设。使用的具体分析方法有描述性分析、信度与效度分析、回归分析等。

### (一)样本选择

本文以经验丰富的 C2B 模式消费者为调查对象，采用随机抽样的方式，使受访者尽可能地涵盖不同生活和工作领域。本次调查共发放问卷 400 份，回收 361 份，回收率为 90.25%，剔除 69 份填写不完整的问卷，共回收有效问卷 292 份，有效回收率为 73%(表 2)。

**表 2 描述性统计**

| 人口统计特征 | | 频数 | 百分比 | 人口统计特征 | | 频数 | 百分比 |
|---|---|---|---|---|---|---|---|
| 性别 | 男 | 110 | 37.7 | 月收入 | 2000 元以下 | 169 | 57.6 |
| | 女 | 182 | 62.3 | | 2001—5000 元 | 77 | 26.4 |
| 年龄 | 25 岁以下 | 222 | 76 | | 5001—8000 元 | 36 | 12.6 |
| | 25—30 岁 | 37 | 12.7 | | 8000 元以上 | 10 | 3.4 |
| | 31—35 岁 | 20 | 6.8 | 销售等级 | 星级店铺 | 80 | 27.4 |
| | 35 岁以上 | 13 | 4.5 | | 钻级店铺 | 83 | 28.4 |
| 教育程度 | 高中及以下 | 4 | 1.4 | | 皇冠级用户 | 66 | 22.6 |
| | 大学专科 | 16 | 5.5 | | 金冠级用户 | 63 | 21.6 |
| | 大学本科 | 253 | 86.6 | | | | |
| | 硕士及以上 | 19 | 6.5 | | | | |

### (二)测量量表

#### 1. C2B 情境下顾客价值

本文总结 Lee(1999)、Srinivasan(2002)、Doney 和 Cannon(1997)、查金祥等人(2006)等所设计的量表，结合中国情境，设计出了符合中国特色的 C2B 顾客价值量表，包括产品价值、及时性价值、互动性价值、个性化价值和安全性价值等。

#### 2. C2B 情境下顾客满意度

本文主要是以熟知 C2B 且具有丰富 C2B 情境下购物经验的消费者作为研究对象。众所周知，影响消费者满意的因素很多，包括顾客喜好、当时的心情、顾客的期望等主观因素，也有产品质量、商家服务等客观因素。并通过结合各购物网站的共性和个性，结合实际访谈以及文献收集得出影响顾客满意度的因子，进行实证研究。关于顾客满意度主要参考了查金样等、徐艳梅(2012)三个维度顾客满意度的测量量表。[9]

#### 3. 产品特征

产品特征是产品自身构造所形成的特色，一般指产品的质量、功能、价格等，它能反映产品对顾客的吸引力。产品特征是影响消费者认知、情感和行为的主要刺激物。为了研究方便，本文选取了产品特征中具有代表性的产品类型与产品价格作为调节变量。关于产品价格主要参考了李玲玲(2008)的量表，而产品类型作为类别变量，本文采用自行开发的问项进行研究。

## 五、实证分析

### (一)信度和效度检验

鉴于学术研究的严谨性，本文对问卷进行了信度与效度分析，具体结果如表 3 所示。首先，通过 SPSS19.0 软件对筛选出的六个量表进行信度分析。通常情况下 Cronbach's Alpha 一致性系数 $\alpha$ 值大于 0.65，就认为量表具有较好的内部一致性。根据表一可知，除安全性 Cronbach's Alpha 一致性系数 $\alpha$ 值小于 0.65 外，其余都具有较好的内部一致性。

**表 3　信度与效度分析**

| 量表 | | 样本数 | 变量个数 | *KMO* 值 | 累计贡献值(%) | Cronbach's Alpha |
|---|---|---|---|---|---|---|
| 顾客价值 | 产品价值 | 62 | 5 | 0.811 | 63.869 | 0.851 |
| | 及时性价值 | 62 | 3 | 0.662 | 60.424 | 0.665 |
| | 互动性价值 | 62 | 4 | 0.648 | 63.546 | 0.805 |
| | 个性化价值 | 62 | 6 | 0.826 | 57.599 | 0.846 |
| | 安全性价值 | 62 | 3 | 0.601 | 54.21 | 0.577 |
| 顾客满意度 | | 62 | 3 | 0.696 | 70.702 | 0.789 |
| 产品价格 | | 62 | 3 | 0.616 | 57.014 | 0.614 |

本文所使用的量表绝大多数来自于过去公开发表的成熟量表和文献，并且通过访谈和前测，修正了题项表述的不当之处，因此问卷具有较好的内容效度。在建构效度方面，本文采用因子分析法进行检验，具体结果如表 4 所示。通过对 21 个 C2B 顾客价值题项进行主成分提取和最大方差旋转，共得到 5 个 C2B 顾客价值子维度，这 5 个维度的累积总方差的解释度为 67.495%，具有较好的解释度，基本能反映真实情况。因此，本研究量表具有较好的效度。对因子载荷大于 0.5 要素项归纳总结，得出 C2B 顾客价值要素结构，即产品价值、及时性价值、互动性价值、个性化价值、安全性价值。如上表所知，归纳后各顾客价值维度 *KMO* 值大于 0.5，各变量的累计贡献度均超过 50%。因此，本文量表具有较好的结构效度。同理，顾客满意度与产品价格也具有较好效度。

**表 4 因子分析**

| | 产品价值 | 及时性 | 互动性 | 个性化 | 安全性 |
|---|---|---|---|---|---|
| 产品价值 1 | 0.662 | | | | |
| 产品价值 2 | 0.846 | | | | |
| 产品价值 3 | 0.834 | | | | |
| 产品价值 4 | 0.682 | | | | |
| 产品价值 5 | 0.794 | | | | |
| 及时性价值 1 | | 0.558 | | | |
| 及时性价值 2 | | 0.852 | | | |
| 及时性价值 3 | | 0.567 | | | |
| 互动性价值 1 | | | 0.646 | | |
| 互动性价值 2 | | | 0.862 | | |
| 互动性价值 3 | | | 0.679 | | |
| 互动性价值 4 | | | 0.595 | | |
| 个性化价值 1 | | | | 0.600 | |
| 个性化价值 2 | | | | 0.772 | |
| 个性化价值 3 | | | | 0.772 | |
| 个性化价值 4 | | | | 0.671 | |
| 个性化价值 5 | | | | 0.793 | |
| 个性化价值 6 | | | | 0.619 | |
| 安全性价值 1 | | | | | 0.734 |
| 安全性价值 2 | | | | | 0.702 |
| 安全性价值 3 | | | | | 0.530 |

### (二)相关性分析

本文采用 Pearson 相关分析法来测量 C2B 情境下顾客价值与顾客满意度之间的相关性是否显著，结果如表 5 所示。数据显示，C2B 情境下顾客价值对顾客满意度在 0.05 的水平上呈显著相关，且均为正相关，所以 H1 得到验证。

表 5 相关性分析

| 变量 | 1 | 2 | 3 | 4 | 5 | 6 |
|---|---|---|---|---|---|---|
| 产品价值 | 1 | | | | | |
| 及时性价值 | 0.475** | 1 | | | | |
| 互动性价值 | 0.336** | 0.791** | 1 | | | |
| 个性化价值 | 0.454** | 0.651** | 0.899** | 1 | | |
| 安全性价值 | 0.168** | 0.763** | 0.839** | 0.664** | 1 | |
| 顾客满意度 | 0.103* | 0.466** | 0.776** | 0.725** | 0.665** | 1 |

注：* 表示 $P<0.05$ 的水平上具有统计显著性；* * 表示 $P<0.01$ 的水平上具有统计显著性（双尾检验）

(三)回归分析

**1. 回归检验**

由结果可知，模型 1 的回归结果显示，C2B 情境下顾客价值与顾客满意度的回归方程显著，并且 $R^2$ 的变化显著，$\Delta R^2=0.655$，$p<0.000$，回归方程 H1 得到验证。从表 6 可知，C2B 情境下顾客价值中的产品价值与顾客满意度显著正相关（$\beta=0.105$，$p<0.05$），互动性价值（$\beta=0.752$，$p<0.001$），个性化价值（$\beta=0.204$，$p<0.05$），安全性价值（$\beta=0.189$，$p<0.01$），各维度 *Sig* 值均小于 0.05，因此与顾客满意度显著正相关，而及时性价值（$\beta=-0.360$，$p<0.001$），与顾客满意度显著负相关。故 H1a，H1b，H1c，H1d，H1e 成立。

表 6 回归效应

| 变量顾客满意度 | | |
|---|---|---|
| | 模型 1 | 模型 2 |
| 年龄 | 0.075 | −0.028 |
| 受教育程度 | 0.154* | 0.015 |
| 收入水平 | −0.042 | 0.031 |
| 企业等级 | −0.034 | −0.015 |
| 产品价值 | | 0.105* |
| 及时性价值 | | −0.360*** |
| 互动性价值 | | 0.752*** |
| 个性化价值 | | 0.204* |
| 安全性价值 | | 0.189** |

续 表

| | 模型 1 | 模型 2 |
|---|---|---|
| $R^2$ | 0.025 | 0.681 |
| 调整 $R^2$ | 0.012 | 0.67 |
| $\triangle R^2$ | 0.025 | 0.655 |

注：* 表示 P＜0.05 的水平上具有统计显著性；* * 表示 P＜0.01 的水平上具有统计显著性；* * * 表示 P＜0.001 的水平上具有统计显著性

**2. 产品类型的调节效应**

为检验 C2B 情境下产品类型对顾客价值和顾客满意度的调节作用，本文使用 SPSS19.0 软件对样本数据进行回归分析。首先为减少变量间的多重共线性问题，我们对变量进行标准化处理；再根据产品类型不同将产品划分为功能型产品和享乐型产品；以顾客满意度为因变量，先把控制变量纳入方程，在此基础之上进行 C2B 情境下顾客价值对顾客满意度的回归分析。结果如表 7 所示。

**表 7 产品类型的调节效应**

| 变量 | 顾客满意度 | | |
|---|---|---|---|
| | 功能型产品 | 享乐型产品 | \|t\|值 |
| 产品价值 | 0.084* | 0.069 | 10.175 |
| 及时性价值 | 0.085 | 0.498*** | 6.288 |
| 互动性价值 | 0.261* | 0.600*** | 19.7 |
| 个性化价值 | 0.469*** | 0.138 | 7.4 |
| 安全性价值 | 0.513*** | 0.402*** | 1.28 |

注：* 表示 $P<0.05$ 的水平上具有统计显著性；* * 表示 $P<0.01$ 的水平上具有统计显著性；* * * 表示 $P<0.001$ 的水平上具有统计显著性

由表 7 可知，首先，C2B 情境下顾客价值 5 个维度对顾客满意度在 0.05 的水平上呈显著正相关，H2 得到验证。其次，在不同产品类型（功能型产品/享乐型产品）条件下，产品价值对顾客满意度的影响中构造的统计量 $|t|=10.175>1.96$，相当于 $p<0.05$ 水平，故此，发生小概率事件，拒绝原假设，说明在不同产品类型之间的分组回归系数的差异是显著的。所以 C2B 情境下产品类型对产品价值和顾客满意度具有调节作用。且在产品类别 2（享乐型产品）的情况下，产品价值回归系数为 0.69，小于在产品类别 1 条件下产品价值的回归系数，故在享乐型产品网站的产品价值对顾客满意度的影响比功能型产品网站的顾客价值对顾客满意度的影响要小。同理，C2B 情境下产品类型对及时性价值和顾客满意度具有调节作用。在享乐型产品网站的及时性价值对顾客满意度的影响比功能型产品网站的顾客价值

对顾客满意度的影响要小。C2B 情境下产品类型对互动性价值和顾客满意度具有调节作用。享乐型产品网站的互动性价值对顾客满意度的影响比功能型产品网站的顾客价值对顾客满意度的影响要大。C2B 情境下产品类型对个性化价值和顾客满意度具有调节作用。在享乐型产品网站的个性化价值对顾客满意度的影响比功能型产品网站的顾客价值对顾客满意度的影响要小。C2B 情境下产品类型对安全性价值和顾客满意度不存在调节作用。

**3. 产品价格的调节效应**

为检验 C2B 情境下产品价格对顾客价值和顾客满意度的调节作用，本文使用 SPSS19.0 软件对样本数据进行分层回归分析。首先，为了减少变量间的多重共线性问题，我们对变量进行标准化处理；分别以顾客价值和顾客满意度为因变量，先把控制变量纳入方程，再以顾客价值、顾客满意度及其交互项为自变量，以此逐次纳入回归方程中。

由表 8 可知，C2B 情境下产品价格和产品价值的乘积交互项对顾客满意度正向影响显著($\beta=0.108, P<0.05$)，说明 C2B 情境下产品价格对产品价值和顾客满意度具有正向的调节作用，假设 H3a 得到验证。C2B 情境下互动性价值和产品价格的乘积交互项对顾客满意度的正向影响显著($\beta=0.308, P<0.05$)，说明 C2B 情境下产品价格对互动性价值和顾客满意度具有正向的调节作用，假设 H3c 得到验证。C2B 情境下安全性价值和产品价格的乘积交互项对顾客满意度正向影响显著($\beta=0.257, P<0.05$)，说明 C2B 情境下产品价格对顾客安全性和顾客满意度具有正向的调节作用，假设 H3e 得到验证。H3b，H3d 未得到验证。

**表 8　产品价格的调节效应**

| 变量 | 顾客满意度 | | |
| --- | --- | --- | --- |
| | 模型 1 | 模型 2 | 模型 2 |
| 年龄 | 0.076 | 0.046 | 0.041 |
| 受教育程度 | 0.154* | 0.035 | 0.033 |
| 收入水平 | 0.076 | 0.046 | 0.042 |
| 企业等级 | 0.060 | 0.035 | 0.032 |
| 产品价格 | | 0.038 | 0.036* |
| 产品价值 | | −0.107* | −0.110* |
| 及时性价值 | | −0.356*** | −0.299*** |
| 互动性价值 | | 0.739*** | 0.789*** |

续 表

| 变量 | 顾客满意度 | | |
|---|---|---|---|
| | 模型 1 | 模型 2 | 模型 2 |
| 个性化价值 | | 0.214* | 0.089 |
| 安全性价值 | | 0.193** | 0.301*** |
| 产品价值＊产品价格 | | | 0.108* |
| 及时性价值＊产品价格 | | | 0.074 |
| 互动性价值＊产品价格 | | | 0.308* |
| 个性化价值＊产品价格 | | | −0.624*** |
| 安全性价值＊产品价格 | | | 0.257** |
| $R^2$ | 0.025 | 0.682 | 0.747 |
| 调整 $R^2$ | 0.012 | 0.670 | 0.733 |
| $\triangle R^2$ | 0.025 | 0.656 | 0.065 |

注：＊表示 $P<0.05$ 的水平上具有统计显著性差异；＊＊表示 $P<0.01$ 的水平上具有统计显著性差异；＊＊＊表示 $P<0.001$ 的水平上具有统计显著性差异

## 六、研究结论及建议

### (一)研究结论

本文通过 SPSS19.0 软件初步验证了 C2B 情境下顾客价值与顾客满意度显著正相关，而不同产品类型对顾客价值以及顾客满意度具有正向调节作用。产品价格对顾客价值以及顾客满意度也具有调节作用，这在一定程度上解释了顾客价值影响顾客满意度的内在作用机理。

第一，C2B 情境下互动性价值、个性化价值、安全性价值、产品价值对顾客满意度有显著的正向影响，且影响作用依次减小。而及时性价值与顾客满意度有显著负相关关系。

第二，C2B 情境下产品类型对产品价值和顾客满意度具有调节作用。在享乐型产品网站的产品价值对顾客满意度的影响比功能型产品网站的顾客价值对顾客满意度的影响要小；C2B 情境下产品类型对及时性价值和顾客满意度具有调节作用，且享乐型产品网站的及时性价值对顾客满意度的影响比功能型产品网站的顾客价值对顾客满意度的影响要小；C2B 情境下产品类型对互动性价值和顾客满意度具有调节作用，且享乐型产品网站的互动性价值对顾客满意度的影响比功能型产品网站的顾客价值对顾客满意度的影响要大；C2B 情境下产品类型对个性化价值和顾客满意度具有调节作用，且享乐型产品网站的个性化价值对顾客满意度的影响比功能型产品网站的顾客价值对顾客满意度的影响要小；C2B 情境下产品类型对安全性价值和顾客满意度不存在调节作用。

第三，C2B 情境下产品价格对顾客价值与顾客满意度具有部分调节作用。C2B 情境下产品价格对产品价值、互动价值、安全性价值和顾客满意度存在正向调节作用，对个性化价值和顾客满意度存在负向调节作用，对及时性价值和顾客满意度不存在调节作用。

（二）建议

通过专业互联网统计机构提供的数据发现，现阶段中国消费者对购物网站的满意度普遍不高。本研究针对这一情况，以 C2B 购物网站为例提出增强消费者满意度的建议。建议如下：

第一，作为企业经营者来说，首先应明确客户的需求是什么。产品类型在顾客价值和顾客满意度之间的调节效应，证实了产品需求类型是调节顾客价值和顾客满意度的重要因素，而在满足客户需求的同时，增强顾客价值则是强化顾客满意度的最佳途径。

第二，作为企业经营者来说，产品价格定位也是影响 C2B 情境下顾客价值和顾客满意度的重要因素。企业经营者在对产品价格进行调整时，应注意对顾客价值与顾客满意度的影响。了解产品价格对于调节顾客价值与顾客满意度具有积极意义。

第三，企业经营者应当重视 C2B 情境下的顾客价值创造。在 C2B 情境下，产品价值被进一步弱化，而互动性价值、及时性价值与个性化价值比重正在上升。电商在从事 C2B 业务时，应重视与消费者的互动，以及在能力范围内消费者个性化的需求。

（三）研究不足

本文虽在 C2B 领域有创新，但还是有很多不足之处，具体表现在：

第一，本文问卷发放地过于集中，主要集中在浙江及周围省份，尤以浙江省占多数，问卷的代表性还有待进一步验证。因此，本文在反映 C2B 情境下中国消费者顾客价值与顾客满意度之间因果关系的普适性有待商榷。鉴于此，本文认为在今后的 C2B 领域研究中应该适当把调查对象范围放得更广，争取得到更具普适性的结论；第二，由于 C2B 顾客价值研究还在探索性阶段，不同的消费者对于顾客价值感知会有所不同，本文基于 C2B 顾客价值及其满意度的研究模型还需要更广泛的调查验证。

**参考文献**

[1] 杨彬,周启清,田甜. 双视角下的客户价值管理研究[J]. 山东社会科学,2014(2).

[2] 刘哲. 顾客价值分析研究综述[J]. 市场研究,2009(5).

[3] 马云. C2B 将成为产业升级的未来[J]. 新商业文明通讯,2009.

[4] 朱皓毅. C2B——不仅仅是 Priceline [EB/OL]. (2012-09). http://www.traveldaily.cn/article/64165.html.

[5] 张晓丽. 顾客满意度测评方法及其应用[D]. 郑州:郑州大学,2014.

[6] 韦家华,范莉莉. 产品特征对自有品牌购买意愿影响的实证研究[J]. 商业时代. 2013(12)

[7] 薄湘平,尹红. 基于顾客价值的服务企业顾客忠诚管理探析[J]. 财经理论与实践. 2005(5).

[8] HUBER R, HERRMANN A & HENNEBERG S C. Measuring customer value and satisfactionin services transactions, scale development, validation and cross-cultural comparison[J]. International Journal of Consumer Studies,2007(31):554-564.

[9] 查金祥. B2C 电子商务顾客忠诚与顾客忠诚度的关系研究[J]. 管理世界,2006(5).

# 泰国旅游业针对中国游客市场拓展的研究分析

宋金柱　周雪珠

（浙江工商大学工商管理学院，浙江杭州　310018）

**摘　要：**近几年来，中国境外旅游游客人数增长很快，2012 年中国已成为泰国第一大旅游客源国。本文分析了出现这种情况的内部因素和外部因素。中国游客到泰国旅游为泰国增加了经济收入，因此如何拓展中国游客市场非常重要。本文对泰国拓展中国游客市场的策略做了分析，分别提出了改善旅游产品、提高服务质量、加强旅游市场管理和加大宣传力度等对策。

**关键词：**旅游　中国游客　拓展策略　泰国

## 一、引言

旅游业是泰国经济的支柱产业，每年为泰国带去巨大的财政收入。泰国有漂亮的海滩、优美的自然风光、美味的食品、种类繁多的热带水果、独具特色的佛教文化和热情友善的人民，这些优点都深深地吸引着外国游客。每年有数千万的游客到泰国旅行，其中来自中国的游客是最大的旅游主体之一。因此中国游客市场对泰国旅游业来说至关重要，所以本文针对泰国拓展中国游客市场进行了研究分析。

为了吸引更多中国游客，泰国旅游业相关部门也必须研究拓展中国游客市场的策略，促进泰国旅游行业发展，以满足中国游客的要求，迎接不断增加的中国游客。

### （一）中国游客赴泰旅游的现状

#### 1. 中国游客赴泰旅游规模

自 1994 年至 2001 年，赴泰旅游的中国游客年平均增长率为 15.24%。[1]原因有两方面。其一，随着中国改革开放，经济发展迅速，收入不断增加，中国人民在物质生活满足的同时开始追求精神上的享受，因此每年许多中国人选择出国旅游来放松心情、增长见识，中国从而成为世界第一大旅游客源国。除此以外，泰国华人众多，中泰两国关系良好，也是原因之一。

**表一　赴泰国旅游的中国游客人数和增长率**

| 年份 | 中国游客人数(人) | 增长率(%) |
| --- | --- | --- |
| 2002 | 797,976 | — |
| 2003 | 606,635 | −23.98 |
| 2004 | 729,848 | 20.31 |
| 2005 | 776,792 | 6.43 |
| 2006 | 949,117 | 22.18 |
| 2007 | 907,117 | −4.43 |
| 2008 | 826,660 | 8.87 |
| 2009 | 777,508 | −5.95 |
| 2010 | 1,122,219 | 44.34 |
| 2011 | 1,721,247 | 53.38 |
| 2012 | 2,789,345 | 62.05 |

2002年赴泰的中国游客人数增加，主要是因为泰国增加直达中国的航班，交通较以前方便。2003年亚洲暴发SARS疫情，为控制病毒传染和扩散，各国纷纷限制出行，人口众多的中国同样如此，中国人大大减少出行次数，泰国旅游业自然受到很大冲击。

2005年，中国游客数量与前一年相比上升了6.43%。因为2004年12月26日发生印度洋海啸，造成死伤无数，给2005年上半年泰国的旅游业很大冲击。出于安全考虑，众多中国游客取消赴泰安排。下半年中国游客赴泰数量有所上升。中国游客在泰取款、换汇较以前大大方便，恰逢中泰两国建交30年，两国举行了很多文化交流活动，加深了中国人民对泰国的印象和了解。这一年中国游客平均每人一天约消费4 170泰铢，泰国旅游业的收入大概204亿泰铢，在世界各国中排行第六。

2006年中国旅游客源市场比前一年增长22.18%，这一年虽然泰国政局不稳定，但是情况并不严重，所以没有对其旅游业造成太多不良影响。

2007年至2009年世界金融危机，世界各国经济不景气，对旅游业有一定影响。再加上泰国政局还不稳定，中国游客人数在2009年下降到777 508人。这一年泰国旅游局做出种种举措吸引中国游客，与合作伙伴一起以各种形式推出了个性化的旅游产品，以满足各旅游市场的需求。[2]

2010 年赴泰中国游客人数达到 1 122 219 人，与 2009 年相比上升了 44.34%。中泰建交 35 周年，泰国大使馆为中国人办理免费旅游签证，中国经济好转，这些都是有利因素。政府制订了旅游业恢复计划，包括发生危急事件后的公关处理，恢复泰国形象，增强游客信心；注重通过各种媒介进行公关宣传，强调泰国旅游品牌。

2011 年中国游客人数还是呈现上升趋势，增长了 53.38%。这一年泰国的旅游业收入大概有 380 亿泰铢。

2012 年中国游客人数达到 2 789 345 人，增长了 62.05%。另外，据泰国研究机构开泰研究中心预计，2013 年赴泰国旅游的中国游客总数有望达到 340 万人次，比 2012 年增长 21.3%，占全泰入境外国游客总数的 14%，中国游客为泰国带来的旅游收入则有望达到 1230 亿泰铢。[3]（见表一）

### （二）中国旅游消费者的特点

中国游客成为泰国旅游最大的消费群，因此应该重点研究中国旅游消费者的特点。

Atchara Sombatnantana 在 2012 年的研究中发现：大部分赴泰中国游客年龄在 30—39 岁，学历是大学本科毕业的占调查总数的 59.3%，结婚状况是已婚的占 52.8%，工作是公司职员的占 45.5%。[4]有 74.5%的人选择跟随旅游团的方式赴泰旅行，59.9%的人赴泰旅游的目的是放松身心，47.8%的人对在泰国旅游印象最深刻的是较多项目的旅游活动，39.3%的人每人每次赴泰旅游的花费为 4000—6000 元人民币，31.5%的人带回去最多的纪念品是珠宝，69%的人是第一次赴泰，54.5%的人平均每次赴泰旅游的时间为 5—6 天，60.3%的人在节日长假段时间赴泰旅游，50.3%的人在 1—3 月份赴泰旅行，32.3%的人是从报纸和刊物上获得泰国旅游景点信息及活动资料，80%的人赴泰旅行期间住在旅馆，80.8%的人表示会再赴泰国旅游。[5]住宿相关因素、游客指定地点、政府制订的一揽子旅游促销计划对赴泰中国游客的影响极大。年龄、受教育水平、职业、月收入、住宿和游客制定与中国游客在泰的消费行为密切相关。

### （三）中国旅游消费者偏好

从环球网 2012 年对中国旅游消费者的调查发现，最受中国旅游消费者欢迎和关注的是游海行程，选择率达到 46.5%。此外，选择家庭旅行、坐船旅行、自驾游和度蜜月的分别是 28.2%、20.9%、19.1%和 13.2%。至于滑雪、品尝葡萄酒、手术和高尔夫关注度较低。[6]从图一的调查分析发现，中国旅游消费者最喜欢去海边旅游。泰国海岛众多，海岸线较长，因此赴泰游海的中国游客很多。据成都一家报纸报道，2013 年春节期间，中国人最喜欢的出境旅游目的地是泰国，热门的出行目的地是首都曼谷、普吉岛、苏梅岛和清迈。

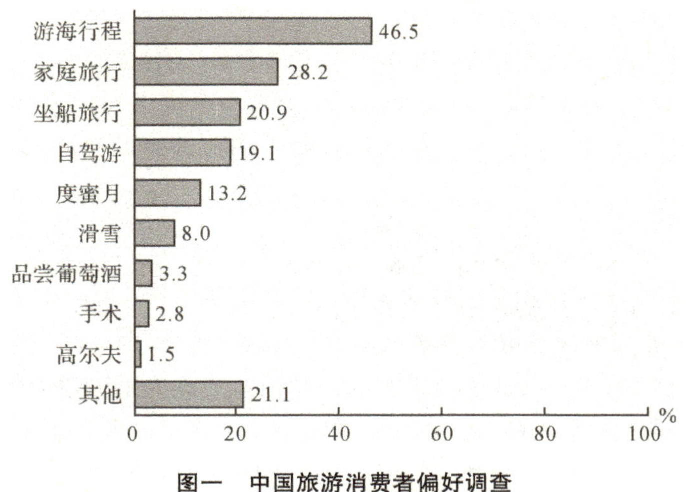


**图一 中国旅游消费者偏好调查**

## 二、中国游客赴泰旅游增长的原因分析

### (一)泰国内部因素

首先,泰国政局趋向稳定。近几年来泰国国内政治矛盾有所缓和,示威游行和暴力活动较少发生,政府促进恢复外国游客的信心,以及恢复和建设国家财富和稳定性,逐渐让游客觉得有安全感。

其次,无重大的自然灾害。泰国的气温常年较高,一般无重大的自然灾害。虽然2011年底发生洪灾,但政府对洪灾的应对及时,准备充分,尽力把损害降至最低。洪水退去后制定各项措施,加紧恢复正常状态,以恢复泰国形象,增强游客信心。

再次,中国至泰国的直航飞机和廉价航班增多。泰国是亚太中心,又是中国近邻,大多数中国城市都能实现4小时内飞抵曼谷,仅仅几个小时的飞机行程减轻了中国人对于出境游"麻烦、路远"的心理阴影。航空公司增加航班线路和航班频率,让中国游客前往泰国更方便更快捷。这些都是中国游客人数增长的因素。另外,泰国旅游局与中方单位加强合作,多次在中国组织活动推介泰国旅游,以特色旅游项目提高泰国游吸引力。这些特色旅游项目包括组织中国新人参加在华欣市举办的"婚礼团"、高尔夫球团以及海洋旅游家庭团等。

最后,泰国电视剧在中国很流行,很受欢迎。泰剧陆续登陆中国各大电视台,收视率很高,掀起了"泰剧热"和"追星热",增加了中国人对泰国的好感和好奇,吸引了中国人赴泰国旅游。

### (二)外部因素

首先,中日近期因为钓鱼岛问题外交关系紧张后,泰国取代日本成为中国海外旅游备选目的地。另外,2011 年底菲律宾政府发布中国南海政策,引起中国和菲律宾政府的外交矛盾,大多数中国人取消去菲律宾的旅游行程,把目的地转向泰国。

其次,近年来赴泰旅游的中国游客增长迅速,2012 年电影《人在囧途之泰囧》的热映增添了中国游客对泰国的兴趣。中国游客谈到《人在囧途之泰囧》这部非常受欢迎的电影,看了电影的人想知道在泰国是怎么被"囧"到的,是不是很好玩,所以更多的中国人因为这部电影赴泰国旅游。2012 年到泰国来的中国游客数量超出了预期,达到了 270 万人,中国现在取代马来西亚成为泰国最大的国际游客来源国。

再次,近年来中国的经济快速发展。随着中国人均收入的提高,海外旅游的中国人数有上升。2012 年,去海外旅游的中国人超过 8000 万人,比前一年增长 15%,是世界各国增长率最快的国家,中国游客在外国的旅游消费总数可达 850 亿美元。[7]

中国政府放宽中国公民赴海外旅游的限制,允许中国人自由行,不需要跟随旅行团才能去外国旅游。中国政府允许中国公民自由行前往的国家,1988 年泰国开放自由行,1999 年澳大利亚和新西兰部分开放,2000 年日本试开放,2003—2008 年期间欧洲各国,2008 年美国部分开放。

最后,泰国华人众多,泰中两国在地理、文化风俗等方面类似,文化相近更加拉近了中国游客的心理距离。两国人民彼此互信理解,而且泰国人和蔼可亲,待人热情,这些泰国特色也吸引中国游客。

## 三、泰国拓展中国游客市场的策略

### (一)改善旅游产品

泰国政府可以采取一些举措,如保护自然环境和历史古迹,促进旅游市场的良性竞争,提升旅游产品的丰富性和品质,提高服务水平,以满足游客的需求;开发中高端旅游产品,以满足中高产阶层的产品需求;增加旅游活动的项目以更加吸引中国游客;推出特色旅游项目以提高泰国游的吸引力,比如组织 999 对中国新人参加在华欣市举办的"婚礼团",组织高尔夫球团及海洋旅游家庭团等。

泰国与中国合作,推动从中国到泰国旅游新航线的开辟,推出 3 条中国至泰国的陆路旅游新线路,以改变中国游客赴泰游只能乘坐飞机的单一方式,吸引中国游客从中国南部地区进入泰国北部、东北部地区旅游。泰国旅游计划开辟的陆路旅游新路线包括:第一条路线从中国昆明出发,沿 R3A 公路前行,途经思茅、景洪、磨憨、南塔、会晒,到达清孔,全程 1104 公里。第二条路线从中国云南西双版纳出发,沿 R3B 公路前行,途经思茅、景洪、勐腊、景东、夜柿,全程 1053 公里。第三条路线以中国广西友谊关(凭祥)为起点,沿 R9 陆路通道,途经越南(劳保—河静—清化—河内—谅山)、老挝(沙湾拿吉—丹沙湾),到达泰国莫拉限府,全程 2031 公里。[8]

泰国旅游局拟向中国游客重点推荐曼谷—那空那育—考艾线、曼谷—大城—红统—素攀布里线、曼谷—佛统—北碧线、曼谷—夜功安帕瓦—巴蜀华欣线和曼谷—尖竹汶—象岛线这 5 条旅游新路线,使在泰旅游的路线呈现辐射整个泰国的趋势,让中国游客从集中在曼谷向更广阔的地区分散。

### (二)提高服务质量

2005 年,中国中产阶层(指年收入介于 25 000—100 100 元的人士)人数在总人口中占 12.6%的比例,到 2025 年该比例将达到 59.4%。泰国旅游局应该提升赴泰旅游中国旅游团的档次。现在中国游客在泰国旅游的人均日消费水平已达 4600 泰铢。随着中国旅游团消费水平档次提高,他们会追求更高水平的享受和更高档次的服务。

再塑泰国旅游市场形象。鉴于中国旅游团消费档次提高,旅游局应该以"优质休闲旅游地"概念为中心,在中国游客市场再塑泰国旅游形象,以提升旅游团档次,减少消费能力差的低档旅游团数量。另一方面应该大力培养精通汉语的导游,在景点增加中文标志,提高服务水平和质量、保障游客财务和人身安全。在当今全球一体化的时代背景下,语言使人们能更正确、深入地理解目的国的文化,导游精通汉语就能更好地满足中国旅游客的要求。在提高服务质量的同时也会增加中国游客的回头率。

从 2011 年来泰外国游客的人数可以发现,有 59%的中国游客是自己安排行程,比前一年上升了 57.7%。跟随旅游团出行的有 41%,比前一年增长了 41.2%。[9]自助游、半自助游很受欢迎,因此要注重开拓"泰国自助游"中国游客市场。泰国旅游局应该加强与中国相关机构的合作,以开拓中国中等收入阶层游客市场,这个阶层的游客具有热衷"自助游"的特点。2012 年中国最大的票务宾馆预订和网上广告代理商——启程网上预订机票、宾馆的中国自助游客数量已经达到 10 万,因此,旅游局与启程网进行合作,并提供一定的赞助,以争取今年能有超过 20 万的自助游客通过该网站预订来泰国旅游机票和宾馆。进一步简化中国公民赴泰旅游签证申请的程序,减少手续,让中国游客获签更方便。健全完善相关法律制度、加强相关法律严格执行。这个方法将使泰中之间的关系更加密切,增加中国游客赴泰旅游倾向。

### (三)加强旅游市场管理

泰国王室、政府和旅游局都非常看重与中国的合作。泰国业界也经常组织推广团到中国宣传。2014 年 8 月泰国有关部门在芭提雅召开了专门针对中国游客的联席会议。中国驻泰国大使馆、泰国旅游局、泰国军方、警察和各旅游机构代表都出席了会议,商讨如何促进中泰旅游发展、解决旅游纠纷和加强旅游管理等问题。目前泰国的旅行社很多,竞争也很激烈。近年来,为杜绝欺诈现象,泰国旅游局等机构加强了管理。旅行社也达成共识,出现问题宁可牺牲旅行社的部分利益也不能让服务"打折"。在具体操作中,通过游客反馈的导游服务调查表对导游能力进行考核,一旦出现因不可抗力造成的损失,则要由公司负责,不给导游形成压力以致变向转嫁给游客。此外,泰国旅游业者努力将旅游行程清晰地写在合同内,以减少可能产生的麻烦和误解。在未来几年内,深受欢迎的"零自费"行程将会变成主流。

### (四)加大宣传力度

注重通过各种媒介进行公关宣传,充分利用网络,在网上提供旅游景点信息、交通和住宿信息等,调整营销方式。强化泰国的特色品牌,促进与中国的合作,推出个性化的旅游产品,以满足中国游客的需求。充分利用在中国的泰剧热、泰国明星热吸引中国游客。在电视剧、电影中多多展现泰国优美的自然风光和独特的文化历史,突出自身的旅游特色。选取在中国大热的泰国明星担任旅游代言人,宣传、推广泰国旅游项目。

## 四、结束语

中国游客喜欢去泰国旅游的主要原因是出行便利和性价比高。中国开放泰国旅游时间早,开发比较成熟,市场认知度高;距离相对近,大多数中国城市都能实现 5 小时内飞曼谷;签证便利;航线较丰富;泰国具有独特的人文和历史,当地旅游资源丰富;当地旅游业比较成熟,酒店餐饮等配套设施非常完善;消费价格适中等。最后,至关重要的一点是中国经济近年来取得巨大发展,人民生活水平有很大改善,老百姓有更多能力出国旅游。

中国游客对泰国旅游业的重要性不言自明,因此要采取多种手段吸引更多中国游客前来旅游消费。

**参考文献**

[1] 余显伦,2013 年 2 月 4 日,《泰国推出多项举措迎接 2013 年中国游客潮》,http://finance.eastmoney.com/news/1355.20130204272036968.html

[2] 佚名,2013 年 2 月 22 日,《泰国推出新线路吸引中国游客》,广西新闻网,http://th.hujiang.

com/new/p452739/

[3] 佚名,2013,《泰国旅游局借<泰囧>推广泰国旅游》,合格 8 网,http://www. hege8. com/1761. html

[4] 赵衍龙,2013 年 2 月 1 日,《泰旅游局全面布置争取接待中国游客不少于 300 万》,http://world. huanqiu. com/regions/2013—02/3610512. html

[5] 泰国中国商务信息服务中心,2012 年 8 月 17 日,《2012 年的中国游客出国的行为研究》,环球网,http://www. thaibizchina. com/thaibizchina/th/articles/detail. php? IBLOCK_ID=70&SECTION_ID=565&ELEMENT_ID=11053

[6] 泰国中国商务信息服务中心,2013 年 2 月 21 日,《2013 年春节期间最受中国游客欢迎的国家和地方》,http://www. thaibizchina. com/thaibizchina/th/china — economic — business/result. php? IBLOCK_ID=69&SECTION_ID=464&ELEMENT_ID=12351

[7] 泰国中国商务信息服务中心(上海),2013 年 2 月 24 日,《既然各个国家提出战略要夺中国游客,泰国怎么办?》,http://www. thaibizchina. com/thaibizchina/th/articles/detail. php? IBLOCK_ID=70&SECTION_ID=12353&ELEMENT_ID=12353

[8] 佚名,2012 年 11 月 16 日,《出境游,泰国成重庆人首选》,重庆晨报,http://www. thaiembbeij. org/thaiembbeij/th/news-activity/media_china/index. php? ELEMENT_ID=11666

[9] WAVE RIDERS PUI,2012 年 11 月 04 日,《Wave Riders 对 R3A 旅行》,http://waveridersclub. blogspot. com/2012/11/wave-riders-r3a-part-1. html

# 中国游客对泰国旅游的满意度分析

易开刚　许爱心

（浙江工商大学旅游管理学院，浙江杭州　310018）

**摘　要：**本次研究旨在了解中国游客对泰国旅游的满意度。调查发现，总体来看，中国游客对赴泰国旅游表示满意。泰国旅游的优点在于旅游项目和地点有趣而独特，环境安全并且卫生。弱点是旅游套餐和特色纪念品较少。泰国旅游行业应该发扬优点、克服缺点，以吸引更多中国人赴泰国旅游。

**关键词：**中国游客　泰国旅游　满意度　调查

## 一、引言

中国出境旅游人数很多。2012 年中国出境旅游人数超过 8000 万人次，位居全球第三，而 2011 年只有 7025 万人次，2012 年同比增长 16.7%。出境旅游花费约 850 亿美元。曼谷位居最受中国人欢迎出境旅游目的地排名榜第四名。据世界旅游组织预测，到 2020 年，中国每年“出境游”人次将超过 1 亿，届时中国将成为全球最大的游客输出国。中国出境旅游目的地的市场竞争很激烈，很多国家都想要吸引中国游客到自己的国家旅游和消费。[1]

游客的满意度在目的地旅游营销中具有重要的作用，因为它影响着游客对旅游目的地的选择、旅游产品和服务的消费以及再次消费比率。[2]顾客的满意度是顾客对一个产品可感知的效果与期望值相比较后，形成的愉悦的感觉状态。[3]本文利用期望差异理论对赴泰中国游客进行了问卷调查，并提出对策建议。

## 二、中国出境游的历程

随着中国经济的发展和人民生活水平的提高，旅游业也飞速发展。在旅游方式的选择上，有越来越多的人选择走出国界和所在区域，出境游渐渐成为一种风尚，这也给目的地国家带来了可观的收入。由于中国出境旅游人数规模和花费的高增长，中国的出境游成为旅游行业关注的焦点。

中国公民出境旅游，是从20世纪90年代中期开始兴起，后期大力发展的新的消费领域和经济文化现象，经历了一个从无到有、从出境探亲游到公民自费出国游的发展过程。[4]为赢得外汇，在改革开放初期，中国开始发展入境旅游，吸引境外游客。与此同时，出去走一走、看一看也成为中国人的期望。1984年，中国国务院正式批准的港澳探亲游首次为中国内地游客提供了机会。1987年，丹东市居民赴朝鲜新义州市的"一日游"标志着中国出境旅游的雏形——边境旅游拉开序幕。这种手续相对简便可在异国土地上体验不同风情的旅行方式，让中国游客纷纷走出国门，近距离接触朝鲜、俄罗斯、越南、缅甸等邻国。但边境游的国别、范围与时间都受限制。1990年对泰国、新加坡、马来西亚三国探亲游的开放，使边境游升级为出境游，也掀起以东南亚为目的地的出国旅游高潮。东南亚旅行深入人心，时至今日，很多国民仍将其作为认识世界的第一站。之后，随着《中国公民自费出国旅游管理暂行办法》的颁布实施，140余个ADS协议（旅游目的地协议）的不断签署，使中国游客可旅行的范围已扩展到世界一半以上的国家。[5]

出境游初期，大多数出去的人是通过商务派遣或者邀请的方式，出国人员在规定的期限内，办完公事会预留两三天游览的时间，看看目的国的名胜古迹，其实还算不上真正意义的旅游。5年前，游客主要的出游方式是跟团，由导游举着小旗子引导参观，如今，很多人不再满足于这种几天N国走马观花式的旅游，自助游、探险游、深度游、体验游等占据了旅游市场的半壁江山。

中国出境游在人群上的变化是比较明显的，由最初的国家公职人员到商务人员再到高收入者及富人，然后到一般工薪阶层。从少数人拥有的特权到现在步入平常百姓家，出境旅游正在成为一种大众化消费活动。而且，旅游也不再是年轻人的"专利"，在很多旅行团中，经常可以看到银发一族结伴出游。

据说，20年前赴港的探亲旅行团实行严格的"配额制"，国内办理出境游的旅行社，一路要盖几十个章才能得到批准。那时如果能去香港探亲，都会让远亲近邻羡慕不已，那时候谁家有一点"香港货"，就有了向别人炫耀的资本。如今，昔日高不可攀的"天堂"已经变成触手可及的"邻居"，内地居民从初时到香港的"见识见识"，发展到现在的"疯狂血拼"，尤其是一些喜欢购物的广东人，一个月要去香港几次，对香港的熟悉程度不亚于自家城市，成了地地道道的"香港通"。

随着中国的对外开放，港澳地区已经远远不能满足人们日益增长的需求，中国内地游客的足迹遍布世界各地。每年的春节、五一、十一等节假日期间，在悉尼歌剧院、埃及的金字塔、日本富士山等世界各地的风景名胜，随处可见出游的中国人。

## 三、问卷调查结果

为了了解中国游客对泰国旅游的满意度，找出针对中国游客的泰国旅游业的优缺点，笔者进行了问卷调查。此次调查的时间是 2013 年 4 月初，调查问卷发放了 100 份，回收 100 份，有效问卷率 100%。

### (一)关于中国游客对泰国旅游的期望与感知

该项调查的目的是为了了解中国游客对泰国旅游服务感知的效果与期望的差异，满分为 5 分，结果见表 1。

表 1　中国游客对泰国旅游服务质量感知的效果与期望比较

| 属性 | 期望的质量 | | 感知的质量 | |
|---|---|---|---|---|
| | 分值 | 同意度 | 分值 | 同意度 |
| 旅游项目/地点将是有趣并且独特的 | 4.15 | 同意 | 4.22 | 完全同意 |
| 泰国将会是安全并且干净的 | 3.98 | 同意 | 4.31 | 完全同意 |
| 泰国的交通将会是简单并且方便去旅游整个泰国的 | 4.02 | 同意 | 4.18 | 同意 |
| 住宿将会是干净并且靠近市中心、购物中心和餐厅的 | 4.14 | 同意 | 4.26 | 完全同意 |
| 酒店工作人员(包括在酒店、餐厅和旅游景点的工作人员)将会是有礼貌并且有帮助的 | 4.01 | 同意 | 4.30 | 完全同意 |
| 泰国将会有各种泰国和中国的美食 | 4.02 | 同意 | 4.24 | 完全同意 |
| 将会有中文的各种旅游信息，很多酒店雇员都将能使用中文沟通 | 3.99 | 同意 | 4.30 | 完全同意 |
| 商品和服务的价格(景点门票、食物价格、出租车价格等等)将会物有所值 | 3.92 | 同意 | 4.30 | 完全同意 |
| 各种有趣旅游套餐将会具有实用性 | 3.83 | 同意 | 4.13 | 同意 |
| 夜生活将是精彩的 | 3.92 | 同意 | 4.30 | 完全同意 |
| 将会有各种有泰国特色的纪念品 | 4.35 | 完全同意 | 4.27 | 完全同意 |
| 当地居民将会是友好并且有帮助的 | 4.00 | 同意 | 4.20 | 完全同意 |
| 总体状况 | 4.03 | 同意 | 4.25 | 完全同意 |

表 1 调查数据显示，从旅游前的期望值来看，中国游客对泰国旅游有很高的期望；从旅游后的效果来看，泰国不仅达到而且超越了他们的期望。中国游客对泰国旅游服务质量的期望总分值是 4.03，而旅游后他们对泰国旅游服务的感知总分值是 4.25。

在调查中发现，除了该属性“将会有各种有泰国特色的纪念品”以外，其他的属性都超越了游客的期望。因为该属性的感知分值(4.27)稍微低于它的期望分值(4.35)，所以这一项属性产生了满意差距。虽然满意差距很小，但是它让中国游客对泰国旅游服务产生了负面印象。对于中国人来说，购物非常重要。中国游客认为购物是旅游当中最愉快的活动之一。中国人喜欢买纪念品送给朋友，因为送礼是中国人的一种重要习俗，它是友情、爱情和感激之情的体现。[6]

泰国将会是安全并且干净的(属性 2)，这一属性应该得到更多的重视。以上调查结果显示，这一个属性得到最高的旅游服务感知分值而且超过了期望分值很多。这说明中国人对泰国的安全和干净印象最好。该属性使中国游客对泰国旅游的总体满意度产生了最大的正面影响。这个调查结果与 Williams & Buswell 的研究结果是一致的。Williams & Buswell 提出安全是中国人选择旅游目的地考虑的重要因素之一。[7]

“旅游项目/地点将是有趣并且独特的”(属性 1)这一项目得到的感知服务质量分值排行第二。虽然 4.22 的感知分值超过了 4.15 的期望分值，但是差距很小。泰国应该加强旅游项目和地点的独特性。Kim et al. 研究表明中国游客喜欢去一个有文化差异和悠久历史的国家。[8]所以旅游项目和地点的独特性是中国人是否要赴泰国旅游的一个重要因素。

(二)关于中国游客对泰国旅游的满意程度

这一部分调查的目的是为了了解中国游客对每个属性的满意度。调查结果见表 2。

**表 2　中国游客对泰国旅游的满意程度**

| 属性 | 分值 | 满意程度 |
|---|---|---|
| 景点的趣味性和独特性 | 4.24 | 非常满意 |
| 泰国的安全和清洁程度 | 4.32 | 非常满意 |
| 对于游览整个泰国，交通的方便程度和简单程度 | 3.99 | 满意 |
| 住宿的干净程度和住宿离市中心、购物中心和餐厅的距离 | 3.91 | 满意 |
| 酒店员工(包括酒店、餐厅和旅游景点的工作人员)是有礼貌并且有帮助的 | 3.99 | 满意 |
| 有各种泰国和中国的美食 | 3.91 | 满意 |
| 有中文的各种旅游信息，很多酒店雇员都能使用中文沟通 | 3.91 | 满意 |
| 商品和服务的价格(景点门票、食物价格、出租车价格等等)都是物有所值的 | 3.99 | 满意 |

**续 表**

| 属性 | 分值 | 满意程度 |
| --- | --- | --- |
| 各种有趣旅游套餐的实用性 | 3.81 | 满意 |
| 夜生活是精彩的 | 4.11 | 满意 |
| 有各种有泰国特色的纪念品 | 4.16 | 满意 |
| 当地居民是友好并且有帮助的 | 4.19 | 满意 |
| 对整个泰国旅游是满意的 | 3.82 | 满意 |
| 您有多大可能性再去泰国旅游? | 3.89 | 可能 |
| 您有多大可能会推荐你的亲戚朋友去泰国旅游? | 3.97 | 可能 |

从表2来看,中国游客对泰国旅游的感觉是比较满意的。许多人不但会再来泰国旅游,而且还会推荐亲戚朋友来泰国旅游。满意的游客不但会再次去旅游,而且会把他们旅游的好经验告诉周围的人,帮游览地进行正面口碑宣传。正面口碑宣传对旅游业非常重要,满意的游客会带来更多的游客。

"各种有趣旅游套餐的实用性"这一项目得到的满意分值最少。从表2可以看出,中国游客对泰国旅行社提供的旅游套餐不满意。泰国旅游局应该力争创出富有特色的泰国精品套餐。因为对一个属性的不满,会对总体旅游经验产生负面影响,所以这一个属性需要得到重视并改善。零团费旅行团对泰国旅游业贻害无穷。羊城晚报讯,记者颜英报道"旅行零团费是慢性自杀",多家大型旅行社高管称此行为"既害了企业,也害了行业"。"天下没有免费的午餐",但还是有人会上"免费"的当[9]。很多游客因为贪图便宜,就参加了零团费旅游团。当游客到了目的地国家,就会发现自费项目非常多,而且总是被强迫购物。所以价格适当对旅游套餐是很重要的。

得到"非常满意"的属性有两个,景点的趣味性和独特性(第一属性)和泰国的安全和清洁程度(第二属性)。泰国的安全和清洁程度得到最高的满意度分值(4.32)。调查结果显示,安全和清洁对中国游客的满意度有很大的正面影响。景点的趣味性和独特性得到第二高的分值(4.24)。

### (三)使用 Kano 模型对中国游客的需求进行分区

这部分的调查目的是对顾客的要求进行分类,Kano 模型把顾客的需求分成三种属性(结果见表3)。第一种是魅力属性(A),客人并没有期望会有这个服务,所以客人不会很不满意。但如果有这个服务,客人将会很高兴。第二种是一元属性(B),客人很期待这个服务,如果有这个服务将会很满意。但是没有这个服务的话,会很不满意。第三种属性是附带属性(C),这个服务是客人附带的要求,客人希望相关组织能为他们提供这个服务。客人觉得有这个服务最好，如果没有，客人有可能会不满意。

**表 3　使用 Kano 模型对中国游客的需求进行分区**

（A：魅力属性，B：一元属性，C：附带属性）

| 属性 | Kano 模型 |
| --- | --- |
| 景点的趣味性和独特性 | C |
| 泰国的安全和清洁程度 | B |
| 对于游览整个泰国，交通的方便程度和简单程度 | B |
| 住宿的干净程度和住宿离市中心、购物中心和餐厅的距离 | B |
| 酒店员工（包括酒店、餐厅和旅游景点的工作人员）是有礼貌并且有帮助的 | B |
| 有各种泰国和中国的美食 | B |
| 有中文的各种旅游信息，很多酒店雇员都能使用中文沟通 | B |
| 商品和服务的价格（景点门票、食物价格、出租车价格等等）都是物有所值的 | B |
| 各种有趣旅游套餐的实用性 | A |
| 夜生活是精彩的 | B |
| 有各种有泰国特色的纪念品 | B |
| 当地居民是友好并且有帮助的 | C |

从表 3 可以看到，大部分的属性是一元属性。只有一个属性被分类为魅力属性（属性 9，各种有趣旅游套餐的实用性），所以各种有趣旅游套餐的实用性对中国游客的满意度有很大的影响。有两个属性被分类为附带属性（属性 1，景点的趣味性和独特性，和属性 12，当地居民是友好并且有帮助的），这表明它们对提高中国游客的满意度没有直接关系。

这部分调查结果跟游客的满意度的调查结果是一致的。对中国游客满意度的调查结果显示，中国游客对“各种有趣旅游套餐的实用性”最不满意。

### （四）游客结构的调查分析

从对被调查游客的结构分析中发现，赴泰国旅游的游客中，中国女性的比例要高于中国男性的比例。赴泰国旅游平均年龄超过 60 岁的中国游客，约占全体赴泰国旅游的中国游客的 34%。另一个主要年龄段的中国游客是 31 岁到 40 岁之间，占全部中国游客的 23%。已婚人士较之未婚人士的比例要略高。受过高等教育的赴泰国的中国游客，占全体被调查者的 51%。他们中担任管理人员或者公务员的，占总受访者的 38%。被调查者中担任销售人员的，占总受访者的 24%。在受访者中，超过一半的中国旅客每月收入在 6 001—8 000 元之间，占总受访者的 54%。不过虽然如此，泰国旅游供应商也应该更加重视那些月收入超过 8000 元的游客，因为他们有更高的购买力。

研究表明，受访者中有一半左右的游客是回头客，占总受访者的 45%。另外 55%的中国游客则是第一次到泰国旅游。这一发现表明，中国游客对在泰国旅游感到满意，并且他们很有可能会再一次到泰国旅游。调查显示，大部分的游客都是跟旅游团赴泰国旅游，这种情况占总受访者的 64%。到泰国旅游的游客中，46%的游客会在泰国停留 4—7 天，另外 46%的游客会停留超过 8 天以上。这一发现说明，大多数中国游客都是深度旅游人士。

### (五)泰国旅游行业的优缺点

#### 1. 泰国旅游行业的优点分析

表 4 显示，泰国旅游业的整体表现非常好，为中国游客提供了一个美好的假期之旅。在上表中，有两个属性的分数比较好，分别是属性 1(旅游项目/地点将是有趣并且独特的)和属性 2(泰国将会是安全并且干净的)。

**表 4 调查的综合结果**

(A:魅力属性，B:一元属性，C:附带属性)

| 属性 | 期望 | 可感知 | 满意度 | Kano 模型 |
|---|---|---|---|---|
| 旅游项目/地点将是有趣并且独特的 | 4.15 | 4.22 | 4.24 | C |
| 泰国将会是安全并且干净的 | 3.98 | 4.31 | 4.32 | B |
| 泰国的交通将会是简单并且方便去旅游整个泰国的 | 4.02 | 4.18 | 3.99 | B |
| 住宿将会是干净并且靠近市中心、购物中心和餐厅的 | 4.14 | 4.26 | 3.91 | B |
| 酒店工作人员(包括在酒店、餐厅和旅游景点的工作人员)将会是有礼貌并且有帮助的 | 4.01 | 4.30 | 3.99 | B |
| 泰国将会有各种泰国和中国的美食 | 4.02 | 4.24 | 3.91 | B |
| 将会有中文的各种旅游信息，很多酒店雇员都将能使用中文沟通 | 3.99 | 4.30 | 3.91 | B |
| 商品和服务的价格(景点门票、食物价格、出租车价格等等)将会物有所值 | 3.92 | 4.30 | 3.99 | B |
| 各种有趣旅游套餐将会具有实用性 | 3.83 | 4.13 | 3.81 | A |
| 夜生活将是精彩的 | 3.92 | 4.30 | 4.11 | B |

续 表

| 属性 | 期望 | 可感知 | 满意度 | Kano 模型 |
|---|---|---|---|---|
| 将会有各种有泰国特色的纪念品 | 4.35 | 4.27 | 4.16 | B |
| 当地居民将会是友好并且有帮助的 | 4.00 | 4.20 | 4.19 | C |

泰国旅游的第一强项是旅游项目/地点将是有趣并且独特的。泰国一直以来都是以景点的趣味性和独特性为卖点。它在调查中也获得了非常高的分数，无论是可感知的服务质量的评分还是满意度的评分都很高。上面的调查表显示，这一项不仅得到了非常高的期望服务质量分数，而且它们的可感知服务质量的评分甚至超过了它的期望服务质量的评分。同时满意度评分它也是比较高的。

泰国旅游第二强项是泰国的安全和清洁程度。此项目在调查中获得了超出期望的服务质量的分数，无论是在可感知的服务质量还是在满意度上都得到了很高的评分。这些信息表明，泰国旅游行业的总体表现很好，给游客提供了一个安全、清洁的旅游环境。

**2. 泰国旅游行业的弱点分析**

泰国旅游业的弱点是属性 9(各种有趣旅游套餐的实用性)和属性 11(有各种有泰国特色的纪念品)。

泰国旅游业第一个薄弱点是属性 9(有趣的旅游套餐的实用性)。虽然它的可感知的质量分数(4.13)超过了它的期望质量分数(3.83)，可是它的可感知的质量分数和满意度分数都是所有属性当中得分最低的(4.13 和 3.81)，因此它被认为是一个弱点。根据 Kano 模型分类，这个属性被认为是一个魅力属性。这意味着，如果泰国旅游行业能在这个属性上更加努力，做得更好，它将大大提高中国游客的满意度。

另一个弱点是属性 11(有各种有泰国特色的纪念品)。虽然这个属性获得很高的可感知的质量分数(4.27)，它却低于被调查者的期望质量分数(4.35)。而期望的质量分数和可感知的质量分数之间的差距将导致中国游客的满意度下降。

## 四、提高中国游客的满意度的策略建议

### (一)旅游套餐

要提高中国游客的满意度，就应该为游客提供各种可供选择的旅游套餐。“零团费”的旅游团会直接导致中国游客对泰国旅游的满意度下降，因此泰国旅游行业必须设法去除这种形式的旅游。因为这些旅行团的利润非常低，所以他们只能采取减少旅游景点，并强迫团员购买昂贵的纪念品等手段来增加利润。别的旅游团

为了与“零团费”的旅游团争夺客户，就必须拿出一些更低的价格和质量良好的旅行服务。包括使用低成本航空公司，在经济型酒店或宾馆住宿，等等。此外，选择在当地的普通餐馆用餐，也能降低旅行团的成本。但这些手段对中国游客的满意度都会产生负面影响。

泰国旅游行业必须开展一些有趣而有特色的旅行活动。可以针对那些已经来过泰国的游客，特别设计一些有趣的旅游路线。将更多的精力集中在特色旅游上而非一般形式的旅游上。比如组织“深度游”，所谓的“深度游”包括了泰国美食和文化。游客可以去品尝不同的泰国当地美食，还可以学习如何烹饪泰国美食。并可以深入泰国的大街小巷，以感受一名普通泰国人的生活，以及在其背后的文化精髓。泰国旅游行业一定要注意创造新的、不同的旅游套餐，以满足日新月异的游客需求。从而增加中国游客的满意度。

（二）纪念品

许多中国游客对他们去的纪念品商店的资质感到质疑。泰国政府应该借此机会，整顿关闭一些素质差、价格昂贵的纪念品商店。并应设置一个统一的标准，对那些符合政府设定标准的纪念品商店颁发政府的诚信证书。这将有助于中国游客放心地采购纪念品。

泰国旅游行业应该提供独特而且高品质的泰国纪念品，以满足中国游客对泰国旅游纪念品的需求。

## 五、结语

中国游客是泰国入境旅游的重要客源。根据调查发现，中国游客对泰国旅游服务质量抱有很高的期望，泰国提供的旅游服务也不错。总体来看，中国游客对赴泰国旅游表示满意，而且许多人还会再赴泰国旅游。泰国旅游的优点是属性1（旅游项目/地点将是有趣并且独特的）和属性2（泰国将会是安全并且干净的）。泰国旅游的弱点是属性9（各种有趣旅游套餐的实用性）和属性11（有各种有泰国特色的纪念品）。此外，属性9（各种有趣旅游套餐的实用性）对提高中国游客的满意度有很大的影响，因为它的分类属于魅力属性。

大约一半的中国游客是重复访问者，而且他们当中绝大部分是跟旅行团去的。他们之所以对旅游套餐的实用性不满意，是因为他们希望能去以前没有去过的地方。所以泰国旅游企业应该要开创新的旅游路线。在中国游客的眼里，购买泰国纪念品是旅游当中一个很重要的活动。因此，泰国旅游企业应该重视提供更多独特并且高品质的纪念品。

**参考文献**

[1] 人民网. “出境游”,游出“中国风范”(国际视野)[EB/OL]. (2010-10-11). http://world.people.com.cn/GB/57507/12921642.html.

[2] 陈楠,乔光辉,白凯. 基于行为特征的河南入境韩国游客满意度研究[J]. 商业研究,2009,(10):192-196.

[3] CARDOZO RICHARD N. An experimental study of customer effort, expectation, and satisfaction[J]. Journal of Marketing Research,1965(8):244-249.

[4] 张传丽. 中国出境旅游市场发展及影响因素研究[D]. 上海:华东师范大学,2010.

[5] 蒋依依,马仪亮,杨劲松. 2012 中国出境旅游市场详解[EB/OL]. (2012-04-20). http://travel.sohu.com/20120420/n341130133.shtml.

[6] QIAN W, RAZZAQUE M A & KENG K A. Chinese cultural values and gift-giving behavior. Journal of Consumer Marketing,2007(24):214-228.

[7] WILLIAMS C, BUSWELL J. Service Quality in Leisure and Tourism[M]. Wallingford: CABI. 2003.

[8]KIM S, GUO Y & AGRUSA J. Preference and positioning analyses of overseas destinations by mainland Chinese outbound pleasure tourists[J]. Journal of Travel Research,2005(44):212-220

[9] 颜英. 旅行零团费是慢性自杀[N]. 羊城晚报,2012-12-17.

# 手机应用软件的交互性对用户行为意向的影响

## ——以滴滴打车为例

袁安府　滕　园

（浙江工商大学工商管理学院，浙江杭州　310018）

**摘　要：**文章对手机应用软件的交互性做了探讨，运用调查数据验证了手机应用软件的交互性对用户行为意向的影响，并进一步验证了用户认知的有用性、易用性和信任发挥的中介作用，对技术接受模型在手机应用软件中的作用做了一次验证。文章对研究结果进行了讨论，并给出了相应的管理建议，指出了未来的研究方向。

**关键词：**交互性　有用性　易用性　行为意向

## 一、引言

交互性是界面设计中的一个重要特性，[1]也是以计算机为媒介进行交流的重要优势。[2]交互性在过去的三十年间在多个领域中被广泛讨论，例如广告、营销、信息系统和计算机科学。[3]

长期以来，使用环境被认为是人机交互研究的重要方面，因为它影响了用户目标获取过程中的交互效率和效果，进而影响了全部的体验和对界面的评价。静态网站界面主要在预定的环境中使用，由于移动设备的界面有无缝接入互联网的能力，所以能够在多种环境下使用，而不受时间和地点的影响。一些研究证明了移动使用环境对用户与界面的交互性过程有显著的影响。[4]因此，从使用环境的视角看，移动设备中界面的交互性必须和一般环境中网站的交互性区分开来。

移动设备中网站的交互性集中体现在手机应用软件（App）上，在众多应用软件中，打车软件由于其独特的功能，既要实现界面与用户的人机交互，又要通过应用，顺利实现用户和车主之间的人际交互，对于交互性的属性要求特别高，因而交互性的重要性变得不言而喻。[5]然而，检验移动设备中应用软件交互性的实证研究却非常少。

本研究验证了手机应用软件的交互性对用户行为意向的影响，意在拓展我们对手机应用软件使用的理解和提供可操作的建议来帮助设计和发展移动软件应用，使用户获得更好的服务体验。

## 二、理论基础

### （一）交互性的定义

在消费者行为的研究领域中，网上电子商务成为新的研究课题，互联网的交互性被广泛研究。然而，学者们对于互联网交互性的概念和测量方法却没有达成一致的意见。[6] Zeithaml et al. 讨论了人类和计算机通过网站进行的交互。他们定义交互为：①用户能和网站的另一端用户进行交流；②用户能够搜寻信息；③用户能够通过网站进行网上交易。[7]

过去的研究认为，交互性包括双向或相互改变角色，控制，同步性，多样丰富的交流。然而，现在的移动技术已经融合互联网的特征，并发展出自己独有的特点，所以在移动设备环境中对交互性提出一种新概念是有必要的。这个新概念既要包括原有的互联网交互性的定义，又要包括新兴的移动技术所带来的独特的交互性定义。

本研究定义手机软件应用的交互性为移动环境中，软件界面的可用性和使用效果，以及软件界面提供给用户的双向交流的程度。

### （二）交互性的维度

Cyr 将移动设备中网站的交互性分为三个子维度：主动控制、联通性和双向交流。通过这三个维度，Cyr 定义了交互性。[8] 然而，主动控制的这一维度不是非常显著。另一方面，根据 Coursaris 的研究，交互性的五个维度和交互性程度的高低有关系。分别是主动控制、双向交流、同步性、联通性和内容丰富度。[9] Chen et al. 在网上客户关系管理的研究中，将交互性作为一个单维变量处理。[10] 本文的研究着重于分析交互性对行为意向影响的作用机制，同时结合问卷中对变量的因子分析，采用 Chen et al. 的单维变量。

### （三）研究假设

很多研究指出，媒介的交互性对于和消费者建立一个良好的关系有重要作用。Hoffman & Novak 指出，当消费者不再像传统方式那样被动接收信息而是积极参与到决策过程中时，交互性使得消费者参与到营销传播过程中。特别地，对于手机媒介环境，Lee 认为移动技术能够传递用户地址相关的信息，移动网络的供应商能利用这个优势来和用户建立一对一的关系。同时,这个优势有利于供应商对用户的关系管理。[11] Prykop & Heitmann 认为移动技术这种特殊的优势,例如基于位置的推送服务,使得用户对于相应的网站有更高的访问意向。[12] 因此,有理由相信,更高水平的交互性会使得用户倾向于使用手机应用软件。

H1:手机应用软件的交互性与使用手机应用软件的行为意向正相关。

技术接受模型(TAM)认为对于信息技术的认知的有用性和认知的易用性是技术使用的关键驱动力。Davis 定义认知的有用性是用户相信使用特定系统提高他们工作绩效的程度。易用性是指用户相信使用特定系统是不费力的。[13] 用户的观念会形成对实际系统使用的态度,进而影响对使用这个技术的行为意向。最后,使用技术的行为意向最终会形成实际的使用。在过去的几十年当中,技术接受模型中的认知的有用性和认知的易用性被认为是接受信息技术使用的重要标准。

但是,Davis 认为技术接受的研究需要强调其他变量对于认知有用性和认知易用性的影响。接受新技术的前因变量,随着技术特征、目标用户、总体环境有所改变。移动技术很好地体现了这些细微差别,因为它在多变的环境中提供了双向交流。从而,根据特定环境内容,移动性带来了不同的交互可能性。[14] 根据过去对交互性和用户满意的研究,交互性增加会提高绩效质量和节省时间。

因此,基于过去的研究,交互性与认知的有用性和认知的易用性是有相关性的。本研究检验了在手机这种移动设备环境下的两者之间的关系。研究发现,更高水平的交互性,例如有更好控制的用户体验,丰富的、双向交流的内容,会使用户认知到更多的有用性和易用性。更多的,如果用户相信网站是有用和易用的,他们会倾向于更多地使用这个网站。因此,提出以下假设:

H2:手机应用软件的交互性和认知的有用性正相关。

H3:手机应用软件的交互性和认知的易用性正相关。

H4:认知的有用性和使用手机应用软件的行为意向正相关。

H5:认知的易用性和使用手机应用软件的行为意向正相关。

在电子商务环境中,很多学者旨在解开信任的复杂性。[15] Corritore et al. 为在线的信任提供了一个包括认知和情感上的定义:网络情况中,相信自己的弱点不会被攻击的预期。在 Jarvenpaa et al. 的研究中,信任是指消费者信任网站,并愿意在容易受到卖方攻击弱点的情况下选择相信卖方。[16]

先前的研究主要检验了电子商务中的对于售卖产品的信任问题,而很少涉及IT 平台和消费者信任之间的关系。Vance et al. 指出,基于信息安全的信任把 IT 平台简单地当作在线交易的组成成分,重点关注基于对商家或者组织的信任的影响。[17] 很少有研究关注 IT 平台本身和信任之间的关系。Wang & Benbasat 发现,消费者在进行在线交易时,会对 IT 平台产生显著的信任。[18]

Lee 的研究关注于在移动电子商务中的交互性和消费者信任之间的关系，他发现移动界面的交互性和信任显著相关。信任属于认知元素，认知元素和情感元素都会受到网站设计的影响。

H6：手机应用软件的交互性与用户的信任正相关。

根据理性推理模型，信任水平的提高会影响行为意向。[19]在许多研究中已经证实，用户信任是用户购买意向的基础，也是用户愿意再次使用该网站的基础。[20]

H7：用户对移动应用软件的信任与使用手机应用软件的行为意向正相关。

综上所述，本研究构建概念模型，见图 1。

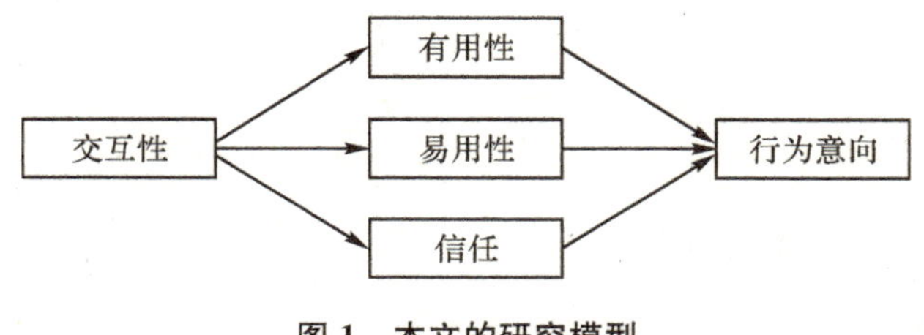


**图 1 本文的研究模型**

## 三、研究方法

### (一)样本与数据收集

本研究以手机打车软件滴滴打车的用户为研究对象，探索打车软件的交互性对用户行为意向的影响。本研究的实证调查采用问卷调查的方式，主要以网络问卷为主。通过专业的问卷调查网站“问卷星”进行网络问卷的制作与发放。通过转发的形式推送给朋友并进行基于人脉关系的扩散。本次调查共发放了 227 份问卷，其中有效问卷 191 份，样本的描述性统计特征如下。

从性别来看，本研究中男、女比例相差不大，男性为 76 人，占总人数的 39.8%；女性为 115 人，占总人数的 60.2%，这种性别比例在统计的合理偏差范围内，并且对于打车软件，女性使用的频率会高一些，考虑到填写样本的用户是基于朋友圈的发散方式，女性愿意填写的比例也有可能偏高一些。

从年龄来看，被调查者在 16—24 岁的人数有 65 人，占总人数的 34%，25—35 岁的人数有 124 人，占了全体人数的 65%。这两个年龄段共占了所有人数的 99%。可以想到，使用智能手机里的应用软件来打车的人群以年轻人为主，并且发放问卷的方式是基于朋友圈的扩散，因此样本的填写者也偏向于和笔者相近的年龄。

从受访者所受的教育水平来看，高中及以下的学历只有 1 人，占总人数的 0.5%，专科学历有 23 人，占总人数的 12%，本科学历有 103 人，占总人数的 54%，研究生学历的有 64 人，占总人数的 33.5%，在本研究中，高学历的人群打车的频率也较高，一方面是因为对于智能手机使用的熟练程度较高，另一方面是此次调查是以依托朋友圈扩散的形式展开的，作者的朋友多为高学历人群。

**表 1　样本基本情况**

| 变量名 | 变量水平 | 频数 | 频率(%) |
|---|---|---|---|
| 性别 | 男 | 76 | 39.8 |
| | 女 | 115 | 60.2 |
| 年龄 | 16～24 | 65 | 34.0 |
| | 25～35 | 124 | 65.0 |
| | 36～45 | 0 | 0.0 |
| | 46 以上 | 2 | 1.0 |
| 教育水平 | 高中及以下 | 1 | 0.5 |
| | 专科 | 23 | 12.0 |
| | 本科 | 103 | 54.0 |
| | 硕士及以上 | 64 | 33.5 |

### (二)问卷与变量测量

本问卷共有 20 个题项，其中包括几个李克特量表和一组关于调查对象的基本信息的分类选择题。量表来自于先前研究的成熟量表，但由于研究背景和以往的研究存在差异，所以对量表的问项做了相应的修改，使之符合特定背景下的情况。量表来源:交互性，有用性，易用性，信任，行为意向。这些变量参考了 Teo et al，Wu 等的量表。[21][22]

### (三)量表的信度和效度

**表 2　量表各项信度指标**

| 测量变量 | 题项内容 | 因子载荷 | α 值 |
|---|---|---|---|
| 交互性 | 打车软件对用户反馈的处理是有效率的 | 0.762 | 0.879 |
| | 打车软件加载信息很快 | 0.806 | |
| | 打车软件处理我的请求时响应迅速 | 0.871 | |
| | 我能随时进入打车软件搜寻信息(网络接入正常) | 0.809 | |
| | 我能在任何地方进入打车软件搜寻信息(网络接入正常) | 0.861 | |

续 表

| 测量变量 | 题项内容 | 因子载荷 | α 值 |
|---|---|---|---|
| 有用性 | 打车软件为我出节约了时间<br>打车软件给我的出行节约了成本<br>打车软件给我的出行带来了便捷 | 0.861<br>0.856<br>0.790 | 0.783 |
| 易用性 | 我能轻松在打车软件上找到想要的信息<br>打车软件的操作步骤简单<br>打车软件使用方便 | 0.853<br>0.846<br>0.843 | 0.804 |
| 信任 | 我相信打车软件上的信息<br>我相信打车软件上的交易过程风险很低<br>我相信打车软件上为我提供服务的司机的品质 | 0.900<br>0.844<br>0.867 | 0.837 |
| 行为意向 | 我想对这款打车软件有更多的了解<br>我会持续使用这款打车软件<br>我会把这款打车软件推荐给他人使用 | 0.765<br>0.905<br>0.917 | 0.827 |

如表 2 所示，信度方面，本研究所用量表的 α 值超过了 0.6 的最低可接受水平。因子载荷数都大于 0.5，显示了较好的收敛效度。

## 四、实证研究

温忠麟介绍了检验中介效应的方法，[23]具体步骤如下：(1)检验自变量的标准化回归系数 c，若显著，则继续检验 a，b 以及 c'，否则停止中介作用分析。(2)检验自变量对中介变量的标准化回归系数 a 以及中介变量对因变量的标准化回归系数 b，若 a 和 b 都显著，则检验包含自变量和中介变量的模型中自变量对因变量的标准回归系数 c'，若 c'不显著，则说明是完全中介，若 c'显著，则说明是部分中介。若 a 显著，b 不显著，则需要做 Sobel 检验。我们以此构建了以有用性、易用性和信任为中介的三个模型，用上述方法进行检验。见表 3、表 4。

**表 3　各变量间相关系数统计**

| | 1 | 2 | 3 | 4 | 5 | 6 | 7 |
|---|---|---|---|---|---|---|---|
| 1 交互性 | 1 | | | | | | |
| 2 有用性 | 0.742** | 1 | | | | | |
| 3 易用性 | 0.795** | 0.802** | 1 | | | | |
| 4 信任 | 0.753** | 0.721** | 0.747** | 1 | | | |
| 5 行为意向 | 0.674** | 0.677** | 0.683** | 0.739** | 1 | | |
| 6 性别 | −0.021 | −0.058 | −0.031 | 0.043 | −0.004 | 1 | |
| 7 年龄 | −0.004 | 0.050 | 0.050 | −0.039 | 0.052 | −0.248 | 1 |
| 8 教育程度 | 0.031 | 0.054 | 0.067 | 0.101 | 0.043 | 0.052 | −0.056 |

表 4 模型检验结果

| 模型 | c | a | b | c’ | 结论 |
| --- | --- | --- | --- | --- | --- |
| A→M1→B | 0.674** | 0.740** | 0.391** | 0.385** | 部分中介 |
| A→M2→B | 0.674** | 0.794** | 0.395** | 0.361** | 部分中介 |
| A→M3→B | 0.674** | 0.752** | 0.542** | 0.267** | 部分中介 |

注：A 为手机软件的交互性，M1 为有用性，M2 为易用性，M3 为信任，B 为行为意向。＊＊表示 $p<0.01$

从表 3、表 4 中可以看出，三个中介模型中，c 为 0.674，$p<0.01$，表明交互性与用户的行为意向正相关，a1 为 0.740，$p<0.01$，显著，表明交互性与认知的有用性正相关；b1 为 0.391，$p<0.01$ 显著，c1’为 0.385，$p<0.01$，显著，表明认知的有用性起了部分中介的作用。a2 为 0.794，$p<0.01$，显著，表明交互性与认知的易用性正相关；b2 为 0.395，$p<0.01$ 显著，c2’为 0.361，$p<0.01$，显著，表明认知的易用性起了部分中介的作用。a3 为 0.752，$p<0.01$，显著，表明交互性与信任正相关；b3 为 0.542，$p<0.01$ 显著，c3’为 0.267，$p<0.01$，显著，表明信任起了部分中介的作用。

## 五、研究结论

### (一)研究结论

本研究提出的假设得到了支持，有助于理解技术接受模型在移动环境中影响手机应用软件的设计和使用。本研究检验了交互性对认知的有用性、易用性和信任的影响，进而对用户行为意向的影响。这为手机应用软件的设计者和开发者提供了指导。在这个时代里，个性化最终能够通过强大的移动设备实现嵌入，我们必须以用户为中心，创造出具有丰富内容的可用性界面。

同时，手机应用软件的交互性对用户的有用性、易用性感知有正向影响，另外，交互性与用户对网站的信任也有正向关系，从而影响了用户的行为意向。这个发现拓展了对技术接受模型的理解，把交互性作为一个重要的前因变量纳入对用户体验的考量，并最终影响了对移动应用软件的采用。

### (二)理论意义

目前的研究提供了一些理论启示，有助于推进我们对交互性的了解。特别地，由移动媒体界面所提供的交互技术和电脑端的非常不同(基于触屏和基于鼠标的)。本研究揭示了移动应用软件的交互性显著影响用户的行为意向。交互性高的移动界面会使用户倾向使用这款软件服务并且推荐给朋友使用。这个结果直接呼应了技术特征，如交互性，如何影响个体行为改变的推断。[23]传统的研究倾向于关注信息本身对用户的影响，[24]本文揭示了技术特征对用户行为意向有显著影响，这为未来的理论和实证研究提供了启示。

结合先前对于行为意向的研究，移动网站的易用性和有用性与行为意向显著相关。Davis 认为易用性非常重要，这些结论是对先前研究的延伸。虽然先前有文献研究过电子商务中的信任，但是都不是基于交互性的考量。先前对 IT 产品的研究没有对消费者的信任给予足够的关注。定性的结论支持了交互性对提供信任感有核心作用。认知的交互性影响了用户的信任，从而影响了用户对于产品和服务的使用意向。

### (三)实践意义

本文为营销人员和网站设计者提供了一些实践参考。由于缺乏实证研究，网站设计者不确定该如何设计移动应用软件来产生更好的用户体验，并使用户对这个应用软件有更好的态度。

首先，为了改变用户的认知态度，应该考虑增加交互技术来丰富移动应用。本文的研究发现，交互性增加能够触发用户对产品有用性、易用性的认知，从而对移动应用软件的行为意向产生积极影响。

其次，开发者应当根据用户需求、偏好以及地理位置开发相应的界面。利用移动设备独特的性质，来为用户提供相应的产品和服务以迎合消费者的偏好。企业应当充分利用移动媒体来进行营销。打车软件可以根据用户识别的位置，提供最近的车辆服务信息。类似的，其他软件也可以通过用户的位置信息，提供相应的服务。

再次，营销人员可以根据实际情况，为用户提供多样的交互性界面。为了提高信任，要提高应用软件界面的用户控制、响应、联通性以及提供环境相关的信息与服务。从营销角度看，排除人际交互的因素看，做好人机交互方面的工作也显得尤为重要。UI 界面设计师要创建新形式与交互式组件的信息可视化。本研究的价值超出了手机应用软件的范围，还包括在线交流和社会网络以及 Web2.0 的环境。认知的交互性具有积极结果，设计人员应适当采用组合的互动机制，以增加可信度。

### (四)研究局限与展望

参与此次调查的主要以年轻人为主，以后的研究对象可以扩展到所有的手机应用软件用户。需要指出的是，打车软件的主体就是大学生群体和年轻的上班族，对于打车应用软件的调查，这样的样本是具有代表性的并且是合适的。本研究只是针对一款打车软件进行了比较，而没有综合如优步、易到用车、神州专车等其他打车软件进行横向比较。另外，本研究没有涉及移动交互性的具体的各项技术，比如滑动、拖曳、语音等方式，对用户态度及行为意向的影响。因此没有为手机软件的改进提出具体的可操作的建议。

未来的研究可以将手机应用软件进行分类，归为游戏、咨询、生活等大类，然后比较哪一类的手机应用软件对交互性的要求最高。也可以具体落实到交互性的技术上，比较滑动、拖曳、点击等交互技术对用户行为意向的影响，从而设计出有更好用户体验的手机应用软件。

**参考文献**


[1] JIANG Z, BENBASAT I. The effects of presentation formats and task complexity on online consumers' product understanding[J]. MIS Quarterly, 2007: 475-500.

[2] HOFFMAN D L & NOVAK T P. Marketing in hypermedia computer mediated environment: Conceptual foundations. Journal of Marketing, 1996, 60(3), 50-68.

[3] YADAV M S, VARADARAJAN R. Interactivity in the electronic marketplace: an exposition of the concept and implications for research[J]. Journal of the Academy of Marketing Science, 2005, 33(4): 585-603.

[4] S YANG, Y LU, S GUPTA, Y CAO. Does context matter? The impact of use context on mobile Internet adoption [J]. International Journal of Human-Computer Interaction, 2012, 28(8): 530-541.

[5] BAE J, RYU S, LEE J Y & KIM B C. Implementation of Next Generation Mobile Service: The Context-Aware Follow-Me Service[J]. Lecture Notes in Computer Science, 2006(3992), 1033-1036.

[6] MCMILLAN S J. Exploring models of interactivity from multiple research traditions: Users, documents, and systems[J]. New Media, 2005: 162-182.

[7] ZACK M H. Interactivity and communication mode choice in ongoing management groups [J]. Information Systems Research, 1993, 4(3): 207-239.

[8] CYR D, HASSANEIN K, HEAD M, et al. The role of social presence in establishing loyalty in e-service environments. Interacting with Computers, 2007, 19(1): 43-56.

[9] COURSARIS C K, SUNG J. Antecedents and consequents of a mobile website's interactivity [J]. new media & society, 2012, 14(7): 1128-1146.

[10] CHEN Q, CHEN H M, KAZMAN R. Investigating antecedents of technology acceptance of initial eCRM users beyond generation X and the role of self-construal[J]. Electronic Commerce Research, 2007, 7(3-4): 315-339.

[11] LEE T. The impact of perceptions of interactivity on customer trust and transaction intentions in mobile commerce[J]. Journal of Electronic Commerce Research, 2005, 6(3), 165-180.

[12] PRYKOP C, HEITMANN M. Designing mobile brand communities: concept and empirical illustration[J]. Journal of Organizational Computing and Electronic Commerce, 2006, 16(3-4): 301-323.

[13] DAVIS F. Perceived usefulness, perceived ease of use and user acceptance of information technology[J]. MIS Quarterly, 1989, 13(3): 319-339.

[14] DIX A, RODDEN T, DAVIES N, et al. Exploting space and location as a design framework for interactive mobile systems[J]. ACM Transactions on Computer Human Interaction, 2000, 7(3): 285-321.

[15] CASALÓ L V, FLAVIÁN C, GUINALÍU M. The influence of satisfaction, perceived reputation and trust on a consumer's commitment to a website[J]. Journal of Marketing Communications, 2007, 13(1): 1-17.

[16] JARVENPAA S L, TILLER E H. Integrating market, technology, and policy opportunities in e-business strategy[J]. The Journal of Strategic Information Systems, 1999, 8(3): 235-249.

[17] VANCE A, ELIE-DIT-COSAQUE C, STRAUB D W. Examining trust in information technology artifacts: the effects of system quality and culture[J]. Journal of Management Information Systems, 2008, 24(4), 73-100.

[18] BENBASAT I, WANG W. Trust in and adoption of online recommendation agents[J]. Journal of the Association for Information Systems, 2005, 6(3): 4.

[19] GEFEN D, KARAHANNA E. Straub D W. Trust and TAM in online shopping: an integrated model[J]. MIS Quarterly, 2003, 27(1): 51-90.

[20] GAO Q, RAU PLP & SALVENDY G. Measuring perceived interactivity of mobile advertisements[J]. Behavior and Information Technology, 2010, 29(1): 35-44.

[21] TEO H H, L B OH, C LIU & K K WEI. An empirical study of the effects of interactivity on web user attitude [J]. International Journal of Human-Computer Studies, 2003, 58(3): 281-305.

[22] Wu G. Perceived interactivity and attitude toward web sites. Proceedings of the 1999 Conference of the American Academy of Advertising [J]. New Mexico: Albuquerque, 1999, 254-262.

[23] 温忠麟，张雷，侯杰泰，刘红云. 中介效应检验程序及其应用[J]. 心理学报，2004，36(6)，614-620.

[24] KIM J N, NI L, SHA B L. Breaking down the stakeholder environment: Explicating approaches to the segmentation of publics for public relations research[J]. Journalism & Mass Communication Quarterly, 2008, 85(4): 751-768.

[25] SUNDAR S S, OH J, KANG H, et al. How does technology persuade? Theoretical mechanisms for persuasive technologies [J]. The Sage handbook of persuasion: Developments in theory and practice, 2013(2): 388-404.

# 企业接受 B2B 电子商务平台的影响因素

楼天阳　夏　婕　陆鹏飞

（浙江工商大学工商管理学院，浙江工商大学浙商研究院，浙江杭州　310038）

**摘　要：**B2B 电子商务平台成功的关键是企业的参与度和接受度。已有的研究集中于对 B2B 电子市场的功能探讨和模式分类，忽略了其模式特征对参与企业的影响。本文基于参与企业的视角，分析现有各种 B2B 电子商务平台的模式特征对参与者（企业对象）的影响；然后依据技术接受模型，重点探讨了阻碍企业接受 B2B 电子交易系统的技术因素和社会因素。

**关键词：**B2B　电子商务平台　接受因素　模式

## 一、引言

独立 B2B 电子市场作为互联网技术最早诞生的电子商务模式，曾经作为第三方信息发布和匹配平台推动中小企业通过网络寻找交易伙伴中发挥过巨大作用，[1][2][3]但在过去十年中，面对后兴起的 B2C 和 C2C 在线交易额的狂飙猛进，独立 B2B 电子市场反而在互联网版图中显得陈旧和落伍。以阿里巴巴为例，阿里巴巴 B2B 电子市场从 2011 年开始转型在线交易，虽然在 2013 年 94 备货节当天创下 41 亿元交易额，但对比 2012 年双 11 淘宝天猫 B2C、C2C 的 191 亿元，就不足为奇了。究其原因，在于当前 B2B 电子市场的核心功能依然停留在买卖商家产品和目录信息的聚集和匹配，[4][5]但是此模式并没有像经济学者们预言的那样快速而全面地取代传统线下关系型的交易方式。因此，与阿里巴巴类似的独立 B2B 电子市场寻找新营利模式显得尤为紧迫。[6]根据 Day，Fein & Ruppersberger 对 8 个行业电子商务平台的时间序列纵向研究，只有 43% 的独立交易平台（independent

基金项目：本研究受国家自然基金（71202079）、浙江省自然基金（LY15G020009）资助。

exchanges)存活下来。[7]2001年统计的2233个B2B电子商务平台到2006年中期只有750个活跃的电子商务平台登记在贸易组织的目录上。这些失败反映出的症结是参与企业对B2B电子商务平台低水平的接受性和参与度。[8]

已有的研究集中于对B2B电子商务平台的功能探讨和模式分类,忽略了其模式特征对参与企业的影响。本文基于参与企业的视角,分析现有各种B2B电子商务平台的模式特征对参与者(企业对象)的影响;然后根据技术接受模型,对不利于企业接受B2B电子交易信息系统的技术因素和社会因素进行评介。

## 二、B2B电子商务平台的概念界定与价值诉求

短短几年,B2B电子商务平台已经经历多种模式与阶段,成为企业B2B电子商务的主要形式。但是,由于B2B电子商务平台不管在产业还是学术领域依然是个新生事物,目前还没有一个统一的定义界定。[9]不同的学者对B2B电子交易平台给出了不同定义,主要观点有:作为信息中介[10],集散中心[11],虚拟互动商业社区[12],跨组织系统IOS等。Büyüközkan把B2B电子商务平台的主要特征归纳为四个方面:聚焦于特定产业的虚拟市场,供需之间的重要联系,便利流程与供应的新商业模式以及未来的供应链,[13],但这是描述性的。Howard,Vidgen & Powell在前人研究的基础上给出了一个比较具有一致性的定义:基于网络把各商业方联系在一起进行交易和协作的系统。[14]这个定义从web系统角度出发,概括了B2B电子商务平台的核心功能"交易"和"协作",体现了演进过来的各种模式形式的本质特征。

对于B2B电子商务平台的价值诉求(value proposition),学者主要从经济学的交易成本角度进行论述。Bakos是最先对电子市场功能做理论研究的学者,他认为B2B电子商务平台为参与者创造价值来自两种最为基本的功能:聚集(aggregation)和匹配(matching),[4][5][15]这个观点后来得到了众多学者的认可与引用。[10][11][16][17][18][19]Bakos论证了电子市场能够降低买方搜寻成本(包括价格和产品信息成本),进而能提高匹配买方与卖方的配置效率。[4][5]不仅如此,Le[19],Malone,Yates & Benjamin et al.[20]把B2B电子市场看成是两种协调经济活动的机制之一的市场机制(另一种是等级制度),而且B2B电子市场除了保留传统市场能带来低商品价格的优势外,还能运用信息技术优势显著降低交易成本,克服了传统市场相对于等级系统高协调成本的弊端。

因此,B2B电子商务平台给参与企业带来的主要利益是通过它提供的电子目录、电子拍卖或价格清算机制,能招徕相当数量的买方或卖方,便利和优化产品/信息的交换,并支持从谈判到结算的整个交易过程。[5][9][18]目前的发展趋势是为了满

足企业参与者深层次流程协作的需求，B2B 电子市场的增值服务功能在不断得到提高。B2B 电子商务平台开始提供企业间相互协作和互动的标准，提供给使用者诸如需求预测、订单管理等协作工具，[17]让自己成为该行业的专家，提供特定产业的特殊知识与经验，[18]把 B2B 电子商务平台引入供应链系统，自动化采购、库存管理和执行的商业流程。[21]可以看出，现在企业参与电子市场不仅作为信息中介降低交易成本，而且强调电子商务平台在业务流程革新上的战略价值与应用。

## 三、B2B 电子商务平台的模式特征对企业参与的影响

B2B 电子商务平台发展至今，已经出现许多新型的商业模式，提出许多新的功能，为的是满足各种潜在参与者的价值需求。但是，不同的模式特征直接影响着企业对象的参与。许多学者已经对 B2B 电子商务平台的模式特征进行归类分析，[8][10][11][16][17]总体上说来，对参与对象产生影响的模式特征：一是所有权(ownership)，二是结盟方向(alignment)，三是所提供服务(service)，四是交易机制(mechanism)。

第一，B2B 电子商务平台的所有权。电子市场根据拥有者身份可分为三种类型：第三方独立市场(3PXs)、私有交易网络(PTN)和产业主办市场(ISMs)。[16][19]第三方独立电子商务平台常是受产业外风险资本赞助的 dot com 公司创建，它们大都专注于经营能提供标准产品的单个行业，如 E-steel(钢铁行业)、Chemdex(化工业)、Freemarkets(工业产品)、GoCargo(物流服务)等。它们要成功吸引市场中关键多数的供应商和购买商参与，或者能够邀请行业中关键供应商的加入。[11]但这些传统行业中的大型产业，往往害怕加入第三方电子平台失去主导权，泄露商业信息，结果是第三方独立市场常常成为中小企业聚集的地方，如台湾钢铁电子市场主要的参与者就是中小企业，[22]阿里巴巴也是通过帮助庞大数量的中小企业而获得成功的，而更多的第三方交易平台则是随着网络泡沫破灭和资金枯竭，迅速倒闭或被兼并，曾经风光一时的 Chemdex，MetalSpectrum，GoFish，E-Chemicals 都已经失败。

研究表明，独立 B2B 电子市场作为交易中介，要成功吸引买方和卖方同时参与，必须在提供的价值活动中既有为买方提升价格透明的功能设计也能为卖方提供补偿价值，或者相反，没有提升价格透明但是为买方提供了额外的价值补偿。[23]事实上，阿里巴巴对线上交易模式的探索进展也并不顺利。独立 B2B 电子市场的在线交易模式陷入了 Wise 和 Morrison 指出的“天然缺陷”：它让供应商竞价，买者获得最低价格的价值主张与现时提倡双赢的买卖关系背道而驰。[24] Howard et al. 在研究汽车行业时也发现供应商抵抗是阻碍企业组织最初接受 B2B 电子市场的

主要因素，[14] Aron et al. 证明私有电子市场比独立的产业电子市场更有效率。[25] 从全球来看，由于第三方独立 B2B 电子市场忽略供应商需求致使其参与者不断流失，而私有电子市场（Private B2B E-Marketplace）的数量及其参与成员正在增加，[26][27] 如 Cisco 和 Dell 公司都建立了私立电子市场来销售产品，哈雷戴维森摩托则邀请其供应商在其私立交易网络竞价；产业平台如 Covisint（GM、福特和克莱斯勒三大汽车公司联合）和 Exostar（波音公司主导的航空工业）的在线交易额上升也超过独立 B2B 电子市场。

第二，结盟方向。B2B 电子市场坚持中立，偏向卖者还是买者受众多因素影响[28]，也直接对参与者造成影响。偏向买方的 B2B 电子商务平台，往往是反向聚集（reverse aggregation）需求，价格机制也是反向拍卖，买方在电子市场中起决定作用，买方可以选择价格机制，积极操纵管理，张贴和展现需求状态，设定最低出价和拍卖持续时间，以及目录更新频率，如食品行业网站 www. ecmarkets. com；卖方则只能回应张贴的需求和选择合适战略在设置的交易参数中最大化他们的回报。在偏向卖方的 B2B 电子商务平台则相反，如 GE 运作的 Polymerland. com。中立的市场卖方与买方在设定交易条款中具有相对的自由，如 www. chemicalonline. com，卖方与买方都可以张贴需求，详细说明交易条款。

第三，提供服务的种类。B2B 电子商务平台基本提供以下 6 种服务的组合：交易信息、数字分类、拍卖、物流服务、供应链协作和增值服务[7]，它所提供的服务是从交易服务到系统支持服务的一个连续谱。前端是成本导向，后端是流程导向，满足不同参与企业的价值需要。大部分跨行业的 B2B 电子平台仍是交易导向；一些行业已经强调流程服务，如零售业，但流程服务需要企业内部系统与 B2B 交易平台的整合。因此，私有电子商务平台，最新研究趋势是如何让 B2B 电子市场在供应链系统中发挥作用，核心是协调与整合供应链流程中复杂和多功能的活动，降低供应链的单位成本。[29]

第四，交易机制。B2B 电子市场的价格机制可以分为固定价格和动态价格两种。前者如一些在线目录提供商，这种机制适合由分裂化买者和卖者构成的产业。动态价格机制包含交换（exchanges）、前向拍卖（forward auction）和逆向拍卖（reverse auction）三种。[21] 拍卖机制适合于那些非标准化产品、易腐烂的产品、废旧设备、多余库存等，通过拍卖让众多竞争者竞价获得更好的收益。而交易机制适合标准化的商品市场，价格由实时的买卖价格匹配系统来决定。为了能够提供综合性的服务，B2B 电子集市的功能正在日趋多样化，一个 B2B 站点往往包含了多种市场机制，如交易、拍卖、目录提供商等。

## 四、企业接受 B2B 电子商务平台的阻碍因素

很多学者从信息系统演进角度出发，把 B2B 电子商务平台看成从 EDI、IOS 延续发展而来的电子市场系统(electronic market system)，[5] 是企业采购系统(procurement system)的网络化改进与延伸，相比于双边关系和封闭的跨组织信息系统如 EDI，ERP 系统，它则是众多买方和卖方参与的开放电子平台。因此，企业的参与某种程度上是对该技术系统的接受，而 B2B 电子商务平台遭遇失败的原因即是企业对其低的接受度。[8] 欧洲委托机构研究(2004)发现跨越不同行业，平均只有 11% 的组织使用电子市场作为它们贸易的部分平台。据此，学者们依赖 Davis[30] 技术接受模型(TAM)和 Rogers[31] 的创新扩散模型(DOI)来开展接受性的研究，这些阻碍企业接受 B2B 电子商务平台的因素可以归结为两个方面：一个是技术性因素，一个是社会经济因素。

### (一)技术性因素

White et al. 根据 Rogers 创新扩散模型中影响创新接受的 5 个变量群(variable groups)第一次系统考察企业对产业联合 B2B 电子商务平台接受的影响因素，通过实地访谈 3 个产业电子商务平台的 12 个公司，识别出 26 个因子会影响 B2B 电子商务平台的接受，除了“使用的传播渠道”因素外，5 个变量群中的 4 个变量群(包括感知创新特性、创新决策类型、连接创新提供方与接受方的社会系统，变革代理推广力度)及其次变量都对企业的接受有影响。[8] Ratnasingam，Gefen & Pavlou 发现在一个给定行业环境中，影响 B2B 市场平台接受的前置因素有：IT 连接的容易性，广泛接受的 IT 标准，可接受的安全水平和一致的产品描述。[32] 台湾学者 Tao et al. 2007 年针对参与台湾钢铁电子商务平台的中小企业，从 32 个因素中得出 9 个未满足参与者接受预期的因素，其中电子交易障碍、电子平台趋势、安全机制、内部管理效率等与技术有关。[22] 这些研究都是从技术系统角度来进行的，所借鉴的理论也是创新扩散模型。综上所述，发展不充分的标准、平台本身技术创新特性、技术系统之间的连接便利性是阻碍 B2B 电子交易系统的主要技术性原因。

### (二)社会经济因素

许多学者指出，上述这些技术因素并非阻碍企业参与的唯一因素，还需要经济和社会因素来补充，[33] 他们发现电子市场接受依赖组织契合性(organisational fit)，还有价值创造和信任。学者指出缺少买者和卖者之间的信任是 B2B 电子商务平台低接受度的重要原因。[32] Howard et al. 同样发现 B2B 电子商务买方与卖方之间的不信任是最为不利因素。除此之外，Gengatharen 和 Standing 在他们研究中

小企业(SMEs)接受B2B电子商务平台时,指出"所有权和治理结构"所造成的信任对于吸引关键多数用户是非常重要的。[34]

尽管研究者识别出了一大群不同的IT接受因素,但是Sila and Dobni指出许多研究存在不一致的地方,主要原因是情境因素的(contextual factors)存在。[35] Soares-Aguiar and Palma-dos-Reis则认为理论本身存在缺陷,[36]如制度理论(Institutional Theory)没有考虑企业管理层应用电子商务平台能力,TAM理论则是研究个体态度——行为方式而非企业行为。[37]为了避免单个理论的缺陷,另外一个被应用来解释技术接受的理论是技术—组织—环境(technology-organization-environment)(TOE)框架,[38]它试图包含影响企业接受IT系统技术、组织和市场环境三方面因素,一些研究如Gibbs and Kraemer[39], Soares-Aguiar and Palma-dos-Reis[36]会同时应用组织理论和TOE框架,因为制度因素可以作为TOE框架中的环境因素补充。

**(三)行业/平台因素**

除了网上交易信任外,学者发现平台的利益导向与介入产业的经济特征也会影响B2B电子商务平台的接受。Wise和Morrison将"稀疏交易量"和"低水平收入"归结为B2B电子市场功能强调竞争性出价和帮助买者寻找新的供应商。[24]在研究汽车行业时,Howard et al.识别出一系列阻碍企业组织采取最初行动接受B2B电子商务平台的因素,分为两个层面:包括行业水平上的产业竞争特性和供应商抵抗;企业水平上的遗产IT系统和受限制的信息化领导技能。这和Arbin and Essler[40]研究covisint中发现的问题基本一致:缺少供应商参与动机,缺少供应商方面参与的组织,总体未能平衡参与各方的利益和目标。Ravichandran et al.第一次实证证明,产业结构与产品特征对B2B垂直交易平台存在影响:高进入壁垒产业趋向塑造有利于它们的电子渠道;高进入壁垒的产业在服务导向上也倾向于系统的支持服务来提升运营效率;高度聚集(产业聚焦度)行业中,B2B的平台倾向于产业内部人投资;成熟的产业(产业成熟度)倾向提供系统支持服务;交易复杂的商品(产品复杂性)更可能为产业的内部人所控制。由此可见,网上交易信任因素和平台利益导向因素在任何B2B电子商务平台上的阻碍影响都存在,而在一些特殊产业电子交易平台,还有其特殊的经济结构因素也会阻碍参与企业的接受度。

## 五、结束语

B2B电子商务平台作为成功的互联网商业模式之一,已经从基本的"降低交易成本,提高市场效率"转向更深的流程协作方面,B2B电子商务平台的模式特征与价值诉求也在随着参与企业的需求在不断调整与完善。本文从企业参与者角度,探讨了 B2B 电子商务平台模式与参与对象之间的关系，B2B 电子商务平台的所有权、结盟方向、服务提供以及交易机制将会影响相应的参与者，因此，B2B 平台的提供者和设计者应该在市场定位之前必须确定潜在客户的需求。同时，在定位好模式和目标客户以后，还需要进一步努力解除各种阻碍企业参与其平台的技术和社会因素。

目前对 B2B 电子商务平台的研究，学者们已经从商业角度的模式分类转向参与者的动机探讨，从一般经济学的交易成本优势转向社会学的信任问题研究。未来在理论来源上，需要借助营销学和组织行为学，来探讨企业的参与动机，需要更多地从定量角度进行研究，探讨这些因素多大程度上阻碍了一般企业的参与和接受，从而为目标客户（企业）提供更好的价值需求；还可以借助资源优势理论、博弈论等来研究 B2B 电子商务平台如何确立赢得企业的参与。

**参考文献**

[1] ORDANINI A. The effects of Participation on B2B Exchanges: a resourced-based view[J]. California Management Review,2005,47(2):97-113.

[2] GREWAL R, CHAKRAVARTY A, SAINI A. Governance Mechanisms in Business-to-Business Electronic Markets[J]. Journal of Marketing,2010(74): 45-62.

[3] YADAV MS, PAVLOU PA. Marketing in Computer-Mediated Environments: Research Synthesis and New Directions[J]. Journal of Marketing,2014,78(1):20-40.

[4] BAKOS J Y. A strategic analysis of Electronic Marketplaces, Electronic Marketplaces[J]. MIS Quarterly,1991,9: 295-310.

[5] BAKOS J Y. Reducing Buyer Search Costs: Implications for Electronic Marketplaces[J]. Management Science,1997,43(12):1676-1692.

[6] WANG S, MAO JY, ARCHER N. On the performance of B2B e-markets: An analysis of organizational capabilities and market opportunities[J]. Electronic Commerce Research and Applications,2012(11):9-74.

[7] DAY G S, FEIN A J, RUPPERSBERGER G. Shakeouts in Digital Markets: Lessons from B2B exchanges[J]. California Management Review,2003,45(2): 131-150.

[8] WHITE A, DANIEL E, WARD J, et al. The adoption of consortium B2B e-marketplaces: an exploratory study[J]. Journal of Strategic information systems l,2007(16),71-103.

[9] GRIEGER M. Electronic Marketplaces: A Literature review and a call for supply chain management research[J]. Eouopean Journal of Operational Research,2003(144):280-294.

[10] ORDANINI A, POL A. Infomediation and Competitive advantage in B2b Digital Marketplaces [J]. European Management Journal,2001,19(3):276-285.

[11] KAPLAN S, SAWHNEY M. E-Hubs: The new B2B Marketplaces[J]. Harvard Business Review,2000,5-6: 97-103.

[12] JENSEN, SKOVGAARD. Strategic perspectives of e-marketplaces [D]. Denmark : Technical University of Denmark ,2001.

[13] BÜYÜKÖZKAN G. A success index to evaluate e-Marketplaces[J]. Production Planning & Control,2004,15(7):761-774.

[14] HOWARD M, VIDGEN R, POWELL P. Automotive e-hubs: exploring motivations and barriers to collaboration and interaction[J]. Journal of Strategic Information Systems,2006, 15(1):51-75.

[15] BAKOS J Y. The emerging Role of Electronic Marketplaces on the Internet [J]. Communication of ACM,1998(41):35-42.

[16] BLOCH N, CATFOLIS T. B2B E-markeplace: how to succeed[J]. Business Strategy Review,2001,12(3):20-28.

[17] BRUNN P,JENSEN M,et al. e-Marketplaces: Crafting a winning Strategy[J]. European Management Journal,2002,20(3):286-298.

[18] DAIQ,KAUFFMAN R J. Business models for internet-based B2B electronic markets[J]. International Journal of Electronic Commerce,2002,6(4):41-72.

[19] LE T T. Pathways to leadership for business-to-business electronic Marketplaces[J]. Electronic Markets,2002,12(2):112-119.

[20] MALONE, T W, YATES, et al. Electronic Markets and Electronic Hierarchies[J]. Communications of the ACM,1987,30(6):484-497.

[21] GREY,W,OLAVSON T,SHI,D. The role of e-marketplaces in relationship-based supply chains: A survey[J]. Industrial Marketing Management,2005,44(1):109-123.

[22] TAO YH, CHEN CP, CHANG C R. Unmet adoption expectation as the key to e-marketplace failure: a case of Taiwan's Steel industry [J]. Industrial Marketing Management,2007,(36):1057-1067.

[23] SOH C, MARKUS ML, GOH KH. Electronic Marketplaces and Price Transparency: Strategy,information technology,and Success[J]. MIS Quarterly,2006,30(3):705-723.

[24] WISE,R,MORRISON,D. Beyond the exchange: the future of B2B[J]. Harvard Business Review,2000,78(6):86-96.

[25] ARON R,UNGAR L,VALLURI A. A model of market power and efficiency in private electronic exchanges [J]. European Journal of Operational Research,2008,3(187):922-942.

[26] KWON SD,YANG HD,ROWLEY C. The purchasing performance of organizations using e-Marketplaces [J]. British Journal of Management,2009(20):106-124.

[27] ZAHEDI FM,BANSAL G,ISCHE J. Success factors in cooperative online marketplaces: trust as the social capital and value generator in vendors-exchange [J]. Journal of Organizational Computing and Electronic Commerce,2010(20):295-327.

[28] RAVICHANDRAN T,SOMENDRA P & DIPANJAN C. Impact of industry structure and product characteristics on the structure of B2B vertical hubs[J]. IEEE Transactions on

Engineering Management,2007,54(3):506-521.

[29] ENG, TECH-YONG. The role of e-marketplaces in supply chain management [J]. Industrial Marketing Management,2004(33):97-105.

[30] DAVIS F D. Perceived usefulness,perceived case of use and user acceptance of information technology[J]. Management Information Systems Quarterly,1989(13):319-340.

[31] ROGERS,E M. Diffusion of innovations (4th Edition)[M]. New York Free press,1995.

[32] RATNASINGAM P, GEFEN D, PAVLOU P. The role of facilitating conditions and institutional trust in electronic marketplaces [J]. Journal of Electronic Commerce in Organizations,2005,3(3):69-82.

[33] O'REILLY P, FINNEGAN P. Performance in electronic marketplaces: theory in practice [J]. Electronic Markets,2005,15(1):23-38.

[34] GENGATHAREN K,STANDING C. A framework to assess the factors affecting success or failure of the implementation of government-supported regional e-marketplaces for SMEs [J]. European Journal of Information Systems,2005,14(4):417-431.

[35] SILA I,DOBIN D. Patterns of B2B e-commerce usage in SMEs[J]. Industrial Management & Data Systems,2012,112(8):1255-1271.

[36] SOARES-AGUIAR A, Palma-dos-Reis A. Why do Firms adopt E-procurement systems? Using logistic regression to empirically test a conceptual model [J]. IEEE Transactions on Engineering Management,2008,55(1):120-133.

[37] KING R C, GRIBBINS M L. Adoption of organizational internet technology: Can current technology adoption models explain web adoption strategies in small and mid-sized organizations? [J]. International Journal of Management Theory and Practices,2003,4(4): 49-61.

[38] TORNATZKY LG, FLEISCHER M. The Processes of Technological Innovation [M]. Lexington: MA,1990.

[39] GIBBS J L, KRAEMER K L. A cross-country investigation of the determinants of scope of ecommerce use: an institutional approach [J]. Electronic Markets,2004,14(2):124-37.

[40] ARBIN K, ESSLER U. Covisint in Europe: analysing the B2B auto e-marketplace[J]. International Journal of Automotive Technology and Management,2005,5(1):31-37.

# 基于组织学习视角的吉利并购沃尔沃的知识整合机制研究

胡洪力　田强强

（浙江工商大学工商管理学院，浙江杭州　310018）

**摘　要**：本文基于组织学习视角探讨了企业并购中的知识整合机制，包括针对知识源的"知识隐藏"行为与接收方的"知识拒绝"行为提出的知识共享机制、针对并购后知识资本流失现象提出的知识保护机制、根据并购双方企业的知识特性与知识距离提出的知识互补机制、针对知识异质性等原因引发的知识冲突提出的知识冲突调节机制，并在此基础上分析了企业并购后相应的策略。最后，对浙江吉利集团并购沃尔沃的跨国并购后知识整合机制及策略进行了分析，这为浙江民营企业跨国并购后进行知识整合提供了宝贵的经验，具有重要的借鉴意义。

**关键词**：组织学习　企业并购　知识整合机制

## 一、引言

知识经济时代，知识是企业最核心的战略资源。从传统上来讲，企业的知识积累是一个漫长的过程，因而通过并购获取知识资源早已成为很多企业的战略选择。以并购实现知识的快速获得虽然好处很多，但是也应该考虑到并购的复杂与困难，尤其是并购后的知识整合过程面临很多的障碍，严重影响并购绩效，从而有违并购者进行并购的初衷。正因如此，加强企业并购后的知识整合能力，突出组织学习的内在作用，就成为当今研究者和管理者共同关心的问题。

从跨国并购主体企业所处的行业看，浙江民营企业实施的跨国并购集中在制

基金项目：本文为浙江省2012年度（高校）教育科学规划课题"基于知识吸收能力视角的浙江高校"课程、模拟、平台"大学生创业教育模式构建研究"（SCG310）、浙江省高校人文社会科学重点研究基地（浙江工商大学企业管理学）研究项目《R&D、知识溢出城市创新能力贡献的空间计量分析》、浙江省重点创新团队（生产性服务业与区域经济发展研究团队）、教育部省部共建人文社科重点研究基地"浙江工商大学现代商贸研究中心"课题（09JDSM11YB、11JDSM13YB）。

造业。从个案上来看,自 2000 年 10 月起,万向集团公司收购美国舍勒公司开创浙江乃至全国民营企业并购境外上市公司的先河以来,娃哈哈、华立、吉利等浙江知名企业纷纷迈出跨国并购的步伐。2009 年,杰克控股集团成功收购德国奔马和拓卡两家知名企业,标志着中国缝制设备制造行业中的民营企业首次海外收购告捷;2010 年,吉利集团斥资 18 亿美元收购沃尔沃,是中国汽车市场投入资金最大的海外并购案;2011 年,富丽达集团斥资 2.53 亿美元收购加拿大纽西尔全部股份,位居"2011 中国民企海外并购十大案例"第二名。

从理论上来说,企业并购后的整合机制和策略的研究对减少或消除并购综合征,消除并购双方知识冲突有一定益处,能为并购方带来预期的并购效益,同时增强自身的竞争优势。目前,在从组织学习的视角来研究企业并购后的知识整合机制较少的情况下,从知识整合的角度来分析浙江民营企业跨国并购案例,同时对知识整合过程及实现机制进行深入研究,具有重要意义。从实践上来讲,对浙江民营企业跨国并购后知识整合机制和策略进行研究,将对中国民营企业的跨国并购实践有一定的借鉴意义。

## 二、文献回顾

### (一)企业并购后的知识整合国外研究成果

Haspeslagh & Jemison 认为,企业通过并购后的整合过程最终达到知识整合是将新吸收的知识与自身原有知识融合,从而增强并购企业知识存量水平和知识创新能力。[1]

Cartwright & Cooper 提出,整合时应当保持一定的目标方自主性,目标方拥有一定的自主性更有助于目标方在并购后发挥自身原有的优势,也可以缓解双方文化不同带来的潜在冲突,使得目标方在整合完成后依然能够根据东道国市场特点开展业务运营。[2]并购后整合的本质,是目标方企业与收购方企业相互协调以达到一体化的过程。[3]

Alexandra 提出并购后整合是两个或多个公司合并在一起的过程,它是进行整合的管理者所拥有的一门兼具理论和实践意义的艺术,即整合是调整并购方与目标方的组成使其融为一体的过程。[4]Wasserstein 明确指出并购成功与否不仅与目标方自身创造利润的能力有关,更多的还是依靠收购方对目标方的整合。在并购整合涉及的要素面,Stephan 通过对历次发生的并购浪潮进行研究,提出了并购整合的 7C 模型。[5]Birkinshaw,Bresman 和 Hakanson 认为并购整合应当考虑两个维度的问题,分别是人员的整合与任务的整合。[6]

Vermculen 和 Barkema 研究发现,企业通过并购可以在更广的范围内拓展自身的知识和资源，特别是可以通过并购促进企业之间的知识转移和相互学习，从长远来看可以提高企业绩效。在并购整合风险的认知方面，Berens[7]与 Strauch 指出，很多并购案例在整合中只在财务融资与法律等方面制订方案，却没有重视整合协同效应带来的长期增长价值，这是承担整合风险的主要原因。

Boutellier & Gassmann 认为，并购整合模式对于并购中的知识转移与并购绩效具有重要影响，应将目标企业的知识特性和组织特征与整合模式相结合。[8] Zollo & Singh 从知识角度研究知识整合能力对企业并购绩效的影响。以 228 家并购企业为研究样本，研究发现组织的知识整合能力对并购绩效有显著影响。[8] Buckley 和 Carter 指出跨国企业知识整合是将在空间上分散来源的知识整合在一起的过程。[9]

Tolstoy(2009)以国际化创业企业为研究对象，认为知识整合是通过连接原本无联系的独立的知识从而实现价值的增加。[10]

### (二)企业并购后的知识整合国内研究成果

钟耕深和徐宁分析了并购中隐性知识整合的特点及问题，在此基础上提出并购企业隐性知识共享机制。[11] 程田旻对并购整合中涉及的核心能力进行了研究，提出了核心能力区别于一般竞争能力的七个特征。他认为延展性是收购一方需要特别重视的，因为获得延展性的核心能力可以帮助企业在相应平台上开发出对应产品与技术。[12]

黄速建和刘建丽提出，中国企业进行海外并购时视野应当更加宽阔，只从经济效益最大化的角度出发是远远不够的，还需要考虑利用海外并购获取自身需要的战略资源，并学习先进的技术知识和管理经验。[13] 陈明等以环渤海地区 155 家高新技术企业作为研究对象研究知识整合机制与企业知识转移绩效之间的关系。实证研究结果表明，知识整合机制对企业间知识转移绩效有着显著的正向直接影响。[14] 陈怡安等基于组织学习理论研究知识整合对组织知识与技术转移绩效的影响，以珠三角地区 102 家企业为研究对象进行实证研究，表明知识整合与技术转移绩效存在显著的正相关关系。[15] 谢学军等认为企业并购后的整合过程对知识转移具有直接作用，同时指出并购后的知识整合过程会促进知识转移，但是有时也会起到副作用，即破坏被并购企业原有的知识机制。[16]

潘文安通过问卷调查进行实证分析，探讨了关系强度、知识整合能力与供应链知识转移之间的关系，研究结果表明，组织的内部及外部知识整合能力与供应链协同知识和创新知识存在正相关关系。加强知识整合能力是提升供应链知识转移绩效的必要手段。[17] 王寅在研究技术获取型海外并购整合时，提出并购方需要在整合中将吸引自己的目标方技术资源与自身资源发生协同效应，从而将技术整合的价值体现为公司的绩效。[18]此外，一些研究者提出以技术获取为目标的海外并购中，应充分重视并购双方技术资源产生的协同效应与摩擦效应，[19]同时还应根据具体的情形选择恰当的整合程度。[20]缪根红等运用实证研究的方法研究外部创新搜寻、知识整合与创新绩效之间的关系，研究表明知识整合对新知识搜寻与创新绩效有显著的正向影响。[21]

现有的并购整合文献，大都基于知识整合的某一个环节，如知识转移、知识冲突、知识共享等，很少有文献基于组织学习的视角来研究跨国并购后的知识整合。这些文献缺乏对并购后知识整合活动的系统研究，既不利于实现知识整合的预期效果，同时对企业的指导意义也并不明显。有关学者对并购整合、知识整合的实现机制分别进行了系统研究，但对于并购后知识整合的实现机制却涉及不多，更没有文献针对我国企业的特点，对我国企业跨国并购后知识整合活动的实现机制进行研究。

并购双方的知识整合既是企业并购的战略目标，也是打造企业核心能力的有效途径。本文正是沿着这一思路，基于组织学习的视角，以知识整合、并购整合等理论为基础，深入探讨企业跨国并购后知识整合的实现机制，以期为我国企业的实践提供理论上的指导。

## 三、基于组织学习视角的企业跨国并购后的知识整合机制分析

企业并购是一个漫长而复杂的过程。王晓杰认为，我国企业海外并购的过程应该按阶段进行：第一阶段为保护阶段，是为了避免并购双方主要是被并购方知识流失或遭破坏而采取一系列保护行为的过程；第二阶段是共生阶段，保护阶段完成后，进入共生阶段，尤其对于我国企业海外并购具有重要意义，因为我国企业海外并购中并购双方企业知识差异巨大，如果跳过共生阶段而直接进入知识协同阶段，即互补融合阶段，必然导致知识冲突的大量出现，不利于知识整合的最终效果的达成；第三阶段是互补融合阶段，在安全度过保护阶段和共生阶段之后，并购方就有了很好的知识融合的基础，此时并购双方在新组织内容易产生 1＋1＞2 的协同效应，实现知识整合的最终目标。[22]

本文基于组织学习的视角，凸显知识由获取到整合到利用的过程，根据企业并购后知识整合的三个阶段分别提出三种对应机制：保护阶段的保护机制、共生阶段的共享机制、协同阶段的互补融合机制，如图 1 所示：

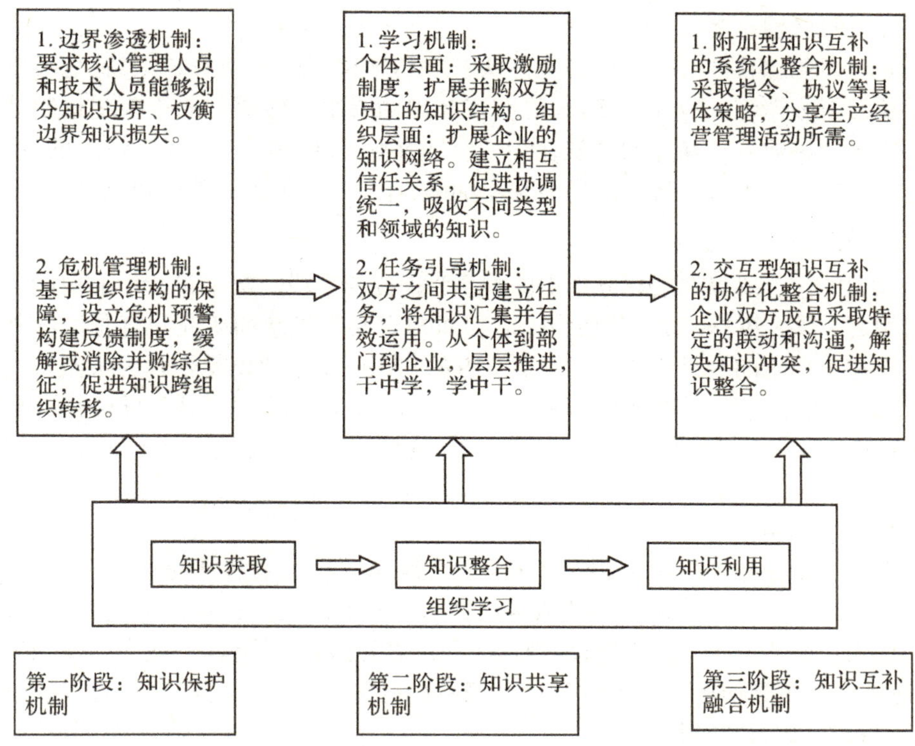


**图 1 基于组织学习视角企业并购中知识整合三大阶段对应的三大知识整合机制**

## (一)知识保护机制

保护机制的顺利实施是知识整合实现的前提。知识保护机制可以从边界渗透、危机管理两方面下功夫。

### 1. 边界渗透机制

并购方既要破坏被并购方的知识边界获取它的核心知识，又要防止被并购方的知识边界被破坏以后造成核心知识的破坏和流失，这两者之间必须掌握得恰到好处。因为如果对被并购方的保护力度稍大的话，那么也就意味着并购方从被并购方获取的核心知识也将相应减少，甚至有可能产生并购成本大于并购效益的严重问题，如果对并购方的渗透程度稍大，这就意味着对被并购方的核心知识的流失和破坏的可能性将大大上升，这也不利于并购方的并购效益。因此并购双方应合理划分知识边界，明确哪些知识需要整合，哪些知识不需要，权衡知识的宽度与深度，平衡边界内部和外部的成本和利益，同时考虑跨边界的知识损失。

**2. 危机管理机制**

企业并购综合征的发生势必对并购双方的知识资源带来破坏，实施危机管理就是要缓解或消除并购综合征，最终实现知识的跨组织转移。危机管理机制的建立是为了缓解或者消除并购并发症诸如企业文化冲突、罢工、辞职等情况的发生。通过危机管理，设立危机预警、反馈制度，可以有效防止资源的破坏和流失。

（二）知识共享机制

知识的整合要以并购双方知识的共享为前提与手段。知识整合后的协同效应的来源之一即是并购双方知识的共享，因而知识共享机制的研究一直是国内外学者知识整合理论的着重点之一。并购双方的知识共享必须依靠合理的机制来支持和促进，缺乏适当的治理机制会阻碍知识共享，从而影响整个并购行为的成败。Kogut & Zander 指出可以通过学习机制、激励机制、交流机制协调双方的知识共享。[23]

**1. 学习机制**

学习是企业知识积累的根本途径，知识共享机制必须建立在组织学习之上。并购双方员工因不同的知识背景和结构具有不同的思维方式和话语模式，以及不同的认知角度和解决问题的途径，当这些在短时间内难以协调时，就会引发知识冲突，海外并购更是如此。在此情况下，并购双方员工需要拓宽自己的知识，吸收不同类型和领域的新知识。

实施学习机制之时应注重协商统一的作用。在并购企业双方发生知识冲突时为使企业双方在整体利益上实现双赢而采取求同存异，放弃回避某些要求以共享利益的实现机制。统一协调机制适用于发生在不同层级且拥有不同知识结构的员工之间的知识冲突和发生在不同层级但拥有相同知识结构的员工之间的知识冲突。在这两种冲突中，都很容易造成情绪冲突，最好采取协商统一的方式。

**2. 任务引导机制**

任务引导机制是指并购双方之间共同建立任务，然后将所需要的双方的知识汇集一处并有效运用，实现“干中学，学中干”的过程。它为双方建立了一个运用知识解决问题的场合，巧妙地将并购双方的知识结合在一起，从而使得并购双方学到对方的知识，这具有明确的目的性和高度互动性等特点，可以提高运用特定知识的效率。

（三）知识互补融合机制

知识互补融合机制是企业并购的重要原因和实现协同效应的关键，也是并购双方实施知识转移的根本动力和知识整合的目的。知识存在异质性，正是异质性的存在，知识才需要互补，这是知识整合的本质。根据知识的关系特性和与并购双方的联系性，本文将知识互补机制分为附加型知识互补机制、交互型知识互补机制。

知识整合过程中并购企业双方发生知识冲突是难以避免的，尤其在进入知识互补的深层次交流过程中更是如此，因为此时发生的知识冲突一般是认知上的，而非情感上的。此时双方发生知识冲突并不一定就是恶性的，有时如果冲突是良性的话，反而可使原本零散的知识在冲突激化之下得到互动，使异质性知识经过冲突走向创新。

## 四、基于组织学习视角的吉利并购沃尔沃后的知识整合机制分析

### （一）吉利并购沃尔沃的知识整合过程分析

吉利并购沃尔沃的整个过程可分为四个阶段：2002 年 1 月—2007 年 9 月，锁定沃尔沃为并购目标，并向福特提出并购意向；2008 年 6 月，建立并购团队，由富尔德律师事务所负责收购项目的所有法律事务，德勤负责收购项目、财务咨询，洛希尔银行负责项目对卖方的总体协调，并对沃尔沃资产进行估值分析；2009 年 4 月—2010 年 3 月，吉利竞标及与福特公司及其工会、瑞典政府谈判，达成收购计划；2010 年 3 月 18 日以 18 亿美元的价格收购沃尔沃。吉利集团从本次收购中获得了沃尔沃品牌 9 大系列产品和 3 个最新车型平台、沃尔沃知识产权和研发人才以及全球的经销商网络和供应商体系。

吉利完成了初步的并购，并不意味着整个并购的成功，吉利还面临着巨大的挑战。据一份权威并购调研报告所示，有 80％左右的并购失败案例是在企业并购之后的知识整合阶段发生的。沃尔沃的知识，特别是品牌运营、核心技术等方面的隐性知识是吉利并购沃尔沃的主要原因所在。但是获取知识并不像获得有形资源那么简单，这是一个漫长而复杂的过程，到现在为止，吉利只是走了一小步，如何在投资完成之后进行有效的知识整合，真正实现有效的协同效应才是最终并购成功的关键所在。

### （二）基于组织学习视角的吉利并购沃尔沃后的知识整合机制分析

根据以上思路，吉利在并购后知识整合的第一阶段保护阶段中应首要施行知识保护机制，为并购行为提供一个相对平稳的平台，以免沃尔沃在并购的不确定性中无论是核心人员、品牌效应、科学技术还是管理制度、组织结构、业务流程等方面的知识资源流失或遭破坏。知识保护机制分为边界渗透机制和危机管理机制。边界渗透机制一方面要求吉利在一定程度上和谐地渗入沃尔沃，不引起沃尔沃方面的忧虑或恐慌；另一方面要求保持沃尔沃的相对独立的双方博弈的行为。吉利实行边界渗透机制应着重两个方面，第一，要尽量避免不利于知识整合的相互作用与

影响，例如沃尔沃企业文化的独特性应得到保护，尽量避免这方面的摩擦与不利影响。第二，应选择双方都能够接受的方式进行知识整合，以免引起沃尔沃单方面的知识隐藏或破坏行为。危机管理机制是监督、反馈、协调三者的统一，以确保知识的安全或在出现知识危机时能够迅速反应采取相关行动以将知识损失降到最低的知识保护机制。危机管理机制需要组织结构的保障，在领导、项目整合、监督反馈、沟通协调上形成统一有序的过渡管理结构，提升危机管理的反应速度与应对能力。

在知识得到保护之后，知识整合进入第二阶段共生阶段，此时应着重共享机制的作用。共享机制是并购双方相互学习对方文化、知识以增进了解，减小双方隔膜，为知识的互补融合提供一个良好的基础的过程。共享机制对包括沃尔沃在内的浙江大型制造企业海外并购具有重要意义。吉利与沃尔沃之间存在显著的文化差异和知识差异，无论是中西方文化固有的政治、经济、法律、文化上的不同，还是吉利和沃尔沃的管理制度和组织结构等方面的不同，都要通过双方知识共享来相互弥补。知识共享机制分为学习机制和任务引导机制。学习机制是知识共享机制的基础，是获得知识的根本途径，双方取得信任的关键所在。吉利施行学习机制首先应尽量弥补双方在中西方文化上的差异，使西方的沃尔沃接受东方的吉利，其次应在企业文化上下功夫，吉利应学习沃尔沃的企业文化，承认并且尊重沃尔沃的价值观以及因价值观不同而在管理、制度等方面的不同，在上述两点的基础上，吉利应将重心放在核心知识的学习上，实现沃尔沃核心知识的转移，任务引导机制是一种“干中学，学中干”的过程实现机制，重点放在核心技术等隐性知识的学习上，也是吉利与沃尔沃沟沟通的重要非正式渠道。

在前两个阶段的基础上，吉利并购沃尔沃进入最重要的阶段，即第三阶段协同阶段，此时需要启动互补融合机制以实现并购双方的知识融合和创新。互补融合机制是知识整合的核心，是是否能够产生协同效应的关键所在。互补融合机制应根据知识特性灵活变通。当知识是附加型知识时，应实施知识系统化机制。例如沃尔沃掌握的全球市场知识可以直接为吉利所用，吉利要全面进入欧洲市场可以从沃尔沃全球市场知识作为参考。当知识为交互型知识时，应采取协作化机制。交互型知识是复杂的隐性知识，不能很好地像附加型知识一样反映在文本上，此时应该建立隐性知识共享支撑体系。吉利并购沃尔沃的目的主要在于沃尔沃的核心技术、品牌、市场等隐性知识，因而协作化机制对吉利的知识整合尤为重要。

根据上文的相关内容，总结出吉利并购沃尔沃的知识整合机制，如图 2 所示。

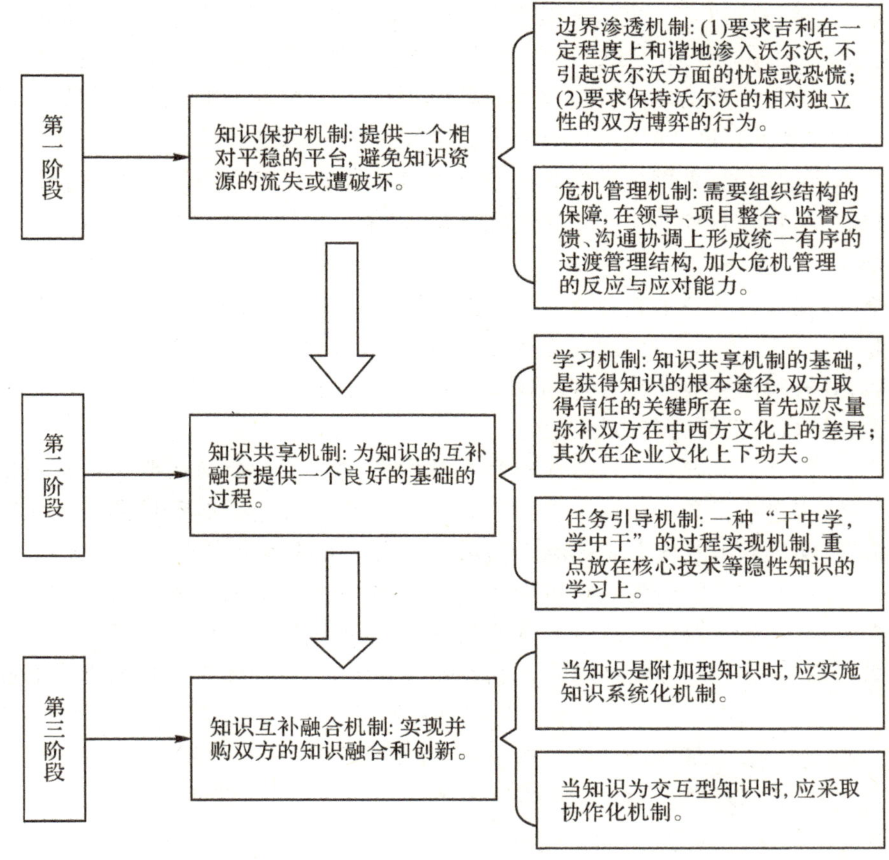


**图 2　吉利并购沃尔沃的知识整合**

(三)吉利并购沃尔沃后的知识整合案例启示

吉利并购沃尔沃的主要目的是获取其核心技术。技术本身就是一种知识。吉利对于沃尔沃的知识整合也主要是以技术整合为主。

在自身技术基础方面，吉利花巨资建立了自己的汽车研究学院，有自己的科技人才储备：在宁波建有发动机研究所、变速器研究所，在路桥建有电子电气研究所；有 CVVT 发动机生产技术、变速器、BMBS 等多种核心技术。吉利的技术基础为整合沃尔沃的高端技术提供了支撑。

在整合的初期，采取技术共存的整合模式。由于沃尔沃在轿车生产领域的技术水平明显高于吉利，吉利发现导入沃尔沃的技术难度大，技术转换成本高，为避免冲突，在整合初期采取了技术共存的整合模式。即并购初期仍保持双方在管理和技术上的相对独立性：沃尔沃继续保持原有的国际化特色，并延续原有的品牌文化，沃尔沃总部仍然设在瑞典，沃尔沃轿车团队仍然负责沃尔沃的日常管理，研发中心不变，工厂不裁员，继续保持沃尔沃在环保、安全技术上的优势；同时，吉利专注于自有品牌的发展，注重全方位的产品研发。

在整合的后期，采用技术融合的整合模式。随着双方在各领域交流合作的加深，吉利为最终吸收和消化沃尔沃的先进技术，采取了技术融合的整合模式。具体做法是：

第一，加强自身技术整合能力。对内实行“千名研究生培养计划”，对这些员工进行业务、外语、国际文化、国际法律等方面的培训，为整合的顺利进行提供人力资源保障；对外聘用专业的整合咨询顾问罗兰贝格公司，由该公司负责吉利对沃尔沃技术整合的可行性研究与方案指导。

第二，促进技术要素的融合。吉利先在中国设立了一个与瑞典总部并行的沃尔沃总部；将自己优秀的技术人员和优良的生产设备有选择地安排到沃尔沃的技术要素中，实现双方技术要素的融合与重组。为了保证两个中心的有效合作，吉利形成了“one family”的研发组织机构和“one 工作方式，one 技术团队，one 决策流”的组织设计，这不仅可以实现双方资源共享，而且可以发挥协同效应。

第三，双方共同研发新产品。吉利并购沃尔沃后，更加注重对技术平台和品牌形象的打造。2012 年吉利与沃尔沃共同研发出了与 GOLF 同级别的豪华 A 级轿车 S20，将与奔驰 A 等车型竞争。根据两者的“技术合作备忘录”，吉利和沃尔沃还将共同开发小排量、高性能、绿色环保系列发动机。通过“并购、融合、学习、再创新”，吉利将保持持续的高水平创新能力。

为确保并购后的平稳过渡，吉利基本保留了沃尔沃的原管理层并对其充分授权，同时对沃尔沃公司员工进行评估和选拔，尽最大努力挽留那些对企业未来发展有重要影响力的关键技术人员。并购完成后，根据新增的生产线和技术平台的特点重新组建技术团队和技术中心。并购后，公司裁员的相关政策、过渡期员工培训和绩效考核政策、薪酬福利政策等重点服务于挽留技术关键人才；通过薪酬激励、股权激励、未来职务升迁承诺等方式激励技术人员不断创新。

从吉利集团的财务报表中可以看到，知识整合的效果越来越显著。吉利对于沃尔沃的知识整合进程进展得比较顺利，这与其自身充分的准备是密不可分的，但要达到知识的完全整合，还需要进一步完善知识整合机制和策略。

## 五、结论

本文基于组织学习的视角，凸显知识由获取到整合到利用的过程，根据企业并购后知识整合的三个阶段分别提出三种对应机制:保护阶段的保护机制、共生阶段的共享机制、协同阶段的互补融合机制;并在机制分析的基础上,提出了相对应的知识整合策略;最后,对浙江吉利集团并购沃尔沃的跨国并购后知识整合机制及策略进行了分析。本文的主要的结论如下:

(1)组织学习主要是依靠知识在存量上的增加,来丰富组织记忆,实现知识的价值,并借以提升组织的核心能力;而知识整合则是在知识存量增长有限的条件下通过知识结构的改善来提升知识的价值,并借以提升组织的核心能力。通过并购,尤其是跨国并购,企业可以在世界范围内进行资源的优化配置和产业重组,进而融入世界经济。知识整合机制本身不会发生任何作用,只有在认识知识整合机制的基础上,适当运用相应的知识整合策略使得知识整合机制在其中发挥良性的作用以达到知识整合效益最大化的目的。企业并购后要实现正协同效应,就要运用相应的知识整合机制,要运用相应的知识整合机制,就要采取相应的知识整合策略。

(2)吉利集团对于沃尔沃的跨国并购之所以算得上成功,是因为吉利集团初步完成了对于沃尔沃的技术整合,而技术本身就是一种知识。吉利的技术基础为整合沃尔沃的高端技术提供了支撑。在整合的初期,采取技术共存的整合模式,双方仍保持在管理和技术上的相对独立性。在整合的后期,采用技术融合的整合模式。随着双方在各领域交流合作的加深,吉利为最终吸收和消化沃尔沃的先进技术,采取了技术融合的整合模式。吉利集团加强自身技术整合能力,双方共同研发新产品,进一步促进技术要素的融合。为确保并购后的平稳过渡,吉利基本保留了沃尔沃的原管理层并对其充分授权,同时对沃尔沃公司员工进行评估和选拔,重新组建技术团队和技术中心,留住技术关键人才,激励技术人员不断创新。

本文采用案例研究,提出的知识整合机制和相对应的知识整合策略并不一定适合所有的跨国并购企业,有一定的特殊性,但对于大多数的跨国并购企业而言,有一定的借鉴意义。跨国并购和知识整合研究体系庞杂,涉及国际经济学、发展经济学和管理经济学等多个领域,本文仅是从组织学习视角提出知识整合机制和相对应的知识整合策略,由于主客观因素,还有待完善和进一步研究。

**参考文献**

[1] HASPESLAGH P C, JEMISON D B. Managing acquisitions: Creating value through corporate renewal[M]. New York: The Free Press, 1991.

[2] CARTWRIGHT & COOPER. The Role of Culture Compatibility in Successful Organizational Marriage [J]. Academy Management Review, 1993(7).

[3] PABLO A L. Determinants of acquisition integration level: A decision-making perspective [J]. Academy of Management Journal, 1994, 37(4): 803-836.

[4] ALEXANDRA REED LAJOUX. The Art of M&A Integration [M]. New York: Mcgraw-Hill Press, 1998.

[5] Stephan A. The sengegen Post Merger Integration Management [J]. Organisation Sentwicklung, 2000, 16-32.

[6] BIRKINSHAW J, BRESMAN H & HAKANSON L. Managing the post-acquisition integration process: How the human integration and task integration processes interact to foster valuecreation[J]. Journal of Management Studies, 2000, 37(3) : 395-425.

[7] BERENS, WAND STRAUCH J. Due Diligence bei UntemESmensakquisitionen-eineempirische Untersuchung[C]. Frankfurt am Main: Peter Lang- Europaischer Verlag der Wissenschaften, 2002, Thesis, 2000: 31.

[8] ZOLLO M, SINGH H. Deliberate learning in Corporate Acquisitions: Post-AcquisitionStrategies and Integration Capability in US Bank Mergers[J]. Strategic Management Journal, 2004(25): 1233-1256.

[9] BUCKLEY P J, CARTER M J. A formal analysis of knowledge combination in multinationalenterprises [J]. Journal of International Business Studies, 2004, 35 (5): 371-384.

[10] TOLSTOY D. Knowledge combination and knowledge creation in a Foreign-Market Network [J]. Journal of Small Business Management, 2009, 47(2): 202-220.

[11] 钟耕深,徐宁. 企业并购整合中的隐性知识共享机制[J]. 山东大学学报(哲学社会科学版) 2007(1):85-91.

[12] 程田旻. 基于核心能力的企业并购整合系统分析[J]. 现代商贸工业,2008(10): 31-33.

[13] 黄速建,刘建丽. 中国企业海外市场进入模式选择研究[J]. 中国工业经济,2009(250): 108-117.

[14] 陈明,周建明. 企业文化、知识整合机制对企业间知识转移绩效的影响研究[J]. 科学学研究,2009,27(4):580-587.

[15] 陈怡安,占孙福,李忠斌. 吸收能力、知识整合对组织知识与技术转移绩效的影响[J]. 经济管理,2009(03):126-132.

[16] 谢学军,吉鸿荣,陈婧. 企业并购整合过程中的知识转移研究[J]. 情报杂志,2009,28(12): 52-55.

[17] 潘文安. 关系强度、知识整合能力与供应链知识效率转移研究[J]. 科研管理,2012,33(1): 147-160.

[18] 王寅. 中国技术获取型海外并购整合研究:基于资源相似性与互补性的视角[D]. 杭州:浙江大学,2013.

[19] 刘美丽. 中国海外并购技术整合风险案例研究[D]. 杭州:浙江大学,2013.

[20] 蒋凌云. 基于技术相似性和互补性角度的中国企业海外并购技术整合研究[D]. 杭州:浙江大学,2013.

[21] 缪根红,陈万明,唐朝永. 外部创新搜寻、知识整合与创新绩效关系研究[J]. 科技进步与对

策,2014,31(1):130-134.

[22] 王晓杰. 我国企业海外并购后的知识整合研究[D]. 济南:山东大学,2009.

[23] Kogut B, Zander U. Knowledge of the Firm, integration Capabilities, and the replication of technology[J]. Organization Science, 1992, 3(3): 383-397.